O SÉCULO DA CHINA

CB046800

Oded Shenkar é titular da Cátedra Ford Motor Company de Gestão de Negócios Internacionais e professor de Gestão de Recursos Humanos da Fisher College Business, da Ohio State University. Shenkar estuda tudo o que se relaciona com a China há mais de três décadas, tendo publicado inúmeros ensaios e livros sobre a economia chinesa, com destaque para *Organization and Management in China 1979-1990* e *International Business in China* (com L. Kelley). Faz parte do Conselho Editorial da *Academy of Management Executive*, *Journal of Cross-Cultural Management*, *Journal of International Business Studies*, *Management International Review*, *Human Relations and Organization Studies*, e também do Conselho da *Management and Organization Review*, publicação da International Association for Chinese Management Research.

Shenkar presta consultoria para multinacionais e empresas *startup* nos Estados Unidos, União Européia, China, Japão e Coréia do Sul, entre outras regiões. Presta igualmente serviços nesta área a governos nacionais e estaduais, além de a organizações internacionais. É membro da Academy of International Business e do Conference Board Council of Integration Executive. Tem graduação e mestrado da Universidade Hebraica em Estudos do Leste Asiático e Sociologia, e mestrado e doutorado pela Universidade Columbia, de Nova York.

S546s   Shenkar, Oded
         O século da China: a ascensão chinesa e o seu impacto sobre a economia mundial, o equilíbrio do poder e o (des)emprego de todos nós / Oded Shenkar ; tradução Janaína Ruffoni. – Porto Alegre : Bookman, 2005.
         224 p. ; 23 cm.

         ISBN 85-363-0575-4

         1. China – Crescimento econômico. I. Título.

                        CDU 330(529)

Catalogação na publicação: Júlia Angst Coelho – CRB Provisório 05/05

O SÉCULO DA CHINA

A ASCENSÃO CHINESA E O SEU IMPACTO SOBRE A ECONOMIA MUNDIAL, O EQUILÍBRIO DO PODER E O (DES)EMPREGO DE TODOS NÓS

ODED SHENKAR

Tradução:
Janaína Ruffoni
Mestre em Administração de Ciência
e Tecnologia pela UFRGS

Consultoria, supervisão e revisão técnica desta edição:
Gustavo Severo de Borba
Mestre em Engenharia da Produção pela UFRGS
Professor do curso de Gestão para Inovação e Liderança da Unisinos/RS

2005

Obra originalmente publicada sob o título
The chinese century: the rising chinese economy and its impact on the global economy, the balance of power, and your job

© 2005 Pearson Education, Inc.,
sob o selo Wharton School Publishing
Todos os direitos reservados.
ISBN 0-13-146748-4

Capa
Amarílis Barcelos

Preparação do original
Raul Rubenich

Supervisão editorial
Arysinha Jacques Affonso e Denise Weber Nowaczyk

Projeto e editoração
Armazém Digital Editoração Eletrônica – Roberto Vieira

Reservados todos os direitos de publicação, em língua portuguesa, à
ARTMED® EDITORA S.A. (Bookman® Companhia Editora é uma divisão da Artmed® Editora S.A.)
Av. Jerônimo de Ornelas, 670 – Santana
90040-340 Porto Alegre RS
Fone: (51) 3027-7000 Fax: (51) 3027-7070

É proibida a duplicação ou reprodução deste volume, no todo ou em parte,
sob quaisquer formas ou por quaisquer meios (eletrônico, mecânico, gravação,
fotocópia, distribuição na Web e outros), sem permissão expressa da Editora.

SÃO PAULO
Av. Angélica, 1091 – Higienópolis
01227-100 São Paulo SP
Fone: (11) 3665-1100 Fax: (11) 3667-1333

SAC 0800 703-3444

IMPRESSO NO BRASIL
PRINTED IN BRAZIL

Dedicatória

À memória de meus pais, Bluma e Joshua Shenkar;
e à minha família: Miriam, Keshet, Joshua e Rakefet.

Agradecimentos

Escrever um livro é um desafio profissional e pessoal, e talvez seja mais do que isso quando o tema abordado constitui uma paixão pessoal. A China nunca deixou de me fascinar, da mesma forma que as reações de políticos, empresários, trabalhadores e acadêmicos de todo o mundo, que, ao longo das três décadas que levo a "observar a China", transitaram da indiferença para a curiosidade e agora para o entusiasmo (ou temor).

Neste livro, eu tentei, e espero ter sido bem-sucedido no empreendimento, situar o "debate sobre a China" no contexto. Para tanto fui beneficiado pelas visões, entendimentos e conselhos de incontáveis pessoas, tanto na China quanto nos Estados Unidos, principalmente, e a elas sou imensamente grato. Devido à impossibilidade de citar todas essas pessoas, gostaria de destacar Dan Chow, que me orientou quanto aos aspectos jurídicos da pirataria de produtos, e Brian Renwick, que, em conjunto com um grupo de revisores anônimos, foi fundamental para não deixar que o rumo se desviasse quando meu entusiasmo chegava a interferir neste ponto. Na Wharton Publishing, Tim Moore representou a força motriz do livro, do projeto ao produto final. Sarah Kearns foi maravilhosa editora de produção, com uma paciência inesgotável com o autor "tecnologicamente desafiado"; Martin Litkowski, da Pearson, John Grimaldi, do Dilenschneider Group, e Laura Bowers, do Fisher College, mostraram-se imensamente úteis na concretização do livro. O reitor da Fisher College, Joe Alutto, o presidente do Departamento de Gestão de Recursos Humanos, David Greenberger, e Steve Hills e Cheryl Ryan, do escritório CIBER, todos me ajudaram proporcionando o ambiente ideal para o trabalho.

Por último, mas não menos importante, a minha família. Miriam, minha esposa, não apenas entendeu e estimulou meu interesse pela China como tem sido fonte de inspiração profissional e pessoal. Meus filhos Keshet e Joshua me ajudaram a ver a China com os olhos de um adolescente e de uma criança, enquanto o mais jovem, Rakefet (Riki), me fez focar no futuro, seja o da China ou o do restante do mundo. Meu amor e gratidão a todos eles.

Apresentação à edição brasileira

O livro de Oded Shenkar – *O Século da China* – apresenta uma análise dos possíveis impactos do crescimento da China na economia mundial. O autor propõe uma nova forma de compreender a posição desta chamada "economia socialista de mercado" e a sua importância no mundo globalizado.

A visão do autor é que a China não deve ser encarada como mais uma economia asiática emergente em fase de ascensão, tal como os tigres asiáticos. As conseqüências do impacto da China não serão passageiras, pois não se trata de um simples processo cíclico de expansão que no longo prazo tende a ser amenizado. A China é hoje a nação de mais rápido crescimento econômico do planeta, os impactos provenientes da sua expansão e das suas conquistas tendem a alterar o padrão da trajetória econômica global; novos elementos serão incluídos no jogo e não podem ser ignorados ou ter sua importância reduzida. A China é apresentada como uma grande jogadora global, com reais possibilidades de alterar significativamente os cenários econômico, político, tecnológico e social. É neste sentido que o século XXI será o século da China.

A partir da década de 1980, o mundo tem experimentando uma aceleração do processo de integração econômica, refletido principalmente no incremento dos fluxos comerciais e de investimentos. Tanto os fluxos de comércio de bens e serviços, como os de capitais, têm crescido a taxas superiores às do crescimento do PIB mundial. Este processo vem ocorrendo quer seja pela via multilateral, pela Organização Mundial do Comércio, quer seja pela formação de blocos econômicos, ou até mesmo de forma unilateral.

Um dos fatores mais relevantes neste maior intercâmbio entre os países tem sido a participação ativa da China neste processo. A integração da China à economia mundial tem ocorrido de forma intensa, afetando a estrutura e a própria evolução do sistema global de comércio no início do século XXI. As taxas de crescimento tanto das exportações como das importações chinesas têm alcançado dois dígitos desde 1995, superando inclusive as taxas obtidas pelos chamados tigres asiáticos. A estratégia de crescimento "para fora" adotada pela China transformou-a no quarto maior exportador do mundo, atingindo a cifra de US$ 438 bilhões em 2003, somente atrás de Alemanha, Estados Unidos e Japão. Ao mesmo tempo, a China se tornou o terceiro maior importador do mundo, adquirindo de seus parceiros comerciais o montante de US$ 413 bilhões no mesmo ano. Assim, a participação da China no comércio mundial triplicou desde o início dos anos de 1990, chegando a aproximadamente 6% em 2003.

A estrutura das exportações chinesas também tem se alterado, perdendo relevância os produtos têxteis, calçados e outras manufaturas simples que dominaram sua pauta nos anos de 1980 e início da década de 1990, para máquinas e equipamentos de transporte, telecomunicações e produtos eletrônicos nos anos mais recentes. Ao mesmo tempo, a demanda crescente chinesa por *commodities* (tais como petróleo, cobre e soja), insumos intermediários e bens de capital tem estimulado intensamente o crescimento das exportações de seus parceiros comerciais, entre eles o Brasil.

Os economistas há longo tempo estabeleceram os benefícios advindos da abertura comercial. Um regime liberal aumenta a produtividade, a renda e o bem-estar, pela melhor alocação de recursos, decorrente de uma distribuição mais eficiente dos fatores de produção. Desta forma, há uma especialização da produção nos setores em que o país possui vantagens comparativas, tanto em termos de dotação de fatores como tecnológicos. Além disso, há a redução dos incentivos a atividades improdutivas associadas à proteção, como *lobbies*, evasão fiscal e contrabando. Ademais, a abertura comercial propicia um aumento da competição entre as empresas, o que resulta em ganhos de eficiência técnica, bem como em elevação da escala de produção, permitindo acesso a uma maior diversidade de produtos, insumos e bens de capital e elevando o bem-estar dos consumidores e a eficiência dos produtores. Finalmente, o comércio de bens expande o fluxo de idéias e tecnologias, reduzindo o custo da inovação. Ao mesmo tempo, pressiona as empresas sem acesso a fontes tecnológicas externas a investir em inovação. Assim, há uma expansão da base tecnológica dos países, o que estimula a produtividade e, por conseqüência, o crescimento.

A China, ao adotar uma estratégia de desenvolvimento baseada em uma maior integração ao mundo, tem obtido boa parte dos benefícios enumerados anteriormente. Nos últimos 20 anos, o PIB chinês cresceu a uma taxa média de 9% ao ano, muito superior ao desempenho dos países desenvolvidos. As taxas de crescimento de 9,3% e 9,5% em 2003 e 2004, respectivamente, foram as mais elevadas entre os países emergentes da Ásia. A China já se transformou na sexta maior economia do mundo, quando o PIB é medido pelas taxas de câmbio nominais, sendo a segunda maior economia quando o PIB é medido pela paridade do poder de compra de sua moeda, como mencionado pelo livro. Atribui-se parte deste desempenho chinês à abertura comercial e à entrada maciça de investimentos diretos externos (IDE), fatores que estão intrinsecamente relacionados. Mesmo a recente preocupação chinesa com o aumento das taxas de inflação e a tomada de medidas restritivas ao crescimento (redução do crédito e de investimentos em setores-chave da economia, além da queda dos investimentos diretos externos) não deverão desacelerar o nível de atividade de modo abrupto. As previsões do FMI indicam taxas de crescimento do PIB em torno de 8,5% no biênio 2005-06, muito próximas aos níveis observados entre 1998 e 2002.

Com a intenção de analisar a atual situação chinesa, bem como seu processo histórico e suas perspectivas, o livro é organizado em três principais partes. Na primeira é relatada a história da China: sua época imperial, a disputa com o Japão, o fortalecimento do sistema comunista e uma comparação desta nação com outros países asiáticos que se destacam em termos econômico, tecnológico e social.

Na segunda parte são discutidas as características de produção, tecnologia e emprego. São apresentadas informações a respeito das principais indústrias presentes na China, sua imensa capacidade de produção de grandes volumes de mercadorias e o nítido enfoque atual nos setores intensivos em mão-de-obra e, portanto, sua capacidade de gerar empregos locais (deslocando-os de outros países, tanto desenvolvidos quanto em desenvolvimento). A perspectiva da indústria na China é descrita, de um lado, pela manutenção dos setores intensivos em mão-de-obra, os quais são capazes de proporcionar vantagens competitivas determinantes à região, e pelo aumento da participação dos setores mais intensivos em tecnologia.

Para tanto, o país precisa superar a ausência de tradição científica (ainda que não de invenções, como a do papel, da pólvora e da bússola), investir com mais intensidade na qualificação da população, tanto para pesquisa básica como aplicada, continuar a atrair investimentos e projetos em que estejam presentes a transferência e absorção de tecnologia e, tão importante quanto, tratar a questão da pirataria e da falsificação de produtos. A violação aos direitos de propriedade intelectual já atingiu uma dimensão que não permite (ou não se deseja) um controle efetivo e pode, no futuro, causar prejuízos no volume e na qualidade de investimentos e tecnologias destinados à região.

Na terceira parte é enfatizada a atividade comercial desta nação, mais especificamente seus fluxos de importação e exportação com os Estados Unidos, a Europa e o Japão, bem como questões políticas junto à Organização Mundial do Comércio e outras instituições. A China tem um significativo poder de barganha, dada a magnitude do seu mercado e seus esforços iniciais para o desenvolvimento de capacitações tecnológicas e de recursos humanos. Tais características impulsionam a transformação da China em uma potência capaz de compor a liderança econômica mundial.

O livro é finalizado com a apresentação de cenários para o futuro. O autor destaca a necessidade de atitudes proativas das nações, indústrias, empresas, instituições em geral para lidarem com as conseqüências desse crescimento e poderem usufruir a expansão chinesa.

André Filipe Zago de Azevedo
Doutor em Economia
Professor da UNISINOS

Janaína Ruffoni
Graduada em Ciências Econômicas – UFRGS
Mestre em Administração de Ciência e Tecnologia – UFRGS
Doutoranda em Política Científica e Tecnológica – UNICAMP

Sumário

1. O DESPERTAR DO SÉCULO DA CHINA 19
   A China na economia global 20
   Recursos e capacidades 21
   As sinergias da Grande China 23

   Chegando aos Estados Unidos 25
   O importador crônico 28
   O comerciante ingênuo (ou aquele que tem mais a perder) 28
   Acompanhando a curva 29
   Importações de produtos de filiais no exterior 30
   O jogo das moedas 32

   A China assombra o mundo 33

   A fábrica mundial 35
   A exportação forçada 37

   A nova localização dos empregos 38

   Um paraíso para o consumidor 39

   O realinhamento a caminho 41

2. O IMPÉRIO DO MEIO 45
   Um legado imperial (mas não imperialista) 46
   A burocracia imperial 47
   A China e seus vizinhos 49
   A marca imperial 49

A era moderna: a China e as potências estrangeiras 51
A sombra da humilhação 52

A China no período do comunismo 53
A marca do comunismo 54

O período da reforma 54

Ambições grandiosas 55
Símbolos nacionais 56
Aspirações políticas 57
Aspirações econômicas 59

3. SEM PRECEDENTE 61

A China é um novo Japão? 63
Analogias da resposta 65
Japão, China e os limites da analogia 67
O imperativo da inovação 69

Grandes e pequenos dragões 70
Hong Kong 71
Taiwan 72
Cingapura 74
Coréia do Sul 74
A crise asiática: interpretação incorreta 75

China e Índia: a saga de duas nações 76

4. DE CARPINS A AVIÕES 81

O legado tecnológico 83
Mais invenção que ciência 83
O preço da estagnação 84
Tecnologia por decreto: a herança do planejamento centralizado 85

Entrando na escalada tecnológica 86

O impulso aos investimentos estrangeiros 88
Incentivos à transferência de tecnologia 89
Aprendendo com os bárbaros 91
Inovação nacional: ainda um sonho 92
Desenvolvendo capacidades de pesquisa 93

A qualificação dos recursos humanos 95
A reforma do sistema de ensino 96
O retorno das "tartarugas" 98

A disseminação da tecnologia para as empresas 100
FEOs, FPOs e PMOs 101
A tecnologia de graça 102

5. O ROLEX DE DOIS DÓLARES 105

As pegadas dos ianques 105
Pirataria, falsificações e correlatos 107

Os custos e os benefícios das clonagens 118

Uma indústria em formação 110
Fatores herdados e institucionais 111
A organização da produção falsificada 114
A pirataria dos produtos "digitalizados" 115

O fracasso do cumprimento das normas 118

A globalização da pirataria e da falsificação 119

O avanço 121
Navegando em mares piratas 122

6. O DESAFIO ECONÔMICO 127

Histórias da indústria 129
O setor de vestuário nos EUA 129
Móveis que vêm de longe 132

A geografia do impacto chinês 134
A União Européia cuida bem do que é seu 135
A invasão do Japão 136
O México arruinado 137
Amigos e rivais: a Asean e outros 140

O que vem por aí 141

A preparação para o século da China 143
Um novo esquema de jogo 144
Se não é possível bater o concorrente... 146

7. RUMO AO ORIENTE, SEMPRE O ORIENTE, CADA VEZ MAIS LONGE: LÁ ESTÁ O EMPREGO 149

Migração de empregos: mito ou realidade? 151
Migração e perda de empregos 152
O contexto 153

Quem se beneficia? 155
Macropromessa e microrealidade 156

A economia da migração de empregos 158

E vamos tentar novamente? 160

A China e o mercado de trabalho global 162
O impacto da China no mercado de trabalho 163

O seu emprego está ameaçado? 168
Os políticos e suas políticas 170
Explorando o cenário dos novos empregos 170
Uma trajetória de ascensão (ou queda) 172

8. A TELEVISÃO DE SICHUAN 175

A fábrica do mundo encontra o consumidor mundial 177

A nação da Wal-Mart 180

A disputa no campo de batalha 182

Precificação 182

Você compraria um produto chinês? 184
A China e as marcas 190

O *Buy American* retornará? 191

9. A ASCENSÃO DA CHINA 193

Analogias inadequadas 195

A tartaruga e a lebre 196

A China e a Organização Mundial do Comércio 199

Cenários para o futuro 201
Aterrissagem suave 203
Aterrissagem conturbada 204

Linhas de confronto 206
Nações e Estados 207
Linhas de batalha globais 208

Epílogo 206

NOTAS 211
ÍNDICE 217

O despertar do século da China

Economistas e editorialistas freqüentemente caracterizam a ascensão da China como mais um caso de economia emergente em fase do crescimento, tendo como antecedentes o Japão e os tigres asiáticos (Coréia do Sul, Cingapura, Taiwan e Hong Kong), e, em breve, acompanhada pela Índia. Nada mais incorreto do que isto; o caso chinês tem muito mais a ver com a ascensão dos Estados Unidos, um século atrás, do que com o progresso dos seus antecessores e seguidores nos dias de hoje. O que presenciamos aqui é o crescimento sustentado e radical de uma futura potência mundial, detentora de incomparável base de recursos, aspirações grandiosas, enorme poder de barganha e dos recursos tecnológicos e financeiros de uma comunidade expatriada estabelecida e preparada para todos os tipos de empreendimentos. O impacto do crescimento da China nos países do mundo – sejam desenvolvidos ou em desenvolvimento – será enorme, e assim também será a necessidade de desenvolver estratégias e reações a este desafio.

Este livro não constitui uma condenação da China na mesma linha usada pela mídia norte-americana na década de 1980 em relação ao Japão, nem, tampouco, uma glorificação no mesmo estilo daqueles que, quando era outro o país no centro das atenções, não se cansavam de usar "Japão, o número 1". Pelo contrário, nosso objetivo é apreender e explicar o impacto que a inevitável ascensão da China terá sobre empresas, trabalhadores e consumidores no mundo inteiro – em especial nos Estados Unidos – e avaliar o que as empresas e indivíduos terão de fazer para continuarem competitivos nesta nova ordem. O livro sustenta que as "desarticulações" provocadas pelo avanço da China não são cíclicas ou temporárias, mas representam uma reestruturação fundamental do sistema global de negócios e um reposicionamento de seus tradicionais protagonistas. É preciso despertar para um novo contexto de negócios, com novas regras básicas de concorrência, relações de trabalho modificadas e padrões de consumo muito diferentes – um contexto destinado a redefinir as linhas de competição nos campos econômico, político e social, criando novos desafios para nações, empresas e indivíduos.

A CHINA NA ECONOMIA GLOBAL

Fazendo-se um ajustamento dos diferenciais de poder de compra, a China já é a segunda maior economia do mundo. E crescendo, como está, a um ritmo bem mais acelerado do que qualquer outra das grandes nações, não levará mais do que duas décadas para ultrapassar os Estados Unidos como a maior economia do mundo. Há observadores que consideram exagerados os números representativos do crescimento da economia chinesa, mas, mesmo dando o devido desconto, como eles sugerem, uma taxa de crescimento do PIB de 7% a 8% ainda faria da China a nação com a maior taxa de crescimento em um período de tempo sustentável, tanto entre os países desenvolvidos quanto os em desenvolvimento. Para intensificar o debate, há também observadores que, com base em indicativos como os dados sobre consumo de energia, argumentam ser o índice de crescimento da China em verdade superior ao deduzido a partir dos dados oficiais. Apesar de a economia chinesa ter pela frente sérios obstáculos, como um sistema bancário primitivo, um sistema de serviços ineficaz e um significativo problema com relação ao tratamento que reserva aos direitos sobre propriedade intelectual, são, todos eles, elementos com tendência mais para o ajuste gradual que para o agravamento.

Em muitas indústrias, especialmente naquelas de mão-de-obra intensiva, a China já é a principal força na economia global. As fábricas chinesas produzem 70% dos brinquedos, 60% das bicicletas, metade dos sapatos e um terço das malas de viagem do mundo. Nestas categorias é praticamente impossível não encontrar, nas estantes das lojas e supermercados, pelo menos um artigo *Made in China*. Em outros tipos de produtos, como têxteis e vestuário, a participação da China tem sido contida por barreiras tarifárias ou decorrentes de quotas, todas elas com data marcada de vencimento em função da entrada da China na Organização Mundial de Comércio (OMC) e do progressivo esgotamento de inúmeros regimes regionais e inter-regionais de comércio. A China não se contenta, porém, com a situação de liderança na manufatura de produtos baratos e de baixo valor tecnológico, e por isso mesmo trata de ocupar espaços em áreas nas quais o mais importante é a tecnologia e em que a mão-de-obra não representa o principal componente dos custos. Os chineses produzem metade dos fornos de microondas do mundo, um terço dos televisores e aparelhos de ar condicionado, 25% das máquinas de lavar roupa e um quinto dos refrigeradores. Esses produtos representam o segmento que mais cresce nas exportações chinesas. Fabricantes de outros países passam a depender de componentes ou montagem chineses para seus próprios produtos.

Ao contrário do Japão e da Coréia do Sul, a China não abandonará o segmento da mão-de-obra intensiva à medida que for escalando os degraus da pirâmide comercial e industrial. Em lugar disso, procurará consolidar seu domínio das indústrias com alto componente de mão-de-obra e tecnologia intermediária como forma de alavancar um grandioso projeto referente às áreas dependentes de conhecimento intensivo, que dominarão por inteiro a economia globalizada do futuro. Esta combinação de projetos e recursos deve levar a China à liderança do *ranking* econômico mundial, num desafio sem precedente aos demais protagonistas deste campo. Mediante uma política externa progressivamente presente e atuante, a China está igualmente determinada a traduzir seu crescente poder econômico em estatura geopolítica e se contrapor àquilo que considera como a hegemonia global dos Estados Unidos. Paralelamente, como outras nações antes dela, a China colocará seu crescente peso político a serviço da promoção dos seus interesses econômicos.

Recursos e capacidades

Os recursos que a China coloca na mesa são na maioria das vezes desconsiderados e mal-entendidos. Dizer que se trata de um país de 1,3 bilhão de habitantes é apenas um clichê, pelo menos até se começar a pensar em todas as implicações disso. Empresas estrangeiras tiveram durante anos o que se poderia considerar uma inspiração em negócios à simples imaginação de tudo o que representaria a possibilidade de vender uma escova de dentes para cada um dos chineses, uma miragem e um símbolo de utopia corporativa quando começou a ser considerada, na década de 1980, mas agora cada vez mais realidade tangível, mesmo que limitada por região ou categoria de produto. A China já é o maior mercado para os aviões da Boeing e para os fabricantes norte-americanos de ferramentas, sendo igualmente o seu mercado automobilístico o mais promissor do mundo inteiro. (A China já é o maior mercado externo para a Volkswagen, maior que o mercado dos Estados Unidos.)

A atração do seu mercado interno proporciona à China um enorme poder de barganha, um trunfo de que não dispõem nem o Japão, nem a Coréia do Sul. É a expectativa de participação nesse mercado que permite à China exigir transferência de tecnologia como condição de acesso dos investidores estrangeiros, dos quais extrai, assim, condições nunca antes imaginadas em outros mercados. Na indústria automotiva, empresas como a General Motors se submeteram a estabelecer centros de pesquisa e desenvolvimento, uma atividade nunca antes contemplada em um mercado emergente. Os produtores estrangeiros, além de concordarem em transferir tecnologia, a alma dos seus negócios, assim o fizeram em um cenário sem qualquer proteção dos direitos de propriedade intelectual (DPIs) e em alianças paralelas nunca antes vistas: a

China é o único país em que os fabricantes nacionais de automóveis fazem empreendimentos conjuntos com dois ou mais sócios estrangeiros concorrentes no mesmo setor, o que possibilita aos chineses aprender as "melhores práticas" de ambos os sócios estrangeiros, e, evidentemente, ficar sabendo das melhores técnicas e tecnologias de cada um deles. O objetivo disto é criar multinacionais chinesas que assumirão lugar próprio na economia globalizada e repetir o sucesso de empresas como Toyota, Sony e Samsung, com muito maior rapidez que os detentores das marcas originais.

O tamanho da China representa igualmente a existência de um imenso contingente de recursos humanos. O estoque de mão-de-obra inclui não somente um ilimitado fornecimento de trabalhadores braçais, mas também um grande e crescente número de engenheiros, cientistas e técnicos qualificados, muitos dos quais empregados em centros de pesquisa e desenvolvimento mantidos pelo governo ou nos centros de pesquisa cada vez mais sofisticados implantados no país pelas multinacionais. A coexistência de mão-de-obra de baixo custo com a abundância de recursos humanos crescentemente qualificados contesta a validade das suposições a respeito da competitividade nacional no eventual surgimento de uma situação de "ou chinês ou estrangeiro" e sublinha a estratégia chinesa destinada a sustentar seu predomínio em indústrias que requerem mão-de-obra intensiva ao mesmo tempo em que procura penetrar nos domínios da alta tecnologia.

A modernização do sistema de ensino chinês tem escopo e ritmo infinitamente superiores aos dos pretendentes anteriores à posição a que agora Pequim aspira. Mesmo nos dias presentes, o sistema educacional do Japão permanece exageradamente "protegido" das influências estrangeiras, bem como de mudanças mais genéricas, o que é reconhecido pelos japoneses como um obstáculo para o avanço e crescimento de uma economia baseada no conhecimento. As universidades sul-coreanas, ainda que um pouco mais abertas que as japonesas, apenas recentemente começaram a contratar docentes estrangeiros, algo que vinham fazendo há bastante tempo com professores sul-coreanos expatriados. As instituições chinesas de ensino superior estão se mostrando mais abertas e a elite das instituições tem demonstrado não somente disposição, mas também entusiasmo, em adaptar os currículos e realizar outras mudanças. As melhores universidades chinesas agem decididamente na atualização da infra-estrutura e do conjunto de capacidades, estabelecendo para tanto parcerias com instituições e empresas ocidentais e requisitando ativamente docentes diplomados no exterior.

Para melhorar seu sistema de ensino, a China conta com um eventual retorno em massa de estudantes chineses do Exterior. Já é composto por chineses o maior contingente de estudantes estrangeiros hoje nos Estados Unidos. Segundo o Instituto Internacional de Educação, mais de 64 mil estudantes da China continental estavam radicados nos Estados Unidos em 2002 e 2003. No mesmo período, estudavam nos EUA mais de 8 mil alunos procedentes de Hong Kong e outros 28 mil de Taiwan, totalizando mais de 100 mil estudantes. Os chineses estudam igualmente na Europa, Austrália e Japão. O governo de Pequim incrementa os incentivos ao retorno dos melhores entre esses estudantes, oferecendo-lhes salários de nível internacional e permitindo-lhes que trabalhem paralelamente no país e no exterior. Independentemente de tais incentivos, muitos estudantes, bem como experientes cientistas e executivos, sentem-se inclinados a retornar ao seu país atraídos pelas oportunidades características de uma economia em rápido crescimento. Esses retornados contribuem não apenas com o conhecimento adquirido no exterior, mas igualmente com algo de que a China tem grande necessidade: conhecimento aplicado e qualificações no plano dos negócios.

Outra importante fonte de conhecimento tecnológico, científico e administrativo está presente nas economias de Taiwan e Hong Kong. Pressionados em parte pelos fabricantes chineses de produtos de baixo preço, ambos os territórios – sem mencionar Cingapura – vêm empenhando grandes esforços já há duas décadas na melhoria dos seus sistemas de ensino. Hong Kong se orgulha de suas oito universidades, mais do que o dobro das três existentes no final da década de 1970. Estas universidades, algumas de padrão mundial, exercem um papel fundamental na qualificação dos recursos humanos da China; é cada vez maior o número de estudantes da China continental nelas matriculados e muitos dos graduados acabam trabalhando, direta ou indiretamente, para empreendimentos no continente.

Dito isso, indispensável se torna destacar que a China tem ainda um longo caminho a percorrer antes de superar suas principais debilidades, como a inexistência de um setor de serviços capaz de apoiar sua base industrial e para a qual possa canalizar parte de seu contingente supérfluo de pessoal; um setor bancário caótico, e uma limitada capacidade de gerar inovações. Julgando-se com base em experiências do passado, no entanto, existem todos os motivos para acreditar que a China acabará superando esses problemas e saindo ainda mais fortalecida desse processo. Uma questão fundamental reside no fato de que a China não está sozinha; muito pelo contrário, ela constitui o centro para o qual converge um conjunto de economias complementares e crescentemente integradas, que constituem a Grande China.

As sinergias da Grande China

Em termos de cultura, economia e geopolítica, a China consiste não apenas da República Popular, no continente, mas igualmente de Hong Kong, um centro empresarial que desde 1997 passou a ser uma Região Administrativa Especial da RPC, com jurisdição própria em matéria de comércio e investimentos; de Taiwan, uma ilha tecnologicamente avançada, que, apesar de ter sua situação de república independente contestada pela própria RPC, que a considera tão-somente uma província renegada, apresenta uma crescente integração na economia chinesa; e eventualmente da própria Cingapura, predominantemente chinesa, um centro de manufatura de alta tecnologia e base de muitos empreendimentos multinacionais; além disto, de uma imensa diáspora chinesa, que ocupa posições de destaque nas elites empresariais do Sudeste Asiático e é bastante ativa em círculos empresariais do mundo inteiro. Um bom exemplo é o Hutchison Whampoa, de Hong Kong, um diversificado conglomerado com faturamento bruto de cerca de US$ 20 bilhões e operações em mais de 40 países.

Basta encaixar as diferentes peças deste quebra-cabeças chinês para que se encontre um potencial inigualável: um conglomerado de recursos humanos que é não apenas o maior do mundo como inclui imensa quantidade de cientistas, engenheiros e executivos experientes; uma infra-estrutura tecnológica avançada e de rápida progressão e uma indústria que ocupa posições de liderança em muitas tecnologias emergentes (Taiwan é o maior produtor mundial de *notebooks*); capitais infinitos (as economias da China, Taiwan, Hong Kong e Cingapura juntas somam US$ 750 bilhões em reservas internacionais); uma posição dominante no comércio (o porto de contêineres de Hong Kong está entre os mais movimentados e avançados do mundo); as maiores bases e centros de operações da região asiática para as empresas multinacionais (Xangai, Hong Kong e Cingapura); e experiência global em negócios (a diáspora chinesa).

Progressivamente integradas (Cingapura um pouco menos) e dependentes dos seus negócios na China continental, essas economias dispõem de atributos complementares e sinérgicos de capital, capacidades, qualificações, recursos humanos e um comércio ativo, que podem proporcionar desenvolvimento em uma magnitude e velocidade nunca vistas antes em uma economia em desenvolvimento. Com quase US$ 1,4 trilhão, o intercâmbio comercial da Grande China (República Popular, Hong Kong, Taiwan e Cingapura) fica atrás apenas do da União Européia e dos Estados Unidos e é quase o dobro do volume do Japão. Em uma economia globalizada próspera, esse volume forma a base de um respeitável poder de barganha, enquanto que outras nações precisam medir suas reações em termos de economia e comércio no contexto de fluxos mais amplos e de suas próprias exportações. A Grande China torna-se rapidamente o centro de atração de uma economia asiática cada vez mais próspera e crescente: a China continental já é o principal mercado para as exportações da Coréia do Sul, enquanto que a Grande China é o maior mercado para as exportações de praticamente todas as outras nações da Ásia.

CHEGANDO AOS ESTADOS UNIDOS

No século XIX, o Ocidente forçou a debilitada China a aceitar uma série de tratados injustos e humilhantes, obrigando-a a abrir suas portas para o comércio internacional. Os Estados Unidos foram um dos signatários desses tratados. O problema consistia no fato de que, embora o Ocidente cobiçasse produtos chineses de alto valor, como chá e seda, pouco possuía que pudesse contribuir, em troca, para a satisfação das necessidades chinesas (o que foi um dos motivos para que os britânicos entrassem no tráfico de ópio). Cerca de dois séculos mais tarde, o intercâmbio comercial entre esses antigos rivais entra em fase de nova expansão, e outra vez os norte-americanos parecem mais interessados em produtos chineses do que a China por produtos norte-americanos. Desta vez, porém, os chineses estão dispostos a vender, e pelos portos norte-americanos e europeus chegam muito mais produtos *Made in China* do que apenas chá e seda.

A Figura 1.1 exibe as cifras do intercâmbio comercial China/EUA. Os números representam não apenas os negócios da China continental (República Popular), mas igualmente da Grande China (incluindo Hong Kong, Taiwan e Macau, mas não Cingapura), para demonstrar a intensificada integração das economias chinesas e para atender a uma das maiores reclamações dos EUA. O Conselho de Negócios EUA-China (U.S.-China Business Council), a entidade que representa os principais exportadores norte-americanos para a China, destaca que os números do comércio da RPC não são corretos, por não reconhecerem a condição de Hong Kong como um "entreposto". (Isso porque muitas das exportações procedentes da RPC entram por Hong Kong e muitas das exportações dos EUA endereçadas a Hong Kong têm como verdadeiro destino final a RPC.) Foram incluídos serviços porque, ao contrário do que ocorre no intercâmbio de mercadorias, em que apresenta déficit crônico, na área dos serviços os EUA apresentam enorme superávit (por exemplo, consultoria e transportes).

O Conselho de Negócios EUA-China também entende que o déficit comercial dos EUA em relação à China é exagerado, porque os EUA calculam importações e exportações de forma diferente: as importações dos EUA são mensuradas em CIF (o agregado de custo, seguro e frete), enquanto suas exportações são calculadas na base FAS (livre ao lado do navio). O Conselho sustenta que a conversão tanto de importações quanto exportações para preços FOB (livre a bordo) aumentaria as exportações em 1% e reduziria as importações em mais de 10%[1]. Mesmo com tais ajustes, a China continuaria apresentando considerável superávit no seu comércio com os EUA, e levando-se em conta o índice de crescimento do déficit, os novos números meramente refletiriam uma defasagem de seis meses. Além disso, ajustar os dados do comércio norte-america-

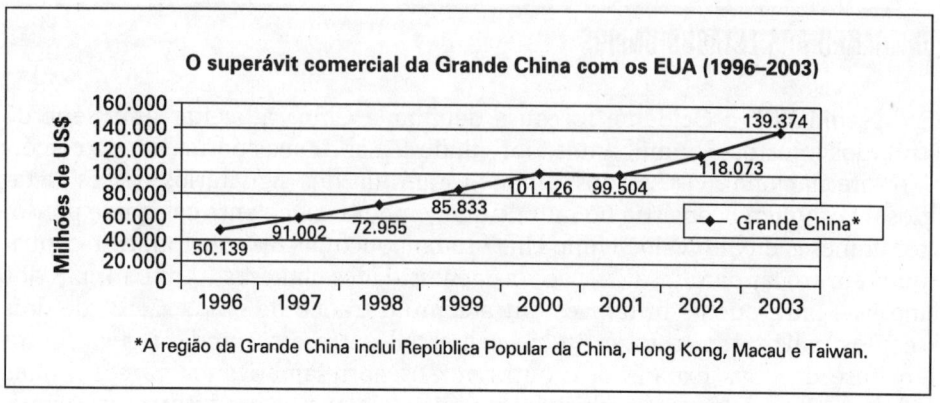

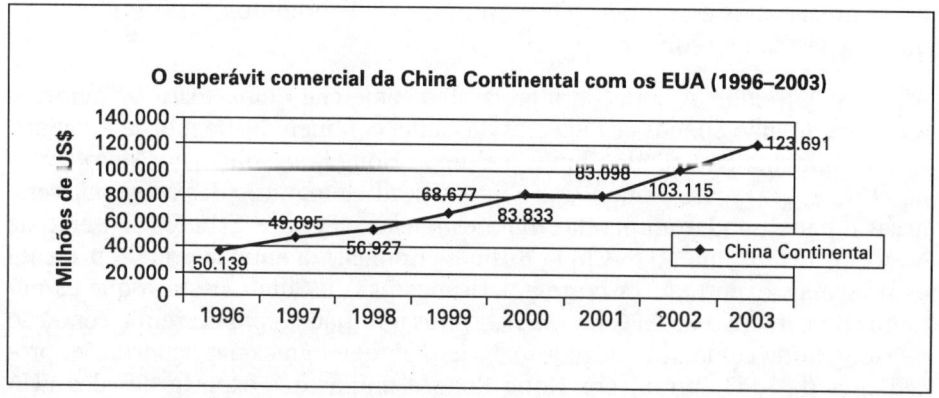

FIGURA 1.1 Balanço do intercâmbio comercial China-EUA.
Fonte: Comércio Internacional segundo o Departamento de Censos (FT-900), edições anuais de Comércio internacional dos EUA em Bens e Serviços. Atualizado em 15/5/2003.

no não alteraria a posição da China em relação a outros parceiros comerciais dos norte-americanos. A posição defensiva do Conselho de Negócios EUA-China é reveladora: trata-se de um lembrete do poderoso *lobby* chinês, constituído por exportadores para este mercado, inclusive a Boeing, e por empresas que dependem de importações chinesas para a saúde dos seus negócios.

Não menos importante do que os números do déficit comercial revela-se a composição deste déficit – em particular, as importações norte-americanas de produtos chineses. De acordo com a Divisão de Comércio Exterior do Departamento de Censos dos Estados Unidos (Foreign Trade Division of the U.S. Census Bureau), as quatro principais categorias de produtos importados da China em

2003 estão tecnologicamente associadas: artigos manufaturados em geral com um valor total de US$ 28,5 bilhões (em CIF), máquinas de escritório e equipamentos de processamento automático de dados no valor de US$ 24,3 bilhões, telecomunicações e aparelhos de gravação de som na quantia de US$ 17,5 bilhões e máquinas elétricas no valor de US$ 12,6 bilhões. A categoria de produtos de mão-de-obra intensiva, como vestuário e sapatos, figura em quinto e sexto lugares, com US$ 12,6 bilhões e US$ 11,1 bilhões, respectivamente, mantendo sua tendência de queda neste *ranking*, mas não em termos de volume de produtos.[2] Em termos de comparação, no ano de 1999 os produtos têxteis e de vestuário (juntos) e sapatos apareciam em segundo e terceiro lugares, respectivamente.

Os economistas se dividem em relação à real importância de um balanço comercial. Alguns destacam que o déficit comercial dos Estados Unidos não é tão grande em relação ao seu PIB, mesmo já tendo superado a faixa dos 5%, o que representa teoricamente um sinal de alerta. Outros apontam para o risco do aumento da proporção de títulos de dívida norte-americanos em posse de estrangeiros, os quais, uma vez perdendo a confiança na moeda norte-americano, poderiam causar uma crise de confiança em relação aos EUA e com isso desestabilizar a economia globalizada, em que o dólar dos EUA continua sendo a principal reserva monetária. É geralmente aceito que o comércio gera benefícios mútuos para os parceiros, chegando alguns analistas a sugerir que o comércio é positivo mesmo quando os benefícios não são recíprocos (por exemplo, os consumidores nos EUA se beneficiam dos preços baixos dos produtos chineses). A perspectiva econômica é muito estreita para abranger toda a complexidade dos negócios, seu impacto variável em diversas regiões e indústrias, e, principalmente, suas repercussões sociais, políticas e geopolíticas. É fácil argumentar de forma macroeconômica que "o livre comércio beneficia a todos"; é igualmente fácil recorrer ao argumento freqüentemente politizado em favor do "comércio justo". Bem mais difícil é especificar os parâmetros do que é justo, identificar quem participa com eqüidade do jogo econômico, ou escolher vencedores (e perdedores). O jogo chinês poderá redefinir essas três questões.

Por que são os Estados Unidos o país mais vulnerável (apesar de existirem os que entendem tratar-se exatamente do contrário, ou seja, o mais beneficiado) às importações chinesas? Em contraste com o Japão, que manteve durante várias décadas um considerável superávit comercial em relação ao resto do mundo, a China tem mantido apenas um modesto excedente no seu intercâmbio global, e recentemente suas importações têm aumentado mais do que as exportações. Enquanto o seu excedente comercial com os EUA expandiu-se para US$ 11,5 bilhões em janeiro de 2004, o balanço comercial geral chinês em fevereiro de 2004 aumentou em US$ 8 bilhões – no vermelho. Isto significa que outros parceiros comerciais da China estão se saindo muito bem nessa relação, quer mantendo um déficit menor que o dos EUA (a União Européia), quer registrando um considerável superávit (caso da Ásia) no seu comércio com a China. (Com a União Européia, a China teve um superávit de quase 50 bilhões de euros em 2002, vendendo mais do que comprando de todos os países da comunidade, com exceção da Áustria e Finlândia.)

Como é possível existir essa disparidade entre os Estados Unidos e os outros parceiros comerciais da China? A resposta é bastante complexa, tanto quanto explicar as variações, por exemplo, entre o Reino Unido, que tem, proporcionalmente ao dos EUA, um déficit ainda maior com a China, e a Alemanha, cujo déficit em relação aos chineses é relativamente pequeno. As explicações são importantes na medida em que cada uma delas tem seus defensores, apresenta luz diferente sobre o impacto da China, e cada uma tem repertório próprio de respostas estratégicas nos níveis nacional, industrial, empresarial e individual. A seguir, vão algumas dessas explicações.

O importador crônico

Os Estados Unidos vêm mantendo um déficit comercial em relação ao resto do mundo no último quarto de século, uma brecha que se aproxima atualmente de meio trilhão de dólares por ano. Nominalmente, este é o maior déficit comercial do mundo, e, girando em torno de 5% do PIB, é também uma das maiores proporções entre as nações industrializadas. Os EUA têm déficit comercial significativo com União Européia, Canadá e Japão, entre outros parceiros tradicionais, mas o déficit em relação à China é o maior e de mais rápido crescimento. Uma das razões da liderança chinesa é a transferência global de operações de fábricas para esse país. À medida que empresas japonesas, européias e norte-americanas transplantam, literalmente, suas fábricas para a China, as vendas de todas elas para os Estados Unidos passam a constituir exportações chinesas. Por exemplo, enquanto que, nos últimos anos, o superávit japonês em relação aos EUA não teve mudanças significativas, o superávit China/EUA registrou verdadeira explosão de crescimento. Obviamente, este argumento não explica por que o déficit comercial global dos EUA não registrou um declínio, o que sugere a existência de fatores, tais como a competitividade, taxas de câmbio, a crescente oferta de exportadores globais e a diversidade da população dos EUA, que supostamente intensificam o apetite por produtos estrangeiros.

O negociante ingênuo (ou aquele que tem mais a perder)

Os Estados Unidos são um país de economia aberta, que muitos norte-americanos (mas não necessariamente o mundo inteiro) acreditam ter um menor número de barreiras tarifárias e não tarifárias do que seus parceiros, e com políticas comerciais que os próprios americanos e muitos outros caracterizariam como ingênuas (como permitir acesso relativamente livre ao mercado norte-americano sem insistir em uma reciprocidade). Nesta visão, os parceiros comerciais, especialmente a China, estão tirando proveito da economia norte-americana. Os defensores da China destacam uma abertura gradual de seus mercados e seus compromissos com a Organização Mundial do Comércio (OMC). Eles argumentam, não sem alguma razão, que muitas empresas norte-americanas não investem o tempo e a energia necessários ao entendimento das necessidades de um mercado em rápida abertura como o da China. Nicholas Lardy, renomado acadêmico do Instituto de Economia Internacional da China, observa que a proporção das importações chinesas em relação ao PIB em 2004 atingiu 30%, em comparação com os 8% do Japão e 14% dos Estados Unidos.[3]

Na condição de líder mundial em tecnologia e inovação e de maior exportador de tecnologia, os Estados Unidos constituem logicamente o parceiro comercial da China que mais sofre com suas práticas negligentes de proteção dos direitos de propriedade industrial. Analogias são freqüentemente feitas com o Japão e os quatro tigres asiáticos, que começaram sua expansão ignorando a proteção dos DPIs mas com o passar do tempo passaram a fazer cumpri-los, ainda que as violações desses direitos persistam na China, em uma escala bem superior, além de toleradas, seguidamente apoiadas e protegidas, pelos poderosos interesses locais. À medida que a China alcança novos degraus na escalada tecnológica, sustenta o argumento dos otimistas, passa a ser cada vez mais interessante para os próprios chineses proporcionar tal proteção. Afinal de contas, no século XIX os Estados Unidos foram os maiores violadores dos direitos de propriedade intelectual, como Charles Dickens, entre outros, aprendeu com grande prejuízo. A diferença é que, nos dias atuais, a fatia de pesquisa e desenvolvimento no custo dos produtos é muito maior, e que produtos de *copyright* exigem mais recursos econômicos. Além disso, em uma economia globalizada, produtos piratas e falsificados encontram caminhos para seus múltiplos mercados. E, o que é ainda pior, a tendência recente aponta para um aumento, em vez da diminuição, dos índices destas violações.

Acompanhando a curva

Nessa explicação, o desequilíbrio do comércio EUA/China é resultado do diferente ponto ocupado pelos dois países na curva do desenvolvimento. Da mesma forma que há um século os Estados Unidos perderam empregos no setor primário (agricultura), atualmente sofrem com a redução dos empregos no setor manufatureiro de produtos de baixo custo, substituindo-os por empregos em setores de maior valor agregado e para cuja obtenção é indispensável o conhecimento intensivo. Sendo a causa dessa mudança, a China exerce um papel positivo, ao liberar os EUA para fazer o que sabem melhor do que ninguém: produção e implementação de conhecimento em tecnologia de ponta. Esse argumento é obviamente atraente para os defensores da China, os quais destacam que a China e os Estados Unidos se sobrepõem somente em um pequeno grupo de produtos (10%, de acordo com o Conselho de Negócios EUA-China). Naturalmente, a história da curva do desenvolvimento traz a implicação de que a brecha comercial entre os dois países tenderá a se reduzir à medida que aumentar o progresso da China.

O argumento é atraente mas também apresenta suas debilidades. O conjunto de produtos em que os EUA e a China são concorrentes é provavelmente bem mais volumoso que os apontamentos do Conselho, e, pior ainda, aumenta velozmente, o que não é surpresa em face do rápido crescimento da economia chinesa e da transferência em massa de tecnologia para o país. A Toyota, a Nissan e a Honda começaram produzindo veículos de baixo custo, antes de estabelecerem as divisões de carros de luxo – Lexus, Infiniti e Acura; uma investigação da Comissão de Comércio Internacional (International Trade Commission) revela que os aparelhos de TV e os móveis chineses já se dirigem tanto aos segmentos superiores quanto aos inferiores do mercado. O argumento da curva do desenvolvimento normalmente estabelece um paralelo entre economias que mudam de manufatura para serviços e de agricultura para manufatura, mas, como argumentaremos mais adiante neste livro, é um paralelo que pode estar fundamentalmente viciado. Por fim, ao contrário do Japão e dos tigres asiáticos, a China pretende manter sua vantagem em mão-de-obra intensiva à medida que avança nas categorias de produtos mais sofisticados; se conseguir manter essa condição, a extensão dos produtos em que se registra concorrência EUA/China será ainda maior.

Importações de produtos de filiais no exterior

Analisando as estatísticas de comércio, é possível imaginar um cenário em que empresas chinesas inescrupulosas tentam abrir caminho à força no mercado norte-americano. Antes de chegar a qualquer tipo de conclusão, contudo, é preciso ter em mente que a metade das exportações globais chinesas é feita por multinacionais estrangeiras que se estabeleceram no país para abastecer seus próprios mercados nacionais e os mercados globais, também (ver a Figura 1.2). Na verdade, os chineses, como os japoneses antes deles, tendem a subtrair essas exportações dos seus dados sobre intercâmbio comercial, produzindo assim números bem menores sobre suas exportações.

CAPÍTULO 1 ■ O DESPERTAR DO SÉCULO DA CHINA 31

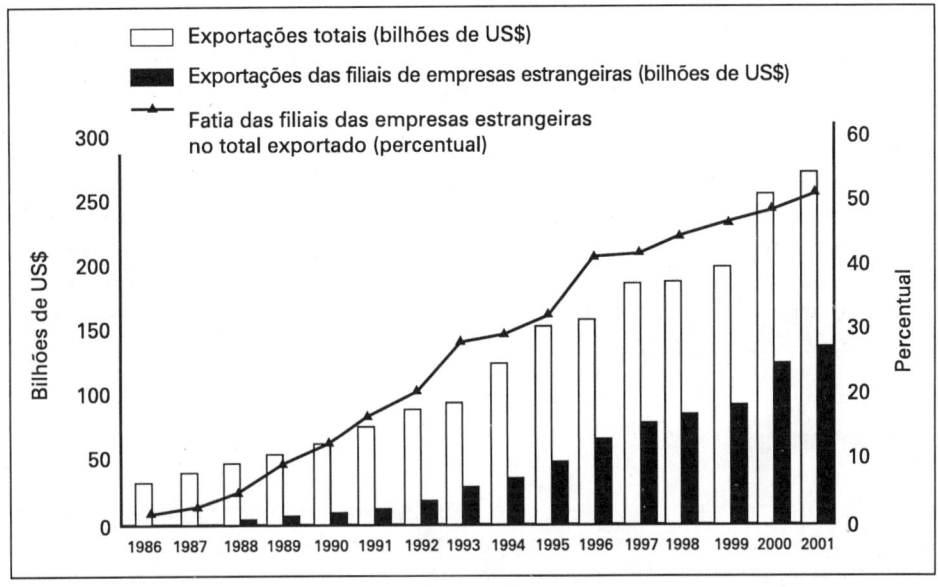

FIGURA 1.2 Exportações da China e a participação das filiais das empresas estrangeiras.
Fonte: UNCTAD 2003.

"Empreendimentos de investimento estrangeiro" (filiais de empresas estrangeiras e *joint ventures* internacionais) respondem por uma parcela significativa do crescimento das exportações chinesas, pois estas têm o *know-how*, a qualidade, a reputação, os canais de distribuição e os mercados necessários para uma boa penetração no cenário internacional. Muitas – o que não significa todas – são filiais de empresas norte-americanas movidas pelos fundamentos da economia (ou seja, é mais barato produzir na China, mesmo levando-se em conta os custos de transporte e correlatos) ou pelos acordos assinados com o governo chinês nos quais se comprometem a dedicar grande parte de sua produção à exportação, ou como condição para obter determinados incentivos aos investimentos. Embora os números possam ser discutidos, o que é indesmentível é que as empresas norte-americanas dão suporte às exportações chinesas para os EUA, quando não como produtoras, como compradoras (como faz a Disney). Mais ainda, a contribuição dos produtores norte-americanos às exportações chinesas tende a continuar crescendo, e é muito fácil saber o motivo disto: o segmento chinês de produtos tecnológicos é o que apresenta maior crescimento das exportações, as empresas multinacionais contribuem com 75% de tais exportações (principalmente em setores envolvendo alta tecnologia) e os EUA continuam sendo o maior repositório de conhecimento tecnológico. Existe ainda outra razão para isso: em comparação com o que ocorre em outras economias desenvolvidas, principalmente nos países da União Européia, é relativamente simples encerrar operações nos EUA, e por isso qualquer operação de produção pode ser comodamente transferida para a China e começar logo a exportar para os EUA os mesmos produtos que fabricava anteriormente no país. Em comparação, as empresas da União Européia (especialmente em países como a Alemanha e a França) enfrentam enormes obstáculos quando decidem fechar fábricas nacionais, o que acaba tornando irrisório o ganho da operação de transferência para o exterior, e, pelo menos a curto prazo, reduz as exportações para a região.

O jogo das moedas

A quase patética cena do secretário do Tesouro norte-americano, John Snow, fazendo uma peregrinação à China para pleitear uma valorização do iuan, a moeda nacional, somente para receber um sonoro "não", atraiu as atenções gerais para o papel desempenhado pelo *renminbi* (literalmente "dinheiro do povo") na desequilibrada balança comercial entre os dois países. A maioria dos economistas (bem como os concorrentes e os sindicatos dos países desenvolvidos) tem convicção de que o iuan está cotado abaixo do seu real valor, embora quase todos discordem sobre qual seria a margem de uma eventual mudança e sobre o nível de risco que uma repentina valorização representaria para a China e para a economia global. Desde que o dólar americano passou a cair em relação ao euro (principalmente) e ao iene japonês, a pressão passou a concentrar-se sobre a China, para que valorize sua moeda a fim de tornar os produtos de exportação mais caros nos mercados norte-americanos.

O jogo das moedas teve lugar na década de 1980 com o Japão, quando, em função do Acordo do Plaza (acordo negociado pelos ministros da Fazenda dos países do Grupo dos Sete em Nova York, em 1985), o dólar desabou em relação ao iene. Apesar disso, o drástico realinhamento das taxas de câmbio mal pesou sobre a balança comercial EUA-Japão, levando economistas frustrados com esse resultado a proporcionar explicações alternativas (tal como aquela de que os padrões de consumo não dependiam somente dos custos) e até mesmo a insinuar que "o Japão não se adapta aos modelos econômicos vigentes". Hoje, o iene vale mais do que o dobro da sua cotação relativa ao dólar na década de 1980, mas o déficit comercial com o Japão ainda é o mesmo (em dólares de 1980). Embora o déficit certamente estivesse hoje em patamares mais elevados se não fosse aquele realinhamento, ele foi provavelmente contido mais pela transferência de fábricas japonesas para os EUA (especialmente no caso da indústria automotiva, responsável por uma razoável fatia do déficit EUA/Japão) e para a China.

As partes que pressionam em busca de uma valorização gostariam que a China optasse por uma das seguintes decisões: deixar o iuan flutuar livremente, permitindo assim que as forças do mercado determinem a taxa do câmbio, ou estabelecer uma nova e mais alta banda cambial. No passado, a China rejeitou pressões semelhantes, considerando-as uma tentativa de intervenção em seus assuntos nacionais, e lembrando a todos os interessados como havia concordado em não desvalorizar sua moeda mesmo em face das grandes desvalorizações decretadas por concorrentes como a Coréia do Sul, Tailândia e Indonésia durante a crise financeira da Ásia. A proposta chinesa de utilizar suas imensas reservas cambiais para sustentar o dólar de Hong Kong, quando este se encontrava sob ataque especulativo, também dá credenciais à sua decisão de não se curvar a novas pressões relativas à cotação de divisas. Embora liberando alguns sinais relativos à eventualidade de uma futura valorização, ainda que modesta, de sua moeda, um déficit emergente no seu intercâmbio comercial geral daria à China mais motivos para se opor a qualquer mudança nas cotações atuais. São também contrários à valorização do iuan os muitos produtores norte-americanos que importam componentes ou produtos acabados da China, e que seriam também afetados por semelhante mudança.

A CHINA ASSOMBRA O MUNDO

A pressão chinesa sobre os mercados norte-americanos tende somente a se tornar cada vez maior. Empresas que até agora hesitavam em transferir produção para aquele país em função dos acordos com os sindicatos de trabalhadores, ou temendo um boicote dos consumidores, já chegaram à conclusão de que não terão outra opção além dessa transferência – se quiserem continuar vivos no negócio. Empresas inicialmente protegidas da concorrência chinesa pelos altos custos do transporte ficam agora na linha de fogo à medida que os custos logísticos diminuem e a produtividade da parte chinesa não pára de crescer. Outros estão seguindo clientes industriais que se transferiram para a China e continuam necessitando da proximidade dos seus fornecedores e provedores de serviços. Até mesmo empresas fornecedoras do setor militar norte-americano já se dão conta de que poderão não ter escolha, por mais que se esforcem para manter suas operações centrais em território nacional. Consultores e outros serviços de pessoal que acompanham as mudanças a fim de proporcionar suporte a essas operações acabam descobrindo que a China, como outras nações de baixo custo de vida, é uma boa base de apoio de operações no exterior.

"O grande e bem conhecido montante de produção importada da China pelos Estados Unidos", escreveu Daniel Webster, secretário de Estado na administração John Tyler, em 1843, "não parece prestes a sofrer redução.[4]" Acabou, afinal, reduzido. Mas, embora as quotas sirvam como um lembrete dos limites da previsão, todos os indicadores apontam que, no momento, a maré de exportações chinesas só tende a aumentar. Ela também não irá se deter nas praias norte-americanas. No momento, a União Européia tem um déficit comercial de cerca de US$ 45 bilhões com a China, mas as importações chinesas representam apenas 1,8% do total de suas importações, e a metade do seu volume de importações do Japão (dados de 2002). Uma vez as exportações chinesas crescendo – e especialmente quando começarem a desafiar indústrias européias estratégica e politicamente influentes, como a de veículos motorizados – o sentimento poderá mudar também, embora continue sob controle enquanto as exportações européias permanecerem fortes e enquanto as nações mais influentes da União, como a Alemanha, mantiverem um déficit relativamente modesto. O Japão, cujas preocupações com a China são também geopolíticas, é um país especialmente vulnerável ao avanço de Pequim, pois sua vantagem competitiva continua dependendo da manufatura, sua economia está estagnada há mais de uma década, e suas práticas de governança e corporativas retardaram seu ajustamento à economia globalizada em constante mudança. Como ocorre com os EUA, as exportações japonesas para a China são cerca da metade das importações, e, como no caso dos EUA, muitas de suas importações da China procedem de empresas japonesas que transferiram suas fábricas para aquele país. Contudo, ao contrário do caso dos EUA, a China é a única economia mundial de grande porte com a qual o Japão tem um significativo déficit comercial (as exportações japonesas para os EUA representam cerca do dobro das importações do mesmo país), o que amortece o impacto. E sendo, como é, muito mais dependente do intercâmbio comercial do que os EUA e a China, o Japão não tem condições de entrar em choque com o sistema de livre comércio.

Enquanto os países industrializados conseguem se consolar (artificialmente) na crença de que a China representa uma séria ameaça apenas à parte de suas economias que exige mão-de-obra intensiva, as nações em desenvolvimento não têm esse luxo. Países em desenvolvimento de repente se descobrem nos últimos lugares das filas da concorrência pelos investimentos dos países desenvolvidos, e ficam contemplando com tremores enquanto os investidores estrangeiros erradicam operações dos seus mercados e os transferem para a China. A vantagem chinesa em termos de custo insignificante de mão-de-obra, uma infra-estrutura moderna e os benefícios da escala e da aglomeração são hoje suficientes para apagar as vantagens da proximidade de países como o México, que vinham contando com a combinação da geografia e do Nafta como uma espécie de apólice de seguros no mercado norte-americano. Esses países estão agora descobrindo, com muito pesar, que o prêmio deixou de ser garantido.

Para as economias emergentes e em desenvolvimento na Ásia, o impacto chinês é mais ambivalente. Embora os países asiáticos continuem a perder investimentos estrangeiros para sua poderosa vizinha, a China, ao mesmo tempo, se transforma num motor de crescimento para toda a região, e um complemento, quando não substituto, para os mercados dos países desenvolvidos. (A China já tomou o lugar dos Estados Unidos como maior mercado externo da Coréia do Sul.) Com a notável exceção do Japão, a maioria das economias asiáticas desfruta de superávit em sua balança comercial com a China, e por isso mesmo não considera produtos importados chineses como motivo de preocupação imediata. Ainda assim, a China é vista como uma possível preocupação entre as nações asiáticas, algumas das quais estão apenas um degrau acima na escala do desenvolvimento e são por isso vulneráveis ao avanço chinês. Além disso, é grande o desconforto com relação à influência da elite chinesa de negócios, especialmente em nações muçulmanas como Indonésia e Malásia, existindo também uma suspeita de que a minoria chinesa se beneficiará da ascensão chinesa, enquanto as massas étnicas sofrerão mais do que nunca com a transferência dos empregos de baixos salários para a China. Finalmente, as nações asiáticas continuam nutrindo preocupações a respeito das mudanças geopolíticas: o Japão do pós-II Guerra Mundial era suspeito devido ao seu histórico da própria guerra e de antes, mas não tinha mais poder militar e era íntimo aliado dos EUA. A China, embora historicamente não expansionista, continua sendo uma nação dominada pelo Partido Comunista, com o maior exército do mundo e alentando fortes aspirações geopolíticas.

Mais ainda: nos calcanhares do avanço chinês surgirão numerosos abalos secundários que afetarão o mundo inteiro: aumento dos preços da energia e das *commodities* que a crescente economia chinesa está literalmente devorando, radicais "transferências" para trabalhadores e suas comunidades em regiões e setores industriais incapazes de concorrer ou reestruturar-se, ondas de imigrantes expulsos da América Central e outras regiões pela devastação das operações de mão-de-obra intensiva das quais passaram a depender, e, no fim do caminho, uma nova ordem geopolítica na qual a China seguramente assumirá papel de liderança.

A FÁBRICA MUNDIAL

Seja qual for o brinquedo que você apanhar numa loja, muito provavelmente terá o rótulo de *Made in China*. O que não é de surpreender: a China produz atualmente sete de cada dez brinquedos convencionais vendidos no mundo. Isso aparentemente não desperta preocupações nos Estados Unidos, que há muito tempo desistiram da fabricação de brinquedos, deixando-a para economias como as da Coréia do Sul, Hong Kong e Taiwan. Estes países, no entanto, agora precisam concorrer com um rival que há poucos anos ninguém imaginaria presente nesta arena: a China. Os gigantes da indústria de brinquedos dos

EUA, como Hasbro e Mattel, continuam competitivos por terem transferido a produção para regiões de baixo custo, mantendo nas respectivas sedes apenas os setores mais sofisticados de projeto, desenvolvimento e *marketing*, protegidos pelas suas poderosas marcas. A manufatura de brinquedos utiliza em geral tecnologias rudimentares, não é "estratégica" e não tem implicações de segurança nacional. O mesmo vale para outras indústrias de mão-de-obra intensiva, como a dos têxteis, que os Estados Unidos ou abandonaram, ou deslocaram o mercado, ou continuaram dependendo da mão-de-obra de imigrantes mal pagos para prolongar sua força.

O problema é que nem só de brinquedos a China constrói a força de sua economia, muito pelo contrário. Atualmente, ela é um dos principais protagonistas em linhas de produtos que são ainda fabricados em massa nas Américas e na Europa, como eletrodomésticos, e componentes feitos na China são amplamente usados pela concorrência. A próxima fase verá a terceirização de fábricas inteiras, com a empresa estrangeira mantendo a supervisão, marca e *marketing*. Quando exportarem de volta para seus próprios países, contudo, essas empresas de países desenvolvidos poderão enfrentar a concorrência de uma nova geração de produtores chineses que exportam suas próprias marcas e em alguns segmentos até mesmo instalam plantas de produção em território norte-americano. A China vai se transformando igualmente um protagonista em setores de produtos de capital intensivo, como motores de veículos, e também nas linhas de tecnologia intensiva, algumas das quais, como a de televisões de tela plana, têm certamente utilizações estratégicas. A Grande China já produz mais de 8% das exportações globais de mercadorias, com o continente sendo responsável por mais de 6%. Pode não parecer muito, enquanto não se prestar atenção na curva de crescimento: em 1996, esse índice não chegava a 3%.

A transferência de plantas manufatureiras para a China é igualmente impulsionada pelos impressionantes progressos ocorridos nas cadeias de suprimentos globais. A partir dos aperfeiçoamentos em tecnologia e na eficiência gerencial, o custo da logística vem registrando constante queda nas últimas duas décadas, e em alguns casos baixou em até dois terços o preço cobrado uma ou duas décadas atrás. Essas economias reduzem o custo da importação de produtos acabados e de componentes que vão e vêm entre a China e os Estados Unidos (ainda que o aumento do volume tenha elevado os custos do transporte a partir da China). As economias também são registradas pela redução do tempo de acabamento das mercadorias, uma variável crucial em artigos customizados como móveis, uma das categorias de importações de maior crescimento para a etiqueta *Made in China*. As importações de móveis e camas chineses pelos EUA superam atualmente os US$ 10 bilhões, muito acima dos US$ 4 bilhões de dois anos atrás.

A exportação forçada

A China é menos dependente das exportações do que muitas outras nações da Ásia (a Malásia, por exemplo) e outras partes do mundo (como a Bélgica), mas essa dependência vem em crescendo, e o esforço pelas exportações precisa ser mantido para que o país tenha condições de financiar suas crescentes importações de bens de capital e insumos de produção, e evitar que uma bomba-relógio social e política venha a explodir, com o desemprego servindo eventualmente como detonador. A China precisa não apenas proporcionar empregos para um imenso contingente de jovens, como também preocupar-se com os muitos milhões ainda empregados em empresas estatais deficitárias e com os 100 a 120 milhões de cidadãos que deixaram o interior em busca de trabalho nas áreas urbanas, e que seriam os mais seriamente atingidos por qualquer desaceleração da economia em grandes proporções. Camponeses desiludidos têm sido a origem de rebeliões ao longo de toda a história da China, e o bem-estar econômico é especialmente crucial para um regime que espraiou sua base ideológica e agora tem na prosperidade econômica e no nacionalismo suas únicas fontes de legitimidade.

Considerando a escala de sua economia e o crescente domínio que exerce em muitos mercados de produtos, a continuação do projeto exportador da China acabará produzindo uma "commoditização" de mercados que antes tinham nas marcas e na reputação os fatores principais de diferenciação. Com a China liderando em matéria de custos, produtores estrangeiros precisarão emparelhar ou derrubar o "patamar de preços" que tem suas bases não apenas na mão-de-obra barata e nos subsídios governamentais, mas também no uso em massa de produtos piratas ou falsificados para não precisar pagar os respectivos custos do desenvolvimento. Isto deixa os produtores dos países industrializados com um elenco limitado de opções. A primeira delas é comprar a maioria, quando não a totalidade, dos componentes dos produtos de produtores chineses, reduzindo assim o custo do produto final até o ponto dele poder ser competitivo. Essa tendência já está em total implementação, com os grandes fabricantes de automóveis dos EUA comprando bilhões de dólares em autopeças chinesas. A segunda opção é transferir fábricas para a China a fim de reduzir ainda mais os custos, e, paralelamente, ganhar acesso ao imenso mercado interno chinês. A terceira opção é encontrar outra base de produção – Índia ou México, por exemplo – que tenha condições de bater os preços chineses; o problema é que essas localizações raramente oferecem toda a gama de vantagens de uma base chinesa. Uma quarta opção é a automatização ou outras formas de intensificação da produtividade: contudo, em muitas linhas de produtos tradicionais, os ganhos mais óbvios em produtividade talvez já tenham sido alcançados; e, com indústrias-chave de suporte deixando o mercado, se tornaria extremamente difícil, ou até mesmo impossível, ampliar ou mesmo manter ganhos de produtividade. Por fim, as empresas que enfrentam a concorrência dos chineses podem se transferir do nível básico extremamente competitivo para linhas de produtos de alta tecnologia, o único problema residindo na possibilidade de encontrar esse terreno já ocupado por concorrentes que tiveram idéia semelhante em primeiro lugar. Ou, então, resta a hipótese de abandonar por inteiro as atividades de indústria e comércio, para redistribuir seus recursos em empreendimentos mais promissores.

A NOVA LOCALIZAÇÃO DOS EMPREGOS

Trabalhadores de setores industriais de mão-de-obra intensiva, em que o custo do pessoal representa parcela significativa do custo do produto final, são, previsivelmente, os mais afetados pela concorrência da China. Indústrias como as de vestuário e ornamentos funcionam com base em trabalhadores de salário baixo ou mínimo, muitas vezes, nos EUA, imigrantes do México, África e Caribe, e ainda assim não podem concorrer com remuneração de pouco mais de 50 centavos de dólar por hora. Com a exceção de Bangladesh, Vietnã e alguns outros, mesmo os países em desenvolvimento não conseguem competir com esses níveis salariais, especialmente quando acompanhados de elevada produtividade e vantagens de infra-estrutura. Os fabricantes norte-americanos de têxteis, vestuário e correlatos tiveram, até há pouco, a proteção de acordos internacionais sobre quotas e outras tarifas, que, no entanto, estão chegando ao seu fim. O baixo custo do transporte, a rapidez no prazo de entrega e a reação rápida a mudanças de preferências dos consumidores não são mais suficientes para proteger qualquer indústria contra a concorrência chinesa, mesmo quando em combinação com pressões políticas por parte dos governos e representantes legislativos das regiões afetadas.

O impacto da maré chinesa sobre os empregos não ficará confinado às indústrias de mão-de-obra intensiva. Com a ascensão tecnológica do país, os empregos afetados também serão aqueles de nível salarial mais elevado e de base tecnológica. No setor manufatureiro, os empregos dos funcionários administrativos, como contadores e pessoal de vendas, estão especialmente em risco, assim como os empregos dos setores de serviços, como de seguros e bancário. Apesar de mais recente, como o setor de *software*, o segmento de serviços sofre menor ameaça da China do que de outros países, da Índia à Irlanda, mas ela não deve ser desconsiderada. Uma razão para o avanço do *software* indiano é que se trata de um dos poucos setores em que a Índia pode medir forças com a Índia em todo o mundo, mas mesmo essa paridade poderá ver-se ameaçada quando a China puder concluir a reforma que desenvolve no seu sistema de ensino. O mercado chinês também está criando muitos empregos para as indústrias que exportam suas mercadorias e serviços para a própria China. O país é o mercado de maior crescimento para produtos norte-americanos; essa magnitude e a composição do déficit comercial americano em relação à China indicam, porém, que o número de empregos criados ali pelas exportações para os EUA é bem maior do que o número de empregos que devem sua existência às exportações norte-americanas para a China. Mais ainda, os ganhos e perdas de empregos situam-se em diferentes regiões, indústrias, setores e tipos de empresas. O impacto variável está, por outro lado, estratificando o terreno para os conflitos e surgimento de interesses diferentes entre vencedores e perdedores neste *round* do jogo comercial.

UM PARAÍSO PARA O CONSUMIDOR

A China tem ajudado a criar o que parece ser um paraíso para os consumidores, nos EUA e vários outros países. Muitas das linhas de produtos que os chineses agora dominam, como as de relógios de pulso e bicicletas, tiveram uma redução de preços sem precedente. Esta é a boa notícia para os consumidores. A transformação de produtos anteriormente de marca em simples *commodities* proporcionou acesso ao mercado para consumidores que no passado não conseguiam pagar o produto, e capacitou outros a transferir parte de sua receita para a compra de produtos e serviços de melhor nível ou em variedade mais ampla, inclusive aqueles que podem ser montados em casa. Ao mesmo tempo, a maré das importações chinesas está criando pressões sem precedente sobre os fabricantes que dependem de marcas famosas ou de suas origens (como ocorre com os produtos italianos de couro), especialmente na área dos produtos de quase-luxo, que já haviam estado anteriormente pressionados pela expansão das grandes lojas de varejo.

O aumento do número de produtos chineses presentes nas estantes e gôndolas de lojas e supermercados norte-americanos tem relação direta com o avanço de grandes redes como a Wal-Mart, para quem a China vem se tornando cada vez mais a pedra fundamental de uma estratégia de oferta dos menores preços numa ampla variedade de produtos. A Wal-Mart, como outras grandes redes de varejo, torna-se cada vez mais dependente da China para suas promoções de preços "que ninguém consegue bater". Essa relação é simbiótica: a China depende da Wal-Mart e redes assemelhadas para conquistar acesso a mercado para produtos de marcas ainda desconhecidas pela força do varejista e de sua enorme escala. A cooperação ajuda a Wal-Mart a consolidar sua posição como a segunda maior rede de varejo do mundo, e capacita as empresas chinesas a produzir em grande escala, que é sem dúvida uma variável fundamental no campo das mercadorias produzidas em massa.

A ascensão chinesa pode ter conseqüências mais amplas para o consumidor norte-americano e, por extensão, para o cenário político e social dos EUA. Até agora, as queixas dos trabalhadores de setores manufatureiros no sentido de que as compras de produtos estrangeiros servem principalmente para minar seu padrão de vida, e por extensão também o de outros compatriotas cujos produtos eles não terão condições de adquirir em conseqüência da perda de seus empregos, têm caído em ouvidos moucos. Desde que a economia tivesse a agilidade suficiente para se recuperar e criar outros empregos, ficaria fácil não dar atenção a tais sentimentos negativos mediante a demonstração dos benefícios de um amplo sistema de intercâmbio comercial para a criação de empregos e riquezas. Desta vez, no entanto, parece haver no mínimo uma inesperada brecha entre a perda e o surgimento de emprego, e, no pior dos cenários, uma mudança estrutural que limita a criação de empregos. Com programas desenvolvidos para dar atendimento às reclamações dos que perdem com esse livre comércio não tendo o devido seguimento, a atmosfera está mudando, mesmo sendo o intercâmbio apenas um dos fatores que contribuem para a perda de empregos. Os políticos começam a prestar atenção ao novo sentimento, e, com o tempo, os consumidores também poderão ser a tanto forçados.

O desafio chinês é de tal magnitude que pode alterar a equação de consumo, desencadeando, quem sabe, um movimento pelo *Buy American* (compre produtos nacionais). Isso poderia provocar uma fundamental alteração nas preferências de consumo, mediante a substituição da fórmula custo/reputação por outra que venha a incorporar a preservação dos empregos como fator-chave. Os consumidores norte-americanos são tidos como apreciadores de marcas estrangeiras, preferência essa usada como uma das explicações para o imenso déficit comercial. Muitos consumidores aceitam pagar mais caro por marcas européias e japonesas, mesmo quando nada superiores em qualidade às marcas nacionais. (Um exemplo disso é o preço maior que os compradores pagam pelos produtos da Toyota em relação àqueles da GM que saem da mesma fábrica em regime de *joint venture*.) Contudo, como a recente redução do consumo de vinhos franceses depois da guerra do Iraque pode indicar, os consumidores norte-americanos não deixar de ter a capacidade de relacionar decisões de compra com fatores geopolíticos, animosidades e outras considerações "não-racionais". Essas considerações poderão vir ainda a ocupar o palco central num mercado de consumo duramente disputado.

O REALINHAMENTO A CAMINHO

A ascensão da China significará novos desafios à chamada "sabedoria convencional" e também a redefinição de antigos termos e suposições baseadas em fatos do passado. Como se classifica um país governado por um regime comunista, mas cuja fatia do governo no PIB é menos do que a metade da mesma parcela do governo dos Estados Unidos? Uma economia que atrai o maior volume de investimentos estrangeiros da história sem proporcionar a devida proteção aos direitos de propriedade intelectual? Uma economia com taxas de poupança extremamente elevadas, mas que aloca incorretamente o capital de investimentos? Um dos mais competitivos mercados em determinados segmentos, mas que tem um regime paternalista de subsídios? Uma força de estabilidade no mundo dos negócios que agora ameaça recorrer à força para retomar a sua "província renegada" de Taiwan? A China irá desafiar estas e muitas outras dicotomias que temos de aceitar; isso pode realinhar também o cenário econômico, político e social nos EUA tanto quanto em outros países. Entre os próximos impactos e desafios nos EUA estão:

- Uma crescente linha de separação entre as indústrias e empresas norte-americanas que se identificaram como as maiores beneficiárias do crescente comércio e investimentos na China e aquelas que se vêem como vítimas da ascensão chinesa. O primeiro grupo consiste de multinacionais com extensivas operações na China; o segundo inclui companhias que não podem substituir o investimento chinês pela saída, incluindo várias pequenas e médias empresas. Os dois grupos estão assumindo posições opostas sobre comércio e protecionismo, e podem se alinhar com partidos políticos a partir dos programas destes em matéria de negócios e investimentos no exterior.
- O retorno da estabilidade no emprego ao palco central das negociações empregadores-empregados, e a eventual reversão da tendência de uma década de rejeição do sindicalismo. O sentimento de vulnerabilidade agora atinge setores que até recentemente se consideravam imunes aos prejuízos causados pelos empregos perdidos para o exterior, e poderia induzir a sindicalização de trabalhadores altamente especializados e representar significativas mudanças na estrutura do movimento sindical e em suas atividades.
- Pressões severas em direção ao protecionismo que não eram vistas há 70 anos, ou mais, entre elas a exigência da imposição da tarifas temporárias e da renegociação de acordos comerciais, juntamente com desafios à posição de instituições internacionais, em especial a Organização Mundial de Co-

mércio (OMC). Com a crescente inquietação em torno da possibilidade de estarem os EUA passando a "perdedores" no jogo comercial, o risco de protecionismos e seu violento prejuízo para a economia global parece mais claro do que nunca.

- Conduzir o debate em termos de "racionalidade econômica" *versus* "forte raciocínio protecionista" não levará mais a lugar algum. Embora os benefícios do livre comércio sejam claros, as realidades de longo prazo de uma economia baseada em serviços mas carente de uma base manufatureira não passam, no curto prazo, de simples possibilidades. O mesmo é verdade para a crença de que a economia dos EUA pode prosperar continuando a ser o inovador global e focando em atividades de valor agregado em um mundo em que a maioria das nações aspiram e investem na mesma estratégia; e onde existe a crença de que os EUA podem absorver indefinidamente a produção mundial paga pelos ativos norte-americanos.

Para empresas, empregados e consumidores, a questão não é mais *se* e *quando* a China irá chegar – pois sua presença já é realidade – mas, sim, como se preparar para a nova economia. Lado a lado com as novas realidades econômicas, uma nova ordem geopolítica está sendo criada. Por exemplo, tendo observado até que ponto chegaram os EUA e a Europa para resguardar suas reservas de petróleo, por que a China carente de fontes próprias de energia mas crescentemente afirmada como potência mundial não se sentirá tentada a tomar o mesmo rumo? E por que ela não estaria disposta a alavancar seu potencial econômico para ganhos geopolíticos por meio de apoio em assistência econômica, treinamento defesa? Apesar de todas as similaridades, a história milenar da China é um indicador de que ela traçará seu próprio rumo, mas, se a história é um bom indicativo (e eu acredito que seja), a China não se satisfará com nada menos que uma posição de destaque, qualquer que seja sua definição.

Para onde tudo isso vai nos levar? Primeiramente, existe o incerto panorama da guerra comercial. Em uma era de interdependência global, o protecionismo será um grave erro, produzindo sérias conseqüências para todos; ainda assim, é para ele que parecemos orientados, se continuarmos a nos aferrar a antigos clichês e a falsas analogias – como aquela segundo a qual a presente transferência de manufatura para os serviços é uma repetição da mudança da agricultura para a manufatura, de um século atrás – até que elas venham a se chocar com o muro da realidade. Em segundo lugar, compartilhamos a responsabilidade pela manutenção da percepção de eqüidade, que é parte integrante da psique norte-americana. Se não conseguirmos identificar e ajudar os perdedores nesta nova rodada do jogo do comércio, a crença na oportunidade para todos poderá ficar desacreditada, e, com ela, a ampla participação que faz dos EUA o que são: um paraíso para a franqueza e para as inovações, sempre, porém, com o sentido da inclusão. O desafio está em como conseguir tudo isto sem interferir nos sonhos e esperanças de outros participantes da economia global, tanto no país como pelo mundo todo. Enquanto continuamos a buscar o equilíbrio, a questão mais imediata, tanto para empresas quanto para indivíduos, não é como conter a maré das importações chinesas, mas como manter a competitividade na alvorada do século da China. É disto que o nosso livro trata.

O Império do Meio 2

A história multimilenar da China projeta uma poderosa sombra sobre a sua maneira atual de conduzir negócios, ciência e a economia. Por mais caótico e inconstante que possa parecer o panorama da economia e negócios na China, a verdade é que ele está profundamente ancorado em tradições do passado e nas respectivas lições e símbolos. Compreender esse passado é fundamental, pois isso traz transparência a tudo que observamos atualmente e, mais importante ainda, ajuda a desvendar indícios essenciais a respeito do futuro da China: o alcance e o nível de suas aspirações e as políticas e estratégias que serão provavelmente adotadas para chegar até lá.

Três são os períodos mais importantes na longa e riquíssima história da China:

- o período Imperial, que se prolongou intermitentemente por mais de dois milênios;
- o período parcialmente superposto da "humilhação estrangeira", durante o século XIX e início do século XX;
- as três décadas iniciais do regime comunista, de 1949 até o lançamento das reformas do final de 1978, incluindo os primeiros anos desse período.

Estes três períodos compreendem tanto marcos de realizações quanto exemplos de sofrimentos, fracassos e erros, que precisam ser evitados para que seja possível restaurar toda a glória do passado. O período imperial, oficialmente repudiado como feudal e explorador pelo regime comunista, ainda perdura como referência da grandeza de uma nação. O encontro e o conflito com o Ocidente nos séculos XIX e XX servem principalmente como lembrança da humilhação sofrida devido à fraqueza militar e ao atraso tecnológico da China e influencia as atuais medidas referentes aos investimentos estrangeiros e ao progresso científico. O legado do planejamento central das décadas iniciais do regime comunista é tanto uma celebração da restauração da dignidade nacional quanto um ponto central a partir do qual são refletidas as deficiências de um regime econômico rígido. Estes três períodos permanecem vivos no inconsciente coletivo, influenciando nas aspirações políticas e econômicas da liderança chinesa, nas políticas e estratégias e nas suas atitudes em relação ao mundo exterior, incluindo mercados e empresas estrangeiras.

UM LEGADO IMPERIAL (MAS NÃO IMPERIALISTA)

Para entender as aspirações da China no século XXI, é preciso recuar mais de 2 mil anos no tempo, até o sistema imperial que, descontadas as periódicas interrupções sofridas, sobreviveu até o alvorecer do século XX. Este período englobou as maiores conquistas chinesas, sua ascensão ao *status* de potência regional absoluta que, por largos períodos, foi provavelmente a mais avançada civilização mundial. O sistema imperial estava alicerçado por uma filosofia semi-religiosa, cujo fundador, Confúcio, viveu centenas de anos antes e teve o benefício de milhares de anos de civilização chinesa antes dele. O confucionismo, mesmo sendo a religião predominante, era apenas uma peça no surpreendentemente diversificado cenário ideológico, que acabou tendo lugar, entre outras filosofias e religiões, para o taoísmo, o budismo, o legalismo e o maoísmo. O confucionismo dividiu-se em diversas escolas do pensamento, as quais freqüentemente incorporaram elementos de outras bases, resultando em uma rica combinação que capacitou os governantes chineses a ancorar suas ações nas bases ideológicas mais apropriadas para cada momento.

O confucionismo elegeu a educação como a atividade humana mais importante. Ainda assim, era superada pelo serviço burocrático, que permitia ao intelectual "submeter seus méritos a julgamento", um compromisso quase que totalmente ausente no pensamento ocidental. Apesar das várias décadas de regime comunista, elementos básicos do confucionismo, como a disciplina, a estabilidade, o mérito e realizações acadêmicas e o prestígio da burocracia sobreviveram e estão presentes na era moderna. Outros princípios confucionistas, como o desprezo pelas atividades militares e econômicas, são hoje desconsiderados por não serem coincidentes com as pretensões atuais, que reforçam a inclinação do regime por modelar a cultura e a ideologia de forma a que ajustem aos desígnios da nação e do partido. A China consolida assim a importância da legitimidade ideológica para o período das reformas.

Dentro da corte, e freqüentemente nos escalões superiores da burocracia, o legalismo serviu como a luz orientadora. Esta filosofia, que foi a base da unificação da China sob a dinastia Qin, receitou um sistema codificado e implacavelmente praticado de regras e obrigações (em lugar de direitos). A unidade familiar foi alavancada como um mecanismo de controle, estabelecendo um sistema de responsabilidades mútuas que seria mais tarde ressuscitada pelo regime comunista. O presidente Mao, que dava tanta importância ao legado ideológico da China quanto ao marxismo-leninismo, implantou o maoísmo, uma filosofia que colocava a nação acima de todas as outras coisas e pouco ligava para as necessidades e aspirações individuais.

A burocracia imperial

Os ensinamentos do confucionismo, combinados com as práticas do legalismo, tornaram-se as bases da burocracia do império, que, ao longo dos seus milênios de existência (intermitentemente interrompida por rivalidades e desintegrações internas), desenvolveu e implementou princípios organizacionais e operacionais que sobreviveriam, sob várias formas, por milhares de anos (e até serem finalmente implementados naquilo que é ironicamente visto hoje como um modelo ocidental de gestão). Entre estes princípios figurava o primeiro sistema de exame baseado no mérito, que mais tarde se tornou modelo para o moderno serviço público na Europa. O sistema de exame abriu portas para pretendentes qualificados de quase todas as categorias sociais, permitindo-lhes galgar posições de poder e enorme prestígio no âmbito de uma burocracia profissional. (representações históricas da Grande Constelação mostravam um cidadão apresentando reivindicações a um burocrata.) Esta burocracia consistia em um sistema sofisticado de múltiplos ministérios operando nos níveis central, provincial e municipal. Ela não apenas administrava a nação, como também representava os controles mútuos, limitando os poderes da corte imperial.

A burocracia profissional capacitou o governante chinês a manter controle sobre vastas áreas que não tinham transporte e comunicação adequados. No seu apogeu, característico do período dos anos iniciais do ciclo da dinastia, a burocracia correspondia aos seus ambiciosos princípios do mérito universal. Quando as coisas começavam a se deteriorar, com a administração assolada pelas pragas da ganância e da corrupção, o ciclo experimentava uma inversão e passava a dar indícios da iminência da queda da dinastia. Por esta razão, a pessoa mais importante no sistema era o magistrado do distrito, o qual exercia um ilimitado controle na sua jurisdição. O magistrado era um produto do sistema de exame, um profissional generalista e um letrado, auxiliado por um grupo de profissionais especialistas em finanças e serviço público, que ele mesmo recrutava de acordo com as suas preferências. O magistrado era não apenas a autoridade administrativa máxima no seu distrito; era também juiz, policial e carcereiro. Na verdade, o conceito da separação entre poderes era – e em grande parte continua sendo – estranho à China, o que explica em parte o fato de o país ainda não contar com um judiciário independente. Atualmente, as decisões judiciais ainda são adotadas por burocratas, vasto número dos quais não tem o mais rudimentar conhecimento e treinamento de leis, e cujas decisões podem ser derrubadas – por outros burocratas. Essa é uma das razões pelas quais empresas estrangeiras raramente conseguem processos imparciais em qualquer tribunal chinês, isso para não falar da dificuldade que enfrentariam em ver cumprida alguma decisão tomada em favor delas – se é que semelhante decisão algum dia se tornasse realidade em qualquer tribunal da China.

Apesar dessas falhas, a burocracia imperial era o mais formidável aparato administrativo do seu tempo. Contava fundamentalmente com a cooperação de lideranças locais, forjadas na aristocracia, para controlar um território imenso, diversificado e quase sempre difícil de acessar. Em um arranjo que iria durar satisfatoriamente até o período moderno, a liderança local era dotada de poder e autonomia, com um surpreendentemente escasso de burocratas intervindo apenas em questões consideradas de extrema importância. Em conjunto com a autonomia exercida pelo poder local, isto acabou criando um cenário em que os interesses locais tinham condições de prosperar e em que as regiões muitas vezes conseguiam barrar iniciativas do poder central para concentrar e solidificar seu domínio. Esta é a origem do muito usado ditado segundo o qual "o céu está lá em cima e o imperador longe demais", ainda hoje posto em prática em regiões de espírito independente.

Apesar de não ter incentivado a originalidade, nem criado uma infra-estrutura capaz de dar suporte a inovações, o período imperial foi a época de invenções como o papel e a pólvora que mudaram o rumo da civilização humana. O que faltou à China foi desenvolver a visão e a estrutura indispensáveis para estabelecer princípios generalizados de ciência, o que resultou em um país carente de um fluxo sustentável de inovações. Faltou igualmente à China a capacidade de difundir e aplicar inovações em sua economia e no setor militar, falha essa que se tornou patente quando o exército não conseguiu evitar as invasões dos mongóis e dos manchus; essa mesma situação se repetiria, séculos depois, no confronto com o Ocidente. O sistema burocrático tinha sua força principal na capacidade de manter a estabilidade e a ordem – ou seja, o *status quo* –, capacidade essa que se transformou em desvantagem quando o ritmo do avanço tecnológico foi acelerado. Esse ensinamento não foi ignorado pela liderança moderna, que viu o progresso das qualificações científicas chinesas como fator fundamental não apenas da reforma econômica, mas também da capacidade nacional de reivindicar e asseverar seu *status* geopolítico.

A China e seus vizinhos

Da mesma forma que com o Império Romano no Hemisfério Ocidental, a influência da China imperial sobre as nações vizinhas – particularmente a Coréia e o Japão, mas igualmente em outras mais distantes – foi imensa. A cultura, o sistema da escrita, as instituições governamentais e muitos outros elementos vitais das civilizações dos países vizinhos devem muito do seu início à China, de onde foram chegando por meio de contatos diretos ou indiretos. (Por exemplo, grande parte da influência chinesa se instalou no Japão via Coréia.) Esta difusão de sabedoria e instituições chinesas não se fez pela força nem pela ameaça de utilização de força. Em agudo contraste com Roma e outras potências regionais da época, que expandiram seu domínio por meios militares e depois impuseram seus sistemas de governo e cultura aos conquistados, os vizinhos da China adotaram voluntariamente aquilo que entenderam ser elementos avançados de cultura e governo. Este padrão de difusão correspondeu à visão chinesa que não via necessidade de impor seu sistema a outros povos. Afinal de contas, a China era o Império do Meio (significado literal de seu nome chinês), a mais civilizada, culta e avançada nação da Terra. Cabia aos próprios povos que viviam fora da China (chamados de "bárbaros", ou "semibárbaros", se localizados em um perímetro próximo e pagando tributos ao imperador chinês) adotar os costumes civilizados do conquistador. Até mesmo quando ocupada por dinastias estrangeiras (primeiro foram os mongóis, depois os manchus), a avançada civilização da China, combinada com a sua imensidão territorial, acabaram garantindo que fossem os conquistadores estrangeiros a adotar os costumes chineses, em vez de ser o contrário, como ditava a lógica de tais ocupações.

A marca imperial

A história da China Imperial continua a representar papel dominante na sua visão de mundo. A avaliação oficial daquele período conforme a linha oficial é ainda crítica do passado "feudal", mas não há dissidência alguma quando se trata do orgulho quanto ao legado do Império. A China se considera uma – ou a única – das mais antigas civilizações mundiais sobreviventes, e o regime – mesmo que isso não inclua todo o povo – tem profunda consciência das raízes histórias da nação. Como as dinastias imperiais que a precederam, a liderança chinesa atual deixa clara a permanente preocupação de identificar precedentes, paralelos e justificativas históricas para suas próprias ações. Quando da preparação do lançamento do seu primeiro vôo espacial tripulado, os meios de comunicação chineses lembraram incontáveis vezes a lenda segundo a qual um burocrata que viveu há vários séculos lançou-se ao espaço utilizando múltiplos fogos de artifício amarrados à sua cadeira de trabalho.

O passado imperial da China projeta hoje uma sombra forte no país. O primeiro legado deste passado é um elevadíssimo nível de ambição. O principal objetivo a ser alcançado é recuperar a situação de uma das – ou de preferência a única – civilizações líderes, invejada e imitada por outras nações. Superar o outrora inferior Japão e, em menores proporções, também a Coréia, é um parâmetro do momento, mas, no longo prazo, a aspiração é tornar-se um líder mundial e não meramente um líder regional. O segundo legado do passado imperial da China é a tradição da atividade econômica controlada pela burocracia. Isso pode parecer uma enorme contradição com as práticas atuais tendentes a desregular e liberalizar a economia, mas só até certo ponto: a verdade é que este legado estabelece o princípio de que os interesses nacionais precedem qualquer regramento econômico, um princípio que se adapta muito bem, por exemplo, à idéia da sustentação de indústrias consideradas "estratégicas" ou "de base". A tradição do domínio da burocracia também implica o centralismo dos poderes, com o judiciário e o legislativo sendo, na essência, simples instrumentos do poder executivo. (Na China moderna, todos esses três ramos do poder estão sob o domínio do partido.)

A terceira marca do passado imperial da China é a persistência dos interesses locais que disputam o poder entre cada um deles e, em especialmente, com o poder central. Isto implica a continuação de feudos regionais que fazem suas próprias regras e defendem seus interesses mesmo quando estes se chocam com os de Pequim. Por exemplo, embora o poder central já tenha escolhido três ou quatro setores para constituir as futuras GM, Ford e Chrysler da China, autoridades regionais continuam batalhando pelos respectivos protagonistas da indústria automotiva, mesmo que seja para tão-somente garantir uma negociação mais favorável em um eventual processo de consolidação. Um quarto impacto do passado imperial da China é a ambivalência acerca da corrupção, a qual é permitida, ainda que periodicamente combatida quando vista como extrapolada a ponto de poder representar indícios de um eventual "declínio dinástico". A quinta marca do passado imperial da China é a importância da legitimidade ideológica e histórica. Durante o período do nacionalismo, os aforismos confucionistas foram substituídos pelos Três Princípios do Povo, de Sun Yatsen. Quando os comunistas tomaram o poder, chegou a hora do pensamento marxista-leninista-maoísta; e, quando as reformas vieram, o pensamento dominante passou a ser o de Deng Xiaoping. As tímidas tentativas de vender os escritos das mais recentes lideranças significam não apenas o declínio do líder carismático, mas também um vácuo ideológico sem precedentes. Uma lição final do período imperial foi a de que o sucesso na geração de inovações de nada valeria a menos que combinado com a capacidade de sustento e aplicabilidade ao mundo real. A burocracia e a tecnologia precisariam de alguma forma se juntar, mesmo que isso representasse um desvio da era dourada de séculos passados.

A ERA MODERNA: A CHINA E AS POTÊNCIAS ESTRANGEIRAS

A visão chinesa da sua história mais recente, durante o século XIX e o início do XX, é de conflitos e rivalidades – tanto externos como internos – e, acima de tudo, de humilhação. Para a China, o Ocidente representou o primeiro modelo de cultura, sociedade e economia com uma alternativa às idéias chinesas e, a partir de seu potencial tecnológico e militar, um modelo que ameaçava a própria lógica e à perceptível superioridade do modelo chinês. Traduzida em poder militar, a avassaladora superioridade tecnológica do Ocidente se tornara dolorosamente clara, e os chineses também descobriram que, ao contrário dos mongóis e dos manchus antes deles, as potências ocidentais não tinham a menor intenção de se adaptar ao estilo chinês de vida e de acabarem sendo por este "pacificamente cooptadas". Esta conscientização tornou a rejeição inicial dos princípios ocidentais insustentável e deixou a China com alternativas para ela pavorosas: imitar o Ocidente e arriscar-se a perder, ao longo do processo, a identidade milenar, ou se tornar um impotente protetorado desses conquistadores. Uma terceira opção, mais aceitável, foi a de encontrar caminhos para adotar a tecnologia ocidental, menos seus valores, um tema que continuou em discussão no âmbito de movimentos sociais e regimes desde o fim da era imperial ao longo da época republicana (1911-1949) e persistiu durante o período comunista.

A humilhação da China por meio de acordos desiguais e da concessão a potências estrangeiras de direitos extraterritoriais sobre território chinês não terminou com a queda do Império e com a adoção das tecnologias e práticas do Ocidente pelo regime republicano estabelecido a seguir. A China foi humilhada novamente no período de 1930-1940 pela incursão do Japão, que incluiu o confisco do território chinês e o estabelecimento de um regime fantoche na Manchúria, simbolicamente liderado pelo então imperador menino chinês. O fato de o Japão, uma nação asiática que outrora adotara muitas das práticas chinesas, ter ultrapassado a China recorrendo a uma combinação de tecnologia ocidental com o fervor patriótico japonês, era mais um indicativo de que a China havia ficado desesperadamente para trás na pretensão de estabelecer uma nova presença no mundo também inteiramente novo.

A sombra da humilhação

O período da humilhação estrangeira ensinou à China lições que ainda estão em vigor. Em primeiro lugar, esse período inspirou fortes desconfianças quanto às motivações e intenções de nações e de multinacionais estrangeiras que eram o instrumento da dominação e que, durante algum tempo, exerceram poderes consulares. Anos depois, a China relutantemente recorreria a empresas estrangeiras, desta vez, porém, para delas extrair capacidades e conhecimentos. De fato, a segunda lição do período de humilhação foi a de providenciar para que a China jamais se tornasse dependente de outros, tendo bem claro que a tecnologia era o elemento principal da independência. Essa conscientização se traduziria na priorização da transferência de tecnologias por todos os meios possíveis – fossem eles incentivos a investimentos especiais ou a repatriação de talentos chineses especializados no exterior – para conseguir o objetivo e a profundidade indispensáveis ao desenvolvimento de pesquisa independente e capacitação tecnológica.

A terceira marca do período da humilhação estrangeira foi o vínculo muito estreito que acabou criando entre tecnologia e segurança nacional, um setor que na China tem amplos alcances, entre outras razões pela existência de uma extensa rede de empresas que ou são de propriedade do *establishment* da defesa ou com ele têm íntimo relacionamento. Embora a conexão tecnologia-segurança tenha se desgastado durante o apogeu do maoísmo, em decorrência da convicção de que o simples potencial humano bastaria suficiente para esmagar qualquer inimigo da China, boa parte do atual progresso tecnológico chinês, como seu programa espacial, se desenvolve no âmbito de estruturas militares. Uma última resultante deste período é a determinação no sentido de combinar tecnologia estrangeira com valores chineses – jamais estrangeiros. A correlação que os ocidentais estabelecem como inerente à economia de livre mercado, democracia e progresso científico não se coaduna com o entendimento da liderança chinesa (que obviamente tem um interesse oculto na continuação da ordem atual) A relação assumida pelos ocidentais entre a livre economia de mercado, democracia e progresso científico é inconsistente com a visão da liderança chinesa (a qual obviamente tem um interesse na continuação da ordem atual), e também com o de outros poderosos segmentos, inclusive muitos dos novos ricos para os quais o sistema existente pode representar o melhor de ambos os mundos: a riqueza capitalista unida com o protecionismo e os subsídios comunistas.

A CHINA NO PERÍODO DO COMUNISMO

Durante suas três primeiras décadas, a República Popular teve um sistema de planejamento centralizado conforme a tradição comunista, ainda que não tão rígido quanto aquele em vigor na União Soviética. O sistema flutuava, muitas vezes de forma dramática. O período inicial, entre 1949 e 1955-56, foi o da reconstrução e da transição. Altos funcionários com conhecimentos especializados em finanças e logística, remanescentes da era republicana, foram mantidos em suas posições na nova era, da mesma forma que os republicanos haviam mantido, quando de sua ascensão ao poder, funcionários da era imperial, tudo em nome da manutenção de um determinado grau de continuidade. Empresas estrangeiras continuaram a operar, embora, com o passar do tempo, passassem a enfrentar repressão e hostilidade crescentes. O segundo período, do domínio do "Grande Timoneiro", durou de 1955-56 até 1958-59. Foi uma réplica do rígido modelo soviético, acompanhado pela importação de tecnologia e "pensamento" soviéticos, e consolidado principalmente pelo treinamento e estudo de incontáveis chineses (alguns dos quais ainda fazem parte da atual liderança) na União Soviética. Quando os soviéticos se retiraram, os chineses constataram que conseguiam operar a maquinaria "herdada" dessa situação, mas não tinham as aptidões necessárias para trabalhar aquela tecnologia, a não ser mediante limitadíssimas improvisações. O terceiro período foi o do "Grande Salto para a Frente", de 1958 até 1960, que os próprios chineses mais tarde passaram a chamar de "Grande Salto para Trás". Numa desastrosa exaltação da ideologia maoísta, toda a produção deveria vir do campo, o que teve conseqüências pavorosas, inclusive a fome em massa. A tragédia se abateu novamente sobre o país na forma da Revolução Cultural de 1966, quando Mao lançou sua furiosa Guarda Vermelha contra intelectuais e funcionários experientes, dissolvendo o sistema educacional e grande parte da economia organizada. Essa campanha durou até 1968, mas seus efeitos se fizeram sentir até 1975 e continuaram a assombrar a China nas décadas seguintes. Os chineses mais tarde chorariam esse período como "a década perdida", cujas seqüelas são ainda hoje visíveis em uma geração de gerentes e empregados que não têm ensinamento/especialização suficientes e estão sempre temerosos de assumir riscos, ninguém podendo garantir que os ventos ideológicos não venham a mudar outra vez de direção.

A marca do comunismo

Os primeiros 30 anos do regime comunista ensinaram à China valiosas lições. A primeira delas foi o caráter explosivo da mistura de ideologia e economia. Isto criou um problema dada a importância da legitimidade ideológica na tradição chinesa, mas a China encontrou um caminho para lidar com o desafio. A segunda lição foi que a tecnologia, em sua definição codificada e limitada, não poderia, por si, proporcionar mais do que um desempenho rotineiro, programado, e que um progresso sustentável exigia uma profunda transformação mental e a reorganização do sistema de produção. Embora estivesse claro para todos que, por necessidades de controle e poder político, a burocracia continuaria presente (embora, como nos tempos imperiais, boa parte do poder real fosse exercido em nível local), tornou-se flagrante que ela precisaria ficar longe das atividades tecnológicas e econômicas para que o país pudesse progredir. Uma terceira conclusão do período estava em que a centralização, no sentido de concentração de infra-estrutura e especialização em postos estratégicos, se fazia necessária, mesmo quando politicamente ou ideologicamente suspeita. (Mao insistia em repetir operações em múltiplas províncias, pois, entre outras razões, ele temia um ataque soviético). Uma lição final, mas não menos importante, era que o sucesso do regime dependia intrinsecamente do da nação, em especial com o da prosperidade da economia. Da mesma forma que seus antecessores imperiais, os governantes comunistas não precisavam se preocupar com a eventualidade de uma derrota eleitoral, mas estavam sempre na dependência de qualquer agitação e descontentamento provocados por eventuais dificuldades econômicas.

O fim da União Soviética, décadas depois, traria de volta o fantasma do colapso político derivado do pobre desempenho da economia, uma lembrança de que o princípio do "Mandato do Céu", adotado por Mencius, um discípulo do confucionismo, ainda era aplicável. (O princípio, revolucionário em sua época, sustentava que se qualquer imperador fracassasse na tarefa de dar prosperidade ao povo, os cidadãos tinham não apenas o direito, mas o dever, de derrubá-lo.)

O PERÍODO DA REFORMA

A China embarcou oficialmente no caminho da reforma em outubro de 1978, passando por várias fases e seguindo uma curva de aprendizagem de tentativa e erro. No decurso dos 25 anos seguintes, o país mudou seus focos de investimento do turismo para manufatura leve, da política de forçar investidores estrangeiros a adotar um parceiro chinês para a política de permitir subsidiárias de propriedade totalmente estrangeiras, e da fase do "busca" para a outra, cujo objetivo é atingir a paridade global. A luta política interna continuou, sendo o massacre da Praça da Paz Celestial (Tiananmen), em Pequim, uma demonstração de que mesmo os reformistas então presentes na liderança não estavam minimamente dispostos a enfraquecer o controle total do partido, e de que a democracia, na mentalidade ocidental sempre ligada ao progresso econômico, não fazia parte de qualquer programa de curto prazo na China.

A seriedade do programa de reformas era de tal monta que a liderança estava preparada para deixar de lado alguns dos métodos tradicionais, sempre que conseguissem concretizar pelo menos uma parte do sucesso imperial – prosperidade econômica sob um regime político incontestado. Determinado a conseguir transferência legítima de tecnologia, o regime estava preparado para fazer com que o saber – outrora cuidadosamente monopolizado – fosse disseminado entre funcionários, supridores, consumidores e outros setores da sociedade (os estudantes, inclusive). Já se suspeitava de que tecnologia fosse bem mais do que apenas réplicas, embora essa lição só tenha sido inteiramente aprendida depois que a importação em massa de linhas de produção do Ocidente não se mostrou suficiente para aumentar a competitividade. A China precisava construir uma infra-estrutura – humana, educacional e organizacional – para dar suporte ao complexo de produção e incentivar suas aptidões, e se mostrava disposta a deixar de lado a ideologia nesse processo. Um das principais proclamações do grande líder das reformas chinesas, Deng Xiaoping, foi de que o importante não era a cor do gato, mas, sim, que ele conseguisse caçar ratos. A cor do gato, no entanto, continuou sendo importante. Conforme um importante funcionário do regime à época, os chineses estariam dispostos a testar fosse o que fosse, mas tudo o que desse bons resultados seria rotulado de "socialismo".

AMBIÇÕES GRANDIOSAS

Fundamentadas nas glórias do passado e na humilhação dos tempos modernos, as ambições chinesas não se limitam a uma acelerada modernização que proporcione a ascensão ao patamar das nações desenvolvidas – elas chegam a nada menos que a restauração dos tempos da antiga glória do Império. Um indicativo modesto, mas significativo, destas aspirações pode ser encontrado nas aquisições, feitas pelos novos ricos chineses, de peças de arte chinesas saqueadas pelo Ocidente.[1] A restauração não significa somente uma reinstalação da liderança econômica global de séculos perdidos no tempo (ver a Figura 2.1), mas, acima de tudo, o restabelecimento da importância nacional em questões de política, cultura e segurança. Se a China Imperial foi uma

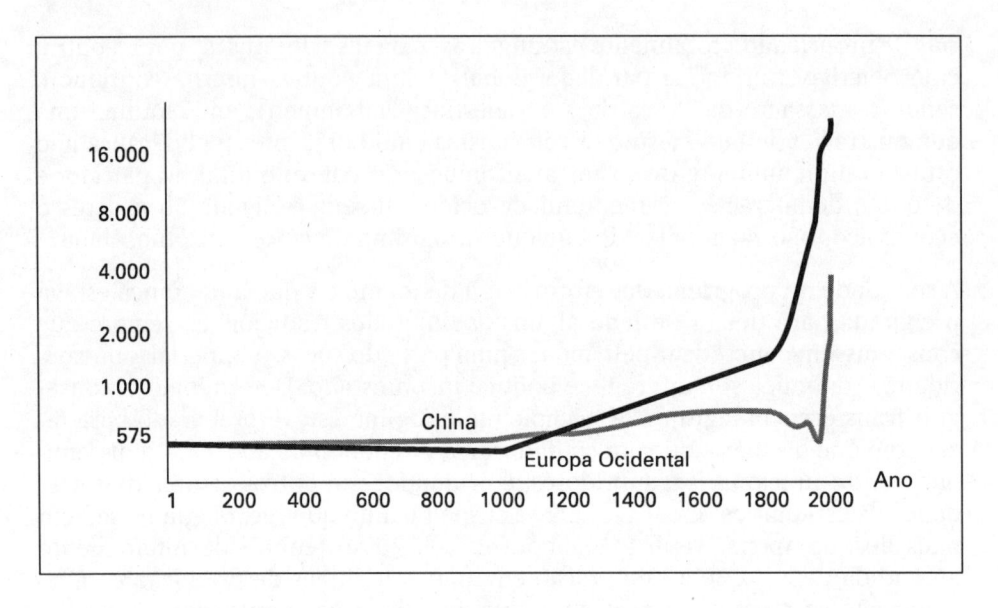

FIGURA 2.1 PIB per capita (em dólares de 2002): China e Europa Ocidental 1-1998.
Fonte: Figura 1 (p. 42): PIB per capita: China e Europa Ocidental: 1 – 1998 *em* Maddison, Angus (2001), *The World Economy: A Millennial Perspective OECD*. Copyright, OECD 2001.

potência regional, a China de hoje se vê na condição de potência global, com alcances que vão muito além da sua antiga esfera de influência do Leste da Ásia. O sentimento é compartilhado pelas empresas chinesas, que podem estar ainda concentradas no seu vigoroso mercado doméstico e seus vizinhos mais próximos, mas têm os olhos firmemente direcionados para o mercado global. Como antes o Japão, o aumento da concorrência interna em vários segmentos de mercado é uma etapa da preparação das empresas chinesas para enfrentar os caprichos dos mercados internacionais.

Símbolos nacionais

Assim como outros regimes não democratas, a China tem a obsessão dos símbolos de grandeza. Desde construir o edifício mais alto do mundo até servir de sede das Olimpíadas, que tem sido um tradicional indicador de maioridade das nações asiáticas, os símbolos têm uma importância enorme para o regime chinês, cuja legitimidade se sustenta cada vez mais em proporcionar desenvolvimento e crescimento econômicos, por um lado, e nos sentimentos nacionalistas, do outro. Projetos-vitrinas surgem para impressionar os cidadãos e os estrangeiros com as capacidades do regime e para comprovar que a aspiração de chegar a ser uma das nações líderes do mundo é viável. O dinheiro, quando esses projetos-vitrinas estão em jogo, não é problema. Em nenhuma outra situação se torna a aspiração chinesa mais transparente que no seu projeto espacial. Ao lançar um satélite no final da década de 1970, a China automaticamente entrou para o seleto clube das nações capazes de colocar no espaço missões tripuladas, algo que somente os Estados Unidos e a União Soviética haviam até então realizada. O programa espacial chinês é conduzido pelos militares, o que ilustra a forte conexão entre segurança nacional e progresso tecnológico. É verdade que as questões espaciais têm relações semelhantes com a segurança nacional tanto nos Estados Unidos quanto na Rússia. Contudo, nos EUA é uma agência civil – a NASA – que está no controle, e reserva determinadas missões para os militares, enquanto que na China é dos militares o controle sobre a íntegra do programa espacial. Embora o valor científico dos vôos espaciais tripulados continue sujeito a debates, a liderança chinesa se preocupa acima de tudo com o seu valor simbólico, e não precisa enfrentar o debate público e aberto que, nos EUA, questiona a validade desse programa.

Neste momento, o programa espacial chinês é em grande parte um esforço de cópia e reprodução de tecnologias estrangeiras. Seu projeto de desenvolvimento de foguetes de lançamento foi levado avante por um cientista chinês que havia anteriormente trabalhado no Laboratório de Propulsão a Jato, de Pasadena, Califórnia, e a cápsula usada no vôo tripulado era um projeto soviético. A China, contudo, está decidida a conquistar um lugar no espaço e desenvolveu uma ambiciosa agenda que inclui uma estação espacial bem como uma exploração de Marte e de outros planetas. O projeto deve gerar subprodutos destinados primeiramente para o setor militar, mas, no futuro, também para empreendedores da área civil.

Aspirações políticas

As aspirações políticas (pós-II Guerra Mundial) do Japão e da Coréia do Sul têm sido limitadas por questões de porte, geopolíticas e restrições constitucionais. A China não tem nenhuma dessas limitações. Tem o maior exército permanente do mundo – embora extremamente necessitado de modernização –, potencial econômico em rápido desenvolvimento e uma emergente situação de força política a ser acatada e respeitada.

A China, por sua própria definição, compreende a República Popular como núcleo e centro de uma Grande China que inclui Hong Kong (Região Administrativa Especial da China desde 1997) e Taiwan, que Pequim considera uma província renegada que deverá voltar ao domínio continental nos termos de um acordo especial "um país, dois sistemas", mais ou menos como o que é aplicado a Hong Kong – ou, se isto não for possível, pela força. A China também mantém um relacionamento especial com a multirracial mas predominantemente chinesa Cingapura, e também com as comunidades chinesas expatriadas que considera um ingrediente fundamental para o progresso do país. Em termos econômicos, a visão da Grande China já é uma realidade. As economias de Hong Kong e Taiwan são fortemente integradas com a economia continental, na qual esses dois participantes e os chineses expatriados são grandes investidores.

O conceito de Grande China se ajusta perfeitamente à visão política do país como futura potência mundial, que acabará substituindo a antiga União Soviética como contrapeso ao poderio norte-americano. Esta visão teve forte impulso em conseqüência dos ataques terroristas de 11 de setembro de 2001 nos Estados Unidos, quando a China se tornou um participante central de um jogo político num mundo ameaçado por elementos radicais. Embora a China tenha minorias muçulmanas descontentes em suas províncias ocidentais, ela controla com mão pesada todos os tipos de radicalismos e movimentos religiosos, algo que, em conjunto com a sua estrutura de controle centralizado, a transformam num parceiro confiável e indispensável na guerra contra o terrorismo. O país se mostra cada vez mais presente e confiante em assuntos internacionais, ainda que grande parte de sua influência continue a se fazer valer principalmente na esfera asiática. A mediação entre os EUA e a Coréia do Norte possibilita à China dar visibilidade à sua aptidão e vontade de alavancar relações semelhantes com múltiplos participantes (EUA, Coréia do Norte, Coréia do Sul, Rússia) a fim de estabelecer uma estabilidade regional, um objetivo que lhe serve à perfeição tanto em nível nacional quanto internacional. Em um futuro não muito distante, a China estará mais envolvida com organizações internacionais como as Nações Unidas e a Organização Mundial do Comércio, fazendo uso do seu crescente poderio político e econômico para fazer sentir sua influência por mecanismos como ajuda internacional, assistência militar e semelhantes, da mesma forma que fazem, ou fizeram, os EUA, a antiga União Soviética e a União Européia.

Internamente, a agenda política da liderança chinesa não inclui uma transição para a democracia. A China tem desafiado os pressupostos ocidentais segundo os quais sistema democrático e progresso econômico são inseparáveis, e é muito provável que continue nessa linha. Embora o sistema político possa ser amenizado no futuro, o mais provável é que isso aconteça mediante lideranças locais do tipo daquelas exercidas durante o período imperial, e até mesmo eleições nesse nível; poderá até transformar-se numa democracia estilo Cingapura, onde se realizam eleições abertas mas o vencedor pode ser proclamado antes de serem conhecidos os resultados da apuração dos votos. Lado a lado com a contínua liberalização, o Estado e o aparato burocrático chinês continuarão a exercer seus incontestáveis poderes na direção da economia chinesa. O fato de isto parecer uma contradição para o observador ocidental deveria servir como mais um lembrete de que a China é – e provavelmente continuará sendo – diferente.

Aspirações econômicas

As aspirações econômicas da China estão fortemente alinhadas com suas aspirações políticas, e o regime, mais do que ninguém, tem consciência da íntima conexão entre as duas. A China se considera uma potência econômica em crescimento e determinada a sobrepujar quaisquer eventuais obstáculos no caminho para suas metas principais, sejam elas a reforma do seu sistema financeiro ou a aceleração da privatização do setor estatal. Desde o início das reformas em 1978, a China adotou um rumo cauteloso e bem medido que pretende não apenas manter a estabilidade mas também atingir a transformação sustentável da macroeconomia, das empresas e dos participantes individuais. Uma comparação com a Rússia e com sua mal-aconselhada (pelos economistas ocidentais) "terapia de choque" parece justificar a decisão da China de buscar mudanças cautelosas, o que também reitera sua determinação de mapear um rumo independente em lugar de imitar cegamente os modelos ocidentais. Extrapolando a partir da experiência de outros países, prever o futuro da China é um exercício de risco.

Sempre atento ao componente humano, um alto funcionário chinês disse ao autor, ainda na década de 1980, que a revolução econômica chinesa se completaria quando uma nova geração de administradores assumisse o controle. Passados 25 anos, e com uma geração sendo em geral calculada em torno de 30 anos, a previsão está no ponto. Foi apenas em meados da década de 1990 que a China criou sua lei de falências, e somente no final de 2003 a liderança resolveu dar ao setor privado os mesmos direitos exercidos pelas empresas estatais, torna-se assim mais igualitário o campo das disputas econômicas. A China em breve estará pronta para avançar mais uma etapa em termos econômicos, chegando então da subcontratação ao desenvolvimento, daí aos projetos e então para a produção de marcas. No plano interno, as empresas chinesas já se tornaram formidáveis concorrentes das multinacionais estrangeiras, e a melhor parte dessa colheita está pronta para ser lançada nos mercados globais. Os ganhadores não serão selecionados apenas pelo mercado, mas, antes, julgados pela liderança política de acordo com sua contribuição aos interesses nacionais, lealdade ao partido e outros fatores extra-mercado que irão refletir propensão e necessidade de permanente controle. Eles procederão cada vez mais das indústrias dependentes de tecnologia, especialmente aquelas tidas como "estratégicas" – ou seja, de interesse da segurança nacional e dotadas da capacidade de produção de insumos fundamentais para outros setores, como os *chips* eletrônicos. Preferência especial será dada àquelas no mais alto grau da cadeia do conhecimento: instituições de pesquisa e desenvolvimento que produzem conhecimento.

O setor de serviços da China, entrementes, continua no estágio do subdesenvolvimento, o que se deve, entre outras razões, ao fato de só recentemente ter sido aberto à concorrência estrangeira. Isto, de alguma forma, tem importância na avaliação da nação. Embora profundamente comprometida com o setor de manufatura, a liderança entende que os setores da economia de serviços, como consultoria, utilizam conhecimento em massa, enquanto outros são essenciais para o desenvolvimento da própria manufatura. Sem condições para concorrer em serviços financeiros e de logística, entre outros, é improvável que as empresas chinesas venham a se transformar em multinacionais de sucesso. Mais ainda, o avanço nos setores de transportes e comunicações é essencial para o desenvolvimento interno da economia chinesa, e também para a incorporação do país à economia global. Não menos importante, a economia dos serviços, principalmente a dos serviços financeiros, é fundamental para a manutenção da estabilidade social e política. Com uma "rede de segurança" de segurança social ainda em suas fases primitivas, uma sólida rede financeira e de seguros é vital para o futuro desenvolvimento do país.

Depois de um longo milênio em permanente ebulição, ao longo do qual foi levado da glória ao desespero, o Império do Meio está novamente em ascensão, decidido não apenas a retomar o esplendor do passado, mas, igualmente, a se apropriar das promessas do futuro. A liderança chinesa evidentemente fará tudo o que lhe for possível para não desperdiçar o "mandato dos céus" dos tempos modernos.

3 Sem precedente

A China não é a primeira economia a emergir rapidamente entre as filas dos países em desenvolvimento, ou a reerguer-se das cinzas da guerra e de conflitos internos para logo se transformar em potência industrial. No período posterior à II Guerra Mundial, o Japão e a Alemanha (com uma grande ajuda dos Estados Unidos) ressuscitaram indústrias devastadas pela derrota e pela destruição e as transformaram em "milagres econômicos". Coréia do Sul, Hong Kong, Taiwan e Cingapura emergiram da ocupação japonesa e se tornaram "tigres", ou "pequenos dragões", transformando-se em economias de elevado crescimento e com padrão de vida em rápida ascensão. Taiwan, uma ilha, conseguiu administrar um imenso afluxo de multidões procedentes do continente em 1949, enquanto que a Coréia do Sul passou pela guerra e pela revolta para se transformar de uma sociedade agrária em potência industrial de grande influência. As duas nações contaram, é verdade, com a generosa ajuda dos EUA, mas tiveram a capacidade de traduzi-la em progresso duradouro. Tailândia, Malásia, Indonésia, Filipinas e Vietnã eram alternativamente saudados como "a nova geração dos tigres", destinados a seguir os passos da Coréia do Sul, Taiwan, Cingapura e Hong Kong, mas a crise financeira da Ásia e os problemas internos gerais representaram obstáculos a um progresso mais encorpado de cada um deles. Mais recentemente, a Índia desencadeou seu primeiro programa sério de reformas econômicas e já está concorrendo pelos investimentos das multinacionais que ela mesma dispensou na década de 1970.

O que haveria de tão especial em relação à China, então? Seria o país apenas mais um dos elos nesta prolongada corrente de economias em desenvolvimento em ascendência, recebendo o bastão da liderança dos pequenos dragões apenas para depositá-lo o mais breve possível na mão do novo "dono da rua" – o Vietnã, ou, quem sabe, a Índia? E irá a China terminar como apenas mais um dos "tigres de papel", com suas pegadas progressivamente desaparecendo como as de um Japão em estagnação ou dos pequenos dragões depois da crise asiática? Não se trata de uma questão meramente acadêmica: se a China não passa de mais uma de tantas economias emergentes atualmente em fase ascendente, seu impacto deverá ser temporário, confinado e, acima de tudo, previsível em formato e trajetória. Isto, paralelamente, torna mais fácil recolher ensinamentos do impacto dos predecessores da China, avaliar sua competitividade em comparação com as de concorrentes atuais, e, acima de tudo, desenvolver estratégias e técnicas para enfrentar esse desafio.

A tese defendida neste livro, porém, é de que a ascensão da China na primeira parte do século XXI é muito diferente, tendo mais em comum com o surgimento dos Estados Unidos no século XX do que com o avanço dos seus vizinhos asiáticos; as repercussões desta escalada chinesa são igualmente monumentais. O caráter distintivo da ascensão chinesa está alicerçado não apenas em sua enorme base populacional; afinal de contas, a Índia também já tem mais de um bilhão de habitantes. Essa distinção é igualmente enraizada na imensa economia chinesa (o Japão é ainda a segunda maior economia mundial em valores nominais de dólares) ou mesmo no seu rápido crescimento (o Japão e os quatro pequenos dragões tiveram, em algum momento de suas trajetórias, taxa maior de crescimento), embora a combinação destes três fatores seja especial para a China. A singularidade chinesa diz respeito a um legado especial, instituições diferentes, aspirações infinitas, e uma combinação inigualável de recursos, capacidades e poder de barganha. A excepcional idade chinesa tem também a ver com a época. Seu crescimento ocorre em paralelo com uma radical aceleração da globalização, a emergência de poderosas instituições multilaterais, entre elas a Organização Mundial do Comércio, o mais significativo realinhamento geopolítico desde a queda da União Soviética, e as crescentes pressões derivadas da reestruturação econômica em andamento nas maiores nações industrializadas, especialmente os Estados Unidos. Esta constelação de eventos inter-relacionados não tem precedente; é igualmente improvável que venha a se repetir, no curto prazo, em alguma outra região do planeta. Ela fará com que nações, empresas e indivíduos passem a questionar definições até então pacificamente aceitas, rejeitar analogias do passado e desenvolver respostas estratégicas atualmente inexistentes em seu repertório.

Pense nisto: a China é a única nação comunista (ainda que com uma economia cada vez mais liberal) a atingir rápido crescimento econômico real em um período sustentável de tempo. E, também, a única economia emergente com um regime autoritário que, apesar de enfrentar dificuldades crescentes para tanto, mantém um rígido controle sobre as liberdades individuais e a livre expressão ao mesmo tempo em que liberaliza segmentos cada vez maiores da atividade econômica. A China é o único país em desenvolvimento que anualmente recebe uma quantia de investimentos estrangeiros superior àquela destinada ao conjunto dos outros países em desenvolvimento, e que agora atrai mais investimentos internacionais em dólares do que qualquer outro mercado – desenvolvido ou em desenvolvimento.[1] A China igualmente recebe transferências de tecnologia em ritmo, extensão e profundidade nunca antes vistos em um país em desenvolvimento, especialmente em se tratando de uma nação não considerada aliada próxima dos seus benfeitores. E, dentre todas as economias emergentes dos últimos 50 anos, a China é, de longe, aquela com os objetivos mais ambiciosos e com a mais férrea determinação de concretizá-los.

Entender a experiência dos predecessores e contrapartes da China tanto no plano interno quanto nos mercados internacionais, e avaliar a eficácia das respostas que gerou é importante não apenas para se poder julgar a singularidade chinesa. A comparação é vital também para que se possam identificar os padrões de referência estabelecidos pelo governo chinês e os modelos e estratégias que tem em vista no permanente programa de desenvolvimento interno e em sua expansão para os mercados estrangeiros. Esse entendimento é que permitirá melhor compreender o futuro impacto da China sobre o resto do mundo.

A CHINA É UM NOVO JAPÃO?

Não existe país mais freqüentemente presente nas discussões das relações de comércio entre Estados Unidos e China que o Japão. É fácil entender o motivo: China e Japão são nações asiáticas em determinado momento consideradas ameaças à segurança nacional dos EUA (um sentimento predominante entre os americanos no início da década de 1980 era o de que os EUA venceram a guerra militar com o Japão, mas perderam a subseqüente batalha econômica), uma suspeita que continuou pendente mesmo com um realinhamento geopolítico que aproximou os japoneses um pouco mais dos interesses americanos. Ambos os países eram ao mesmo tempo os principais causadores do déficit comercial norte-americano, manipularam taxas de câmbio a fim de melhorar a própria competitividade, ignoraram direitos e patentes industriais (a China em escala bem maior) e instituíram uma rede protecionista de barreiras comerciais restringindo a importação de produtos norte-americanos. Os dois países foram acusados de tirar proveito da avenida de mercados a eles aberta nos EUA sem qualquer tipo de reciprocidade. As semelhanças acabam por aqui, contudo, da mesma forma que a utilidade da analogia. Em primeiro lugar, porém, cabem algumas fundamentações desta história.

Na década de 1970, a mídia dos EUA passou a expor um número crescente de casos controvertidos: primeiramente, com relação às importações procedentes do Japão, mais tarde sobre os investimentos japoneses nos EUA. As reclamações dos japoneses quanto ao fato de tais denúncias se relacionarem somente a eles (qual foi a última vez que se leu algum artigo a respeito de investimentos britânicos nos EUA?) foram ignoradas. Livros descrevendo a ameaça japonesa amontoaram-se nas prateleiras das livrarias, ao mesmo tempo em que relatos utópicos sobre a gestão japonesa ocupavam os primeiros lugares das listas dos *best-sellers*. Aquisições de alguns marcos nacionais, como o Rockefeller Center, em Nova York, de renomados clubes de golfe e de hotéis havaianos preferidos pelos turistas, produziram cada vez mais numerosos relatos alarmantes a respeito da crescente potência japonesa cujo objetivo final seria assumir o controle da economia norte-americana. Em nada ajudou o fato de que muitos japoneses compravam com base na simples crença de que o sistema deles era superior a qualquer outro existente. Na mente de muitos norte-americanos, e de japoneses também, esse crescimento japonês estava inevitavelmente encadeado ao declínio da civilização dos Estados Unidos.

Em nenhum outro ponto a ameaça japonesa se fez mais visível e assustadora do que no mais representativo dos símbolos da riqueza e do estilo de vida americanos: o automóvel. O Japão, que havia identificado a indústria automotiva como estratégica já na década de 1950, embasou a recuperação da sua indústria automotiva depois da II Guerra Mundial na engenharia reversa dos modelos americanos, aproveitando-se principalmente das compras feitas pelos militares americanos estacionados na Coréia do Sul. Menos de duas décadas depois, os fabricantes japoneses já estavam embarcando seus modelos para os EUA – no começo, alguns milhares de unidades por ano, e, em meados da década de 1970, centenas de milhares. Ao longo de todo esse período, em compensação, as exportações norte-americanas para o Japão estacionaram no desanimador patamar de poucos milhares de carros por ano. O sucesso da exportação de carros japoneses para os EUA foi num primeiro momento atribuído, pela opinião pública, à crise do petróleo de outubro de 1973 (na verdade, a crise apenas acelerou uma onda de exportações que já havia adquirido força própria), o que levou muita gente a argumentar que os japoneses tinham apenas muita sorte – eles dispunham de carros econômicos para vender justamente quando o mercado precisou deles. Quando os fabricantes japoneses expandiram seus lucros, surgiu outra argumentação, não totalmente sem fundamento: o Japão não estava jogando limpo, desvalorizando artificialmente o iene para impulsionar as exportações ao mesmo tempo em que impunha novas barreiras aos produtos norte-americanos. Críticas basicamente na mesma linha seriam dirigidas, décadas depois, contra a China.

No final da década de 1970 e no começo da de 1980, outra explicação para o sucesso do Japão ganhou terreno: talvez o país estivesse simplesmente fabricando bens de alta qualidade a preços mais razoáveis, e para aumentar a competitividade, as empresas norte-americanas tivessem muito a aprender com os japoneses em áreas como controle de qualidade, produtividade e gestão dos recursos humanos. A lua-de-mel com a "gestão japonesa" estava apenas começando. As faculdades norte-americanas de administração de empresas, que até então nada sabiam a respeito do Japão ou de qualquer outro país da Ásia, desencadearam um período de encantamento com tudo que fosse japonês. Centros de negócios japoneses foram estabelecidos, com minúcias que chegavam até as casas de chá estilo plenamente nipônico, e o Japão passou a ser tópico dominante nas pesquisas acadêmicas. Os pesquisadores logo constataram que o Japão tendia a desafiar o pensamento ocidental em questões fundamentais como taxas de câmbio e conversão para o comércio, ou, conforme chegaram a dizer alguns economistas da época, que "o Japão não se ajusta ao modelo".

Analogias da resposta

É difícil imaginar que, há 20 anos, os trabalhadores da indústria automobilística de Detroit destroçaram em ato público um Toyota para demonstrar sua irritação com as importações do Japão, quando, hoje, a Toyota está se tornando a terceira maior produtora de automóveis dos EUA, deslocando a Chrysler (atualmente propriedade da alemã Daimler), exatamente uma das "três grandes" tradicionais do setor cuja quase falência foi um dos gatilhos desencadeadores do alarido em torno da concorrência japonesa. Seria errado acreditar que a experiência não deixou marcas na psique norte-americana e no repertório de estratégias das empresas norte-americanas, do governo federal, dos sindicatos de trabalhadores e de outras instituições relevantes que agora traçam analogias entre as experiências japonesa e chinesa. Por mais irrelevantes que sejam, algumas dessas analogias projetam uma pesada sombra sobre a interpretação do avanço chinês e da eficácia da reação a este desafio.

Uma suposta lição deixada pela ameaça japonesa foi a da desproporção entre sua realidade e as alturas a que foi elevada. Afinal de contas, o outrora temido Japão entrou num prolongado período de penosa estagnação econômica e se viu forçado a passar adiante muitos dos seus mais visíveis investimentos nos EUA, algumas vezes à custa de grandes prejuízos. A venda, pelos japoneses, do Rockefeller Center para investidores norte-americanos exatamente quando o mercado de Nova York ensaiava uma recuperação reafirmou a crença de muitos americanos de que a perspicácia para os negócios é com eles mesmo, e que não há motivo para se preocuparem com a concorrência – seja ela japonesa ou de qualquer outro país. A analogia implica que a ameaça que vem da China também tem sido exagerada, e que tanto os déficits comerciais quando outros desequilíbrios por ela causados deverão ser pela própria natureza temporários, vindo a ser no devido tempo resolvidos pelas forças do mercado, quando não pela rápida transformação dos EUA em uma economia baseada em serviços. Esta é, pelo menos, a visão dominante entre a maioria dos observadores econômicos.

Se o sentimento de que a ameaça japonesa foi exagerada está realmente consolidado, há fatos que não o corroboram. O déficit comercial dos EUA com o

Japão, que chegou a patamares estratosféricos nas décadas de 1970 e 1980, pode ter se estabilizado na década de 1990, mas a verdade é que ainda continua sendo de US$ 60 bilhões por ano, inferior somente ao déficit comercial dos EUA em relação à China. As três grandes da indústria automobilística norte-americana (considerando-se a Chrysler como uma entidade separada da sua parceira alemã) nunca mais recuperaram a fatia de mercado que perderam para os japoneses e no momento batalham para defender seu último reduto, o de caminhões e utilitários esportivos (os SUVs), contra as investidas japonesas muitas vezes lideradas por modelos por eles *made in USA*. O nível de empregos na indústria é uma fração daquele de antes do avanço japonês (embora a automação e a crônica superprodução da indústria também tenham contribuído para este desfecho). Os consumidores japoneses, enquanto isto, continuam arredios em relação a carros americanos, mesmo que os investimentos estrangeiros na indústria automobilística japonesa tenham experimentado um significativo crescimento.

Em sua essência, o que a experiência deixou bem claro foi a ineficácia de grande parte das contramedidas adotadas pela indústria e sindicatos norte-americanos para reagir à concorrência estrangeira. Afinal de contas, o déficit comercial com o Japão persistiu apesar das "quotas" voluntárias, do radical realinhamento das taxas de câmbio e da continuada pressão do governo norte-americano para forçar a abertura dos mercados japoneses. O déficit resistiu inclusive à instalação de "transplantes" dos principais fabricantes japoneses nos EUA (juntamente com seus fornecedores), que iriam supostamente reexportar para o Japão (mas raramente o fizeram), e a uma radical reestruturação, inclusive em termos de melhoria de qualidade e produtividade, pelos fabricantes norte-americanos. Na verdade, agora parece bem claro que o principal fator da redução do superávit comercial do Japão em relação aos EUA foi a transferência de muitas indústrias japonesas para a China, o que transferiu grande parte do superávit em relação aos EUA de uma dessas nações para a outra. Pior ainda foi o fato de algumas das reações adotadas nos EUA para combater o déficit com relação ao Japão terem produzido o efeito justamente contrário ao desejado. Por exemplo, limitar a importação de carros japoneses em quantidades unitárias, como parte do sistema de quotas, serviu apenas para acelerar a mudança de faixa de competição para setores mais elevados, pois esta se tornou a única alternativa para aumentar as receitas com exportações. A mudança de faixa culminou com o estabelecimento de divisões de carros de luxo pela Honda (Acura), Toyota (Lexus) e Nissan (Infiniti), que passaram a mirar os compradores dos Cadillac e Lincoln. Esse cerco foi fechado pela importação de carros de alta classe da Alemanha. As empresas japonesas completaram desta forma todo o ciclo do mercado, desde os carros econômicos para o mercado de massa até o mercado dos clientes preocupados com a qualidade, e que se dispunham inclusive a pagar mais pelos carros japoneses em face da superioridade presumida ou real desses produtos. Já para a indústria norte-americana restou a constatação de que o mercado de carros de luxo, que supunha ser um reduto inexpugnável, também não estava a salvo da concorrência asiática.

Japão, China e os limites da analogia

Analogias são lentes úteis através das quais se vê e se percebe o que acontece no mundo, mas que, como já comprovado inúmeras vezes ao longo da história, tem também suas limitações. É verdade que a China e o Japão compartilham um bom número de peculiaridades, começando pela semelhança parcial em filosofia, religião e instituições (como o confucionismo, embora essa filosofia só se tenha transformado em ortodoxia estatal no Japão no final do século XIX, precisamente quando os chineses começaram a suspeitar que ela fosse um impedimento à modernização). Ambos os países têm constituído um enigma para os estudiosos ocidentais, que oscilam entre a desconfiança e a admiração irrestrita por suas antigas civilizações e conquistas modernas. Ambas as nações também têm bagagem histórica: o Japão como um dos integrantes do Eixo durante a Segunda Guerra Mundial ("não esqueçam Pearl Harbor" foi um *slogan* muito usado nos EUA contra as importações japonesas) e a China como membro do bloco comunista (muito visado pelos sindicatos trabalhistas dos EUA em função das violações dos direitos humanos) durante grande parte da Guerra Fria. Tanto o Japão quanto a China foram prejudicados pela inexistência de uma infra-estrutura para o desenvolvimento, algo que, mais tarde, seria reinterpretado como um grande benefício, pois foi exatamente o fato de começarem do zero que os capacitou a alcançar e a deixar para trás países com investimentos irrecuperáveis em tecnologias obsoletas. Ambos viram-se igualmente beneficiados pelas circunstâncias geopolíticas: o Japão foi ajudado pela Guerra Fria, quando inúmeras de suas empresas colocaram suas primeiras encomendas no exterior atendendo a pedidos dos militares norte-americanos estacionados na Coréia, e pela relutância posterior dos EUA em extrair mais concessões de um aliado confiável num cenário asiático predominantemente hostil aos seus interesses, sendo exemplos principais disso a China comunista e a Índia então protegida pelos soviéticos. Depois dos ataques terroristas de 11 de setembro de 2001 nos EUA, a China passou a prestar-se ao papel de aliada potencial na luta contra o terrorismo e na contenção da Coréia do Norte.

O Japão desencadeou um coordenado projeto industrial que dava prioridade às "indústrias estratégicas", preservando a concorrência no âmbito de todas elas – algo que a China mais adiante iria emular. A fim de estabelecer sua presença em mercados internacionais, tanto o Japão quanto a China tiraram proveito de moedas nacionais artificialmente fracas para dar sustentação às exportações; na verdade, continuam a fazer isso atualmente. Os dois países também lançaram mão de barreiras comerciais para conter o ingresso de produtos estrangeiros – especialmente aqueles fabricados nos EUA. O que também deu grandes lucros aos dois países foi o entendimento duradouro e errado dos concorrentes de que dificilmente se tornariam competidores de peso para qualquer nação de peso, exceto em produtos de baixo custo e pobres em tecnologia. Então e agora, está provado, esse entendimento foi um erro de enormes proporções.

Apesar de tantas semelhanças, China e Japão são diferentes em um bom número de elementos básicos. Uma diferença vital é o tamanho: embora a economia japonesa seja maior do que a chinesa em valores nominais, a atração e as perspectivas do mercado chinês em rápido crescimento, com demanda reprimida de produtos e serviços, se traduzem em uma alavancagem financeira com sócios comerciais maior do que o Japão jamais teve. A imensidão territorial da China lhe confere outra vantagem: enquanto o Japão se transformou, no decurso de menos de uma geração, de produtor de baixo custo em produtor de alto custo (e, ao contrário dos EUA, não tendo a imigração como amortecimento da transição), a China tem uma vastidão territorial interna com enorme estoque de mão-de-obra, o que lhe permitirá ascender na escala tecnológica sem sacrificar sua atual vantagem em termos de custo durante muitos anos ainda. A China poderá assim fazer uso de seu predomínio em áreas de mão-de-obra intensiva para progredir rumo às indústrias do futuro, de conhecimento intensivo. Além de contar com Hong Kong e Taiwan (e, até certo ponto, também Cingapura) como provedores de capital e catalisadores de conhecimento, a China dispõe de uma vibrante comunidade no exterior que desempenha importante papel em seu desenvolvimento e globalização. O Japão não contava com nada semelhante a isso. A China conta com imensos investimentos estrangeiros (algo que o Japão rejeitou no seu tempo, com medo da dominação estrangeira e da ameaça à sua cultura). A China está também preparada para uma abertura do seu sistema educacional, algo que o Japão nunca fez, e, além de mandar estudantes para o exterior, recebe inúmeros estudantes estrangeiros, tanto da Ásia quanto do Ocidente. Ademais, enquanto a derrota do Japão na II Guerra Mundial limitou seus gastos futuros com defesa e preparação de aparato militar, a China é um membro do Conselho de Segurança das Nações Unidas e se envolve cada vez mais em questões globais, envolvimento este que procura sempre alavancar em termos de posteriores vantagens econômicas.

O impacto potencialmente maior da China ancora-se igualmente no *timing* de sua ascensão. Sua aparição no cenário econômico na condição de desafiante de outras potências industriais deu-se em um estágio interno de desenvolvimento anterior àquele em que o Japão se encontrava quando fez o mesmo, motivada pelas fortes pressões internas por empregos (a taxa de desemprego japonesa era relativamente baixa nas décadas de 1970 e 1980) e a partir de uma base de custo bem mais baixa. Isto significa que, com poucas exceções, a estratégia japonesa de transferir produção para os EUA não deverá repetir-se desta vez, o que limita as perspectivas de absorção de empregos pelas empresas transplantadas. (As fábricas japonesas de automóveis transplantadas para os EUA tinham como política não contratar ex-funcionários do mesmo setor norte-americano, embora contratassem americanos de outras procedências.) Outra diferença entre a China e o Japão é que os EUA conduziram seus desentendimentos comerciais com os japoneses bilateralmente, enquanto os conflitos com a China são tratados sob o regime multilateral da Organização Mundial do Comércio (OMC). Dadas a participação comercial chinesa (um enorme superávit com os EUA, um superávit moderado com a União Européia e um déficit com a Ásia), o continuado desentendimento entre a UE e os EUA e o crescente conflito entre nações desenvolvidas e em desenvolvimento em torno dos subsídios agrícolas, seria difícil para os EUA conseguir apoio para qualquer política limitando a entrada da China em seus mercados, especialmente tendo em vista que a maior parte dos países, de acordo com a organização não-governamental Transparência Internacional, considera os Estados Unidos um concorrente desleal.

O imperativo da inovação

Uma diferença crucial entre o Japão e a China é aquela que diz respeito às respectivas capacidades de inovação e propensão ao empreendedorismo e atividades externas, todos esses, fatores cruciais para que se consiga sucesso na economia globalizada de hoje. A capacidade de inovação não é tão-somente uma função do número de cientistas e engenheiros (embora a China também venha progredindo nesse indicador), mas também um produto de fatores hereditários. Historicamente, a China tem sido inovadora e o Japão um imitador ou aperfeiçoador, raramente gerando inovações radicais. Os próprios japoneses freqüentemente criticam seu sistema de ensino, entendendo que proporciona um aprendizado rotineiro e promove o conformismo grupal, sem prestar a devida importância aos processos inovadores. O sistema de ensino chinês sofreu de alguns desses mesmos males, não porém durante toda a sua história. Durante muitos períodos do seu passado imperial, cidades chinesas hospedaram cidadãos de nacionalidades, religiões e culturas estrangeiras. Agora, com a ajuda de investidores estrangeiros (que nunca se sentem plenamente à vontade no Japão), os chineses estão dando renovada força a esta tradição.

A atividade empreendedora tem sido limitada no Japão, o que é resultado não apenas da falta de ensino voltado para a inovação, mas igualmente da escassa tolerância quanto a fatores de incerteza e prestígio (os melhores egressos das universidades japonesas normalmente optavam pelo serviço público ou por empregos nas grandes corporações), uma rede de produção e distribuição nepotista que tende a manter os estranhos à margem, e a inexistência de uma infra-estrutura de suporte (como firmas de capital de risco). A China, não obstante seu legado de controle pela burocracia, tolerou durante grande parte de sua história a atividade empresarial. Ao longo da era imperial, alguns mercadores chineses acumularam imensas fortunas, embora boa parte desse dinheiro se destinasse à preparação para o ingresso ou simplesmente à compra de posições na burocracia, em lugar de ser investido em outras atividades econômicas mais produtivas. Alguma atividade empresarial sobreviveu até meados da década de 1950 e passou a ser gradualmente renovada a partir de 1979, o que significa que, ao contrário do que ocorreu na União Soviética, os reformistas chineses contam com empreendedores experientes em seus quadros. Por fim, os chineses no exterior recambiaram um enorme nível de capacidade e entusiasmo por novos empreendimentos. Na condição de minorias barradas dos empregos públicos e negócios com terras em seus países adotivos, os chineses iniciaram prósperos empreendimentos multissetoriais cujos lucros posteriormente investiram na "mãe pátria". Em contraste, o maior grupo de descendentes de japoneses no exterior depois daquele instalado nos EUA – o do Brasil – tem representado, acima de qualquer outra coisa, uma fonte barata de trabalho para uma sociedade que teme a heterogeneidade, em vez de um provedor de investimentos, conhecimento e contatos globais.

As vantagens chinesas em inovação, tamanho e *timing* sugerem que, por maior que tenha chegado a ser o impacto japonês, o impacto chinês tende a ser muito superior, mais sustentável e extenso em termos de setores econômicos. O impacto inicial não será desta vez abrandado por fluxos de investimentos estrangeiros destinados a compensar parcialmente eventuais perdas de empregos, nem pelo realinhamento das taxas de câmbio. Semelhante realinhamento, como mostra a experiência do Japão, não fará, de qualquer forma, grande diferença, ainda mais na China, cujo governo mantém um controle mais rígido e pode proporcionar quantos subsídios e outras formas de incentivo quiser, como compensação por eventuais ajustes das taxas de câmbio. Da mesma forma, a imposição de barreiras em forma de quotas pode ser desfavorável a quem pretender utilizá-las, pela possibilidade de com isto se estar, em vez de bloqueando a expansão dos chineses nos campos pretendidos, justamente incentivando a China a avançar em direção a patamares mais elevados da cadeia econômica.

GRANDES E PEQUENOS DRAGÕES

Nas décadas de 1980 e 1990, o Japão foi vagarosamente desaparecendo da mídia norte-americana. Seus investimentos no exterior despencaram devido a um consolidado período de baixas taxas reais de juros, fácil financiamento bancário e a bolha dos preços dos ativos. Com a queda da bolsa de valores de Tóquio no final da década de 1980, as empresas japonesas tiveram seus empréstimos bancários cobrados e se livraram de ativos norte-americanos freqüentemente a preço de verdadeira liquidação. Este processo fez com que os norte-americanos percebessem que o caminho estava livre: a ameaça japonesa tinha recuado, com sua economia entrando em um prolongado período de estagnação. O modelo norte-americano ganhara mais uma – ou era isso que as aparências indicavam. Embora o crescimento econômico e a criação de empregos tenham realmente ocorrido, a verdade é que os Estados Unidos não conseguiram, no que restou do século XX, restabelecer seu antigo equilíbrio no comércio internacional com os principais concorrentes.

À medida que o Japão se esvaía da psique norte-americana, a lacuna era preenchida por uma segunda onda de importações da Ásia. Os quatro "tigres", ou "pequenos dragões" – Taiwan, Hong Kong, Coréia do Sul e Cingapura – foram inicialmente considerados como os "novos" Japão. Realmente, embora esses quatro territórios tivessem ressentimento do Japão por seu brutal histórico como potência colonial e inimigo de guerra, viam nele um modelo de sucesso asiático digno de ser seguido. Sempre tendo em vista a experiência japonesa, essas economias deram início à sua própria expansão agindo agressivamente nas áreas de mão-de-obra intensiva e baixa exigência em tecnologia que o Japão, com sua estrutura de alto custo, fora obrigado a abandonar, embora posteriormente as retomasse na condição de mercado ascendente em reação aos próprios custos em elevação e à concorrência chinesa. Atualmente, os "tigres" estão bastante próximos da economia da Grande China como investidores e parceiros, e são também os maiores contribuintes para o crescimento do comércio intra-asiático. Como grupo, e também pelas características de cada um, os "tigres" continuam sendo os principais modelos que a China acompanha de perto à medida que trata de mapear seus próprios rumos.

Hong Kong

Colônia britânica durante um século e meio, Hong Kong foi igualmente portão de entrada na China durante boa parte desse período. Nas décadas de 1960 e 1970, Hong Kong era uma esfuziante base industrial que produzia bens de baixo custo, a maioria dos quais não concorria diretamente com um Japão a essa altura já dedicado ao avanço na área de alta tecnologia. Sempre dependente da proximidade física mas confiante em função de seu governo mais eficaz que o da China, Hong Kong a essa altura se tornara mais dependente do continente depois do lançamento das reformas chinesas, uma proximidade cimentada em 1984 pela assinatura da Declaração Conjunta, que estabelecia o retorno de Hong Kong ao governo de Pequim a partir de 1997. Sentindo o aquecimento dos outros tigres, e também de bases recentemente industrializadas na Malásia e Indonésia, além da concorrência em relação às suas exportações de têxteis por bases de menor custo, as empresas de Hong Kong aproveitaram a proximidade e as semelhanças étnicas e passaram a deslocar suas fábricas para o continente chinês, inicialmente no sul, mais próximo da ilha, e depois por toda a China. Esta transferência possibilitou ao território em primeiro lugar desenvolver uma vantagem competitiva baseada na conexão de empreendedorismo e administração, mais do que na base manufatureira. Hoje, por exemplo, têm sedes em Hong Kong muitas empresas produtoras de brinquedos, embora não se encontre mais na ilha sequer uma fábrica do setor. O território, concorrendo com os principais centros urbanos do continente (em especial com Xangai), procura reposicionar-se como centro financeiro e de serviços, um desafio muito significativo para os que enxergam os Estados Unidos, no futuro, como uma imensa base de realização e vendas de serviços.

À primeira vista, a experiência de Hong Kong não tem a mesma relevância daquela da China. De escasso tamanho, quase toda "ocidentalizada" e com livre mercado, Hong Kong não desencadeia no Ocidente a mesma preocupação que o Japão já provocou e a China continental agora desperta. Hong Kong, contudo, demonstrou possuir importantes qualidades que "exporta" para o continente e passam a ser inerentes. Isso inclui a experiência de ascender na escala tecnológica (mesmo que só até determinado nível) por meio de investimentos maciços na educação de nível superior, da prática de conservar capacidades de conhecimento ao mesmo tempo em que desloca a produção para pontos de custo mais baixo, um forte espírito empreendedor e a capacidade de desenvolver e administrar não apenas pequenas empresas, mas igualmente conglomerados imensos e diversificados, como, por exemplo, a Hutchison Whampoa. Com a aprovação e o suporte das autoridades continentais, Hong Kong já mostrou igualmente que com reservas maciças e determinação imperturbável é possível defender um nível fixo favorável de câmbio contra ataques furiosos de especuladores, aqueles mesmos que têm conseguido derrubar tais níveis em outros países. Isso não significa um bom augúrio para as esperanças norte-americanas em torno de um fortalecimento da cotação do iuan, mesmo que esta moeda tivesse flutuação permitida.

Taiwan

Após a derrota dos nacionalistas para os comunistas na guerra civil da China, as forças de Chiang Kai-shek bateram em retirada para a ilha de Taiwan (ou Formosa), onde, com a ajuda norte-americana, estabeleceram uma economia de base manufatureira que consistia, na sua maioria, de pequenas empresas de propriedade familiar e também de grandes empreendimentos industriais estatais. Da mesma forma que a China continental, Taiwan iniciou a sua incursão nos mercados globais como um produtor de produtos de baixo custo, eventualmente direcionando-se para mercados de maior capacidade aquisitiva, sustentando as atividades de mão-de-obra intensiva com sua transferência para o continente. A ilha desenvolveu gradualmente capacidades tecnológicas que não chegavam a ser de primeira linha, mas ainda assim proporcionavam capacidades especializadas de nichos e "valor para o capital", permitindo a emergência de conglomerados de tecnologia como a Acer. Igualmente com sucesso, Taiwan lançou mão da aglomeração, atualmente admitida por acadêmicos e administradores como uma estratégia eficaz de crescimento da capacitação técnica, ao reunir múltiplos concorrentes e indústrias de sustentação num projeto efetivo de conquista da liderança global em produtos como os *notebooks* no setor dos computadores. Taiwan é também a primeira democracia instalada numa sociedade chinesa – e se orgulha disto. Seu exemplo é muitas vezes citado como o modelo para a futura China, apesar de que as enormes diferenças em superfície certamente alterariam a equação que a República Popular da China utiliza como justificativa para a manutenção do regime de partido único; este e outros fatores sugerem que aqueles que apostam numa democratização da China não têm grandes possibilidades de lucro.

Embora Taiwan tenha mantido um grande superávit comercial nas transações com os EUA por muitos anos, essa questão nunca foi submetida a grandes questionamentos. Boa parte da razão para tanto está nos aspectos geopolíticos da questão. Até o reconhecimento formal da RPC, no final da década de 1970, como a legítima China, era Taiwan que detinha o reconhecimento dos EUA como governo de toda a China e como um reduto contra o espraiamento do comunismo. Mesmo depois do reconhecimento da República Popular, o apoio dos EUA a Taiwan foi mantido, e sucessivos governos norte-americanos têm se mostrado ferrenhamente contrários à ameaça de Pequim de tomar a ilha pela força. Dentro deste quadro, o governo norte-americano sempre relutou em pressionar Taiwan em questões comerciais. Outro fator que ajudou Taiwan (da mesma maneira que a Hong Kong e Cingapura) a ficar fora de qualquer questionamento e culpabilidade consistiu especialmente dos *inputs* intermediários incorporados a outros produtos e muitas vezes vendidos sob marcas diferentes. Em contraste, as exportações japonesas sempre dependeram pesadamente de produtos acabados, e seu maior superávit comercial se registra no setor de alta visibilidade que é a indústria automotiva. A República Popular desfruta de benefícios semelhantes em áreas como as de componentes automotivos (com a perspectiva de um carro *made in* China no mercado norte-americano ainda muito distante), e trabalha com grande afinco na consolidação global das suas próprias marcas.

Cingapura

O terceiro tigre (predominantemente) chinês, Cingapura, é similar a Hong Kong em termos de dimensão territorial escassa, mercado relativamente livre e a condição de entreposto comercial (isto em relação ao Sudeste Asiático). A não ser por algumas episódicas críticas de Washington à censura permanente sobre a imprensa, as relações do país com os EUA são de maneira geral satisfatórias, e o comércio não tem representado questão importante de controvérsia. Cingapura continua sendo um centro de fábricas de alta tecnologia à medida que tenta, como Hong Kong, atrair provedores de serviços e fortalecer sua posição como centro regional ideal para as multinacionais. As relações de Cingapura com a China são bastante íntimas, incentivadas pelo fator demográfico (quase 80% da população é constituída por chineses) e consumadas por meio de amplos investimentos externos. Em muitas formas, sua economia é complementar à da China, o mesmo sendo possível afirmar a respeito de seu sistema político e social. Oficialmente uma democracia, a perspectiva de uma mudança de regime em Cingapura parece extremamente reduzida, o que faz dela inclusive um modelo para o continente no futuro. Existem outros fatores que o regime continental aprecia em relação a Cingapura: de muitas formas, trata-se da sociedade confucionista ideal, com liderança patriarcal, pesada socialização, ênfase na disciplina, e controlada por uma burocracia competente, prestigiada e altamente recompensada. A nação-ilha tem até mesmo academias confucionistas e é provavelmente a mais semelhante das reencarnações modernas de um império chinês dominado por uma dinastia esclarecida e administrada com base no mérito.

Coréia do Sul

O único integrante não chinês (embora fortemente influenciado pelo confucionismo) do clube dos tigres asiáticos é a Coréia do Sul. Emergindo das ruínas deixadas pela prolongada e brutal ocupação japonesa, pela subseqüente guerra e divisão nacional, a Coréia do Sul, cujo Produto Interno Bruto era similar ao do de muitas nações da África na década de 1950, conseguiu se transformar, em tempo relativamente curto, de economia predominantemente agrária em potência industrial, mesmo tendo de manter enormes gastos com a defesa, um feito que a tornou um modelo a ser imitado aos olhos da liderança chinesa, que ainda hoje continua sendo, embora a contragosto, a principal protetora da Coréia do Norte.

O ímpeto da modernização sul-coreana foi ditado pelos *chaebols*, conglomerados de propriedade familiar que, com generosos subsídios governamentais, aumentaram consideravelmente de tamanho e diversificaram suas atividades por quase todos os setores imagináveis da atividade econômica. Esses conglomerados eram os responsáveis pela imensa maioria das exportações coreanas, com as empresas pequenas e médias desempenhando papel importante mas principalmente de base. Isto começou a mudar em seguida à crise financeira da Ásia, que exigiu uma saída com o aval do Fundo Monetário Internacional (FMI) e colocou a nu muitas das vulnerabilidades do sistema dos *chaebols* – falta de transparência, administração deficiente, tomada descontrolada de créditos e inexistência de um foco estratégico. Surpreende, aparentemente, o fato de a China não ter perdido seu interesse pelos *chaebols* como modelo para os seus próprios conglomerados, embora de um fato se possa ter certeza, o de que não deixou de registrar os ensinamentos derivados das falhas dessa estrutura. A capacidade demonstrada por *chaebols* como a LG e a Samsung de se reestruturar e globalizar certamente convenceu a liderança chinesa de que eles deveriam continuar a ser modelos de projetos viáveis (desde que não submetidos ao regime da propriedade familiar, ao menos por enquanto), exceto que a China tentará superar etapas e concentrar-se em grupos focados mais centralmente nos negócios. A China quer ainda aprender com a Coréia do Sul a melhor maneira de aproveitar os estudantes que retornam do exterior no aperfeiçoamento e reforço de seus processos e potencialidades em matéria de tecnologia e administração.

Em relação ao comércio, a China tomou nota do impulso que beneficiou as exportações sul-coreanas com a desvalorização de sua moeda nacional, o won, no auge da crise asiática, uma recordação que persiste e fortalece sua determinação de resistir às exigências externas pela valorização do iuan. Um ensinamento adicional que a experiência coreana proporciona aos chineses é aquele que diz respeito à importância da penetração em outros mercados em desenvolvimento – especialmente os da Ásia – como alternativa para se precaver contra eventual reação comercial dos EUA e outras economias altamente desenvolvidas, e como parte de uma estratégia destinada a consolidar um forte mercado asiático capaz de rivalizar com os da Europa e das Américas.

A crise asiática: interpretação incorreta

A crise financeira asiática, que teve início na Tailândia em 1997 e se espalhou rapidamente para outras nações asiáticas devido ao efeito contagioso das quedas dos preços das ações e ativos, foi um divisor de águas para a região. As economias asiáticas passaram, praticamente num mesmo dia, da ostentação das maiores taxas econômicas do mundo para taxas negativas de crescimento. O título "crise financeira" desse episódio tem alguma inadequação; tratava-se muito mais de um fracasso institucional e de gestão, expondo problemas como nepotismo, corrupção, falta de transparência e governança fraca. A crise forçou mudanças no sistema ao longo da região, embora não na extensão prevista por muitos analistas ocidentais.

A crise teve igualmente consideráveis conseqüências sobre a percepção da Ásia pelos EUA, entre elas a – inadequada – de que se tratava de mais uma completa vitória do modelo americano de negócios, que, à época, na verdade se beneficiava da prosperidade econômica e do *boom* tecnológico registrados ao mesmo tempo em seu território. Este foi um dos motivos da ausência de conscientização sobre o avanço chinês que ocorria na mesma época. A China, por sua vez, interpretou sua capacidade de resistir à crise como um lembrete de que qualquer dependência exagerada da economia global seria sempre arriscada e de que o crescimento dos mercados globais deveria ocorrer paralelamente a um fortalecimento continuado do mercado nacional. Ao mesmo tempo, ficou claro que as empresas chinesas, como suas concorrentes asiáticas, precisavam continuar a desenvolver todas as ferramentas e habilidades necessárias para torná-las competitivas numa economia globalizada.

CHINA E ÍNDIA: A SAGA DE DUAS NAÇÕES

Décadas atrás, Índia e China eram descritas como duas entidades gigantescas cuja emergência iria abalar a economia global. Uma previsão que, até agora, pode ser considerada correta apenas pela metade. A Índia tem andado aos trancos e barrancos, avançando para recuar no preciso momento em que parece estar levando realmente a sério um programa sério de reformas e de abandonar os caminhos ortodoxos da regulamentação e do protecionismo. Mais recentemente, no entanto, a Índia passou novamente a figurar no topo do noticiário, desta vez com relatos de reestruturação da economia, rápido crescimento, financiamento estrangeiro e renovado interesse por parte dos investidores internacionais. Os sucessos indianos, especialmente no campo dos *softwares*, ganham alta visibilidade, surgindo até mesmo aqueles que prevêem que, algum dia, o país poderá igualar-se à China, e até mesmo ultrapassá-la.[2]

Existem algumas semelhanças impressionantes entre Índia e China. As duas nações contam com imensas populações (cerca de 1,3 bilhão de habitantes na China, 1 bilhão na Índia) e uma saga de antigas e orgulhosas civilizações que deslizaram para tempos difíceis e a estagnação causada por uma economia centralizada, planejada autarquicamente com efeitos correlatos como a corrupção onipresente. Ambos os países têm uma diáspora de muitos milhões com potencial para, uma vez recambiada, participar e ajudar no desenvolvimento nacional – a dos chineses, com capital e *know-how* em negócios, e a dos indianos, com educação, experiência em negócios e conhecimento tecnológico avançado. Ambas as nações têm trabalhado intensamente para liberar as respectivas economias das amarras do controle centralizado socialista, embora esteja ironicamente a China comunista (que começou esta jornada em primeiro lugar), e não a Índia democrática, muito à frente na liberação de sua economia da rigidez do planejamento e do conseqüente labirinto de regulamentações. As duas têm sido bem-sucedidas na atração de níveis consideráveis dos melhores entre todos os investimentos – em tecnologia de pesquisa e desenvolvimento – o que inclusive fez surgir nos EUA um debate sobre se esta situação serve como elemento facilitador ou desestabilizador da liderança tecnológica norte-americana.

Diversas vantagens da Índia são freqüentemente destacadas. Em primeiro lugar, faz mais de meio século que o país é uma democracia. Trata-se de uma considerável vantagem do ponto de vista ocidental, que condiciona o progresso econômico à democratização, embora até agora a experiência chinesa venha demonstrando um sério desafio a esta convicção. Exatamente em função da sua estrutura política, a China tem condições de avançar com rapidez, ao contrário da Índia democrática, que freqüentemente vê suas estruturas emperradas exatamente em função dos conflitos internos que caracterizam esta condição política. Uma segunda vantagem indiana, bastante citada, é a do idioma inglês, oficial no país, enquanto milhões de chineses ainda lutam com ele (embora as áreas urbanas apresentem visível progresso neste quesito). O exemplo do Japão, contudo, indica que o domínio do inglês pode ser útil, mas não um pré-requisito indispensável para penetrar em mercados globais. Até aqui, o inglês tem ajudado a Índia em áreas em que a vantagem de dominar o idioma é óbvio, como nos *call centers*, e também nos *softwares* em que se combina com uma forte capacitação em engenharia. Uma terceira vantagem da Índia é seu sistema financeiro e jurídico mais sofisticado e relativamente independente, da mesma forma que a maior transparência nos atos e políticas do governo. Pelo menos na visão de um investidor estrangeiro, a transparência e a separação entre poderes constituem fatores claramente positivos, embora a corrupção que ainda evidentemente grassa em ambas as nações reduza ao mínimo os benefícios disso decorrentes. De qualquer forma, esta vantagem até agora não se mostrou suficiente para influir no redirecionamento do fluxo dos dólares dos investimentos. Por fim, a Índia desenvolveu uma classe média bem antes que a China, o que é benéfico em termos de potencial de mercado e aptidões profissionais; mais uma vez, no entanto, a China está agindo com rapidez para reduzir esta desvantagem.

A base da argumentação segundo a qual a Índia conseguirá alcançar, e mesmo ultrapassar, a China, é o centro de um recente ensaio da publicação especializada *Foreign Policy*.[3] Além de salientar as vantagens indianas em matéria jurídica, política e governamental já citadas, os autores sustentam dois argumentos centrais interligados. Em primeiro lugar, afirmam, a dependência da

China em relação ao investimento estrangeiro é tanto prova quanto uma das razões das suas fraquezas subjacentes; em segundo lugar, insistem, a China, ao contrário da Índia, não desenvolveu empreendimentos de categoria mundial e não tem as aptidões empresariais para tanto indispensáveis. São, ambos, argumentos mal aplicados. O investimento estrangeiro na China é um reflexo da atração que o país exerce tanto em sua condição de mercado quanto de plataforma de exportação. Embora as empresas baseadas em investimentos estrangeiros sejam responsáveis por cerca de metade do total das exportações chinesas, elas também desempenham uma função crucial na qualificação da infra-estrutura e da base de conhecimento do país, com o que as empresas locais se beneficiam tanto da condição de sócios em *joint ventures* quanto pelo aproveitamento dos recursos humanos assim aperfeiçoados e das indústrias de base que daí emergem. Muitos destes empreendimentos nacionais já estão concorrendo com as multinacionais pelo próprio mercado interno chinês. O segundo argumento, da carência de aptidões empresariais na China, é também totalmente infundado. Um rápido olhar panorâmico sobre a Tailândia, Malásia, Filipinas e outros países asiáticos comprova que são chineses os principais e mais numerosos integrantes das classes empreendedoras locais. Seu envolvimento na China continental, em conjunto com empreendedores de Taiwan e Hong Kong, representa um modelo dos muitos empreendedores chineses que vemos hoje por todos os setores. Por fim, os autores sustentam que enquanto a Índia conta com empresas de classe mundial, como a Infosys e a Wipro, a China não tem nenhuma. Errados de novo. A Lenovo (antiga Legend), empresa nascida na China, detém mais de 25% do mercado chinês de computadores pessoais, o que representa quatro vezes a fatia de mercado da Dell. A Haier, uma das principais produtoras de componentes eletrônicos, vende para o mercado internacional e agora produz nos EUA. Na área das telecomunicações, a Huawei Technologies e a UTStarcom, entre outras, já representam forças reconhecidas nos mercados em desenvolvimento e começam a ser consideradas importantes em mercados desenvolvidos. Sem falar nos bem-sucedidos conglomerados da Grande China, como Acer, de Taiwan, ou Hutchison Whampoa, de Hong Kong, um dos conglomerados de maior diversificação do mundo.

Até agora, as taxas de crescimento da China foram bem superiores às da Índia, mesmo ao longo da última década, quando a Índia passou por grandes reformas. O ritmo do crescimento chinês é ainda maior atualmente, embora a brecha que separa as duas economias tenha diminuído. O investimento estrangeiro na Índia continua sendo uma fração (menos de 10%) do que é feito na China, embora pareça certo que vá aumentar se os investidores, que muitas vezes já sofreram grandes prejuízos nesse mercado, se convencerem de que, desta vez, as reformas são para valer, e que os sentimentos antiestrangeiros não voltarão a ser contra eles desencadeados. Embora a China tenha muitos pontos fracos, a verdade é que vem progredindo muito na construção da indispensável infra-estrutura e no ordenamento das regulamentações. Na Índia democrática, o governo continua a desempenhar um papel freqüentemente sufocante. Por fim, a China é globalmente competitiva em uma variedade de indústrias, de produtos têxteis a componentes eletrônicos, enquanto que a Índia avança num caminho mais limitado – principalmente em *software*, operações de apoio e *call centers*. Isto torna a Índia uma presença muito sentida no mercado de terceirizações mas não necessariamente se traduz em algo de impacto nacional, que é uma questão crítica numa nação ainda assoberbada pela pobreza.

Nada disso quer dizer que a Índia não venha eventualmente a transformar-se em força mundial importante, nem que não vá conseguir concorrer com a China em mercados globais. Mas, para chegar até lá, a verdade é que a Índia ainda terá de superar uma série de obstáculos. Entre estes figuram a geopolítica – seu conflito com o Paquistão pelo domínio da Caxemira (a China tem um problema semelhante com Taiwan, mas que só se manifesta quando Pequim tem interesse nisso, o que quer dizer que pode manter a questão facilmente sob controle), um histórico de promessas descumpridas que costuma deixar os investidores estrangeiros nervosos, e um subjacente ressentimento contra os investimentos estrangeiros, algo que a China já deixou para trás. (Além de ataques físicos contra uma engarrafadora da Coca-Cola, a Índia tem testemunhado outras ações violentas e uma campanha de ódio contra as redes norte-americanas de *fast food*.) A Índia também terá de liberalizar sua economia e solidificar a sua infra-estrutura, áreas nas quais a China já fez substanciais progressos. Finalmente, embora a Índia tenha uma próspera comunidade no exterior, essa sua diáspora não ostenta o capital nem a disposição de investi-lo em massa no país de origem. Acima de tudo, a Índia não tem uma Taiwan, nem uma Hong Kong, que lhe sirvam não apenas de modelos mas igualmente como pontos de partida para as reformas econômicas. (Por exemplo, as primeiras zonas francas para investimentos da China foram instaladas nas proximidades de Hong Kong ou Taiwan.)

Por estas razões, é improvável que a Índia consiga alcançar a China no curto prazo, muito embora ela venha certamente a ter impacto em determinados setores dependentes de conhecimento intensivo da economia global – especialmente o dos *softwares* – muito superior ao da China. A Índia tem igualmente forças que são complementares às da China, como vêm sugerindo às prósperas e crescentes relações comerciais entre os dois países. A Índia já fornece insumos a preços competitivos (como o aço) à florescente economia chinesa, beneficiando assim a sua estrutura de capacidade e de custos. Além disso, a Índia poderia igualmente começar a absorver investimentos e crescimento de uma China mais inflacionada; quanto a isto, porém, a verdade é que o interior da China dispõe de tão imensos reservatórios de capital humano que pode absorver o aumento de custos na sua região leste mediante a migração e subcontratação de mão-de-obra, em vez de se preocupar em transferir produção para a Índia, Vietnã ou outros competidores mais baratos. Se isto vier a ocorrer – e onde – dificilmente será em proporções capazes de proporcionar alívio àqueles setores que ou já sentem ou logo virão a sentir o peso do impacto chinês, seja em mercados desenvolvidos ou em outros mercados em desenvolvimento que estão perdendo terreno para a China.

De carpins a aviões 4

Qualquer jovem com um mínimo de noção de consumo certamente imagina a China como um imenso parque de diversões, com brinquedos por todos os lados. Mas é igualmente possível que já tenha notado a etiqueta *Made in China* nos sapatos, roupas e malas de seus pais. A China exerce liderança mundial nestes produtos de mão-de-obra intensiva, mas é também a líder global em telefones celulares e a maior produtora de *chips* de computadores, telecomunicações e, no futuro, de carros e aviões comerciais. Ela produz atualmente aviões militares, monta aviões comerciais e já desenvolve jatos comerciais de alcance regional. As empresas chinesas estão determinadas a ascender na pirâmide tecnológica, emergindo assim dentre os quadros das imitadoras, seguidoras de tendências e terceirizadas para a condição de produtora autônoma e inclusive definidora de costumes e modas. O objetivo da China e de seu governo não é meramente equiparar-se às grandes potências industriais, mas, sim, superá-las. Nenhum outro país em desenvolvimento estabeleceu até agora metas tão ambiciosas, e nenhum deles, com a possível exceção de Cingapura, traçou uma rota tão detalhada quanto a da China para poder chegar à pretendida condição. Um indicador da amplidão das ambições chinesas está presente nos novos padrões em telefones celulares e nos padrões de condensação de vídeo (o Enhanced Versatile Disk – EVD –, por muitos já considerado o sucessor do DVD), os quais, embora feitos a partir de tecnologia estrangeira, estão programados para proporcionar um grande salto tecnológico e, ao mesmo tempo, receitas imensamente superiores aos pagamentos devidos em matéria de patentes tecnológicas às empresas estrangeiras que ainda são responsáveis pelo maior volume de inovações. Padrões de segurança *wireless* (sem fio) desenvolvidos para *chips* eletrônicos estão destinados a avanços ainda mais espetaculares, com isso na prática obrigando os fabricantes estrangeiros a revelar (e, contra a própria vontade, transferir) informação tecnológica patenteada.

A atitude da China em relação à tecnologia tem raízes em uma longa e complicada história; um registro cuidadosamente elaborado do desempenho das economias emergentes que passaram a administrar uma rápida absorção de tecnologia, principalmente o Japão e os "tigres" asiáticos; e um nascente entendimento da função desempenhada pela tecnologia na economia moderna dependente do conhecimento intensivo, inclusive o que diz respeito à sua aplicação no "mundo de verdade". Para ascender nessa escala tecnológica, a China precisa superar a ausência de uma tradição científica própria, aumentar a transparência que é vital para a disseminação e o correspondente fortalecimento do conhecimento, e desenvolver sistemas de capital financeiro e de risco para incentivar a inovação. Sucessivos regimes chineses mostraram-se obcecados pela estabilidade e pela ordem, em vez de se preocuparem com inovação e avanços, e o planejamento centralizado e controlado deixou um legado de excesso de compartimentalização das áreas científicas, e entre estas e as empresas. Os recursos humanos abundantes e mal remunerados do país constituem uma real vantagem competitiva, mas podem ser igualmente vistos como um desincentivo aos aperfeiçoamentos em produtividade que muitas vezes levam à inovação. Ao mesmo tempo, a China sofre as conseqüências simultâneas da escassez tanto de recursos humanos capacitados a realizar pesquisa básica quanto de colocá-la em prática.

A fim de superar essas limitações e de se capacitar a levar a cabo suas nada modestas ambições, a China está alavancando uma grande onda de investimentos estrangeiros, aprendendo com os líderes tecnológicos globais e ao mesmo tempo tomando as medidas necessárias para que seu conhecimento avançado seja compartilhado com empreendimentos nacionais, e muitas vezes fazendo de conta que não enxerga quando uma tecnologia estrangeira é "tomada por empréstimo". O país ao mesmo tempo introduz mudanças fundamentais em sua infra-estrutura de pesquisa e incentiva o retorno dos chineses que estudam no exterior. A China igualmente busca tirar proveito da vantagem de não ter esbanjado investimentos em tecnologias de segunda geração nos programas destinados a se equiparar com as nações industrializadas em prazos mais curtos que os normais em condições iguais, e investe pesadamente em áreas de tecnologia de ponta, principalmente biotecnologia e nanotecnologia. Além disso, trabalha com afinco na tentativa de coordenar os projetos muitas vezes desconexos desenvolvidos por produtores, de um lado, e usuários, de outro, de tecnologia.

Na condição de líder mundial no desenvolvimento e exportação de tecnologias, os Estados Unidos têm muito mais a perder nas apostas tecnológicas do que as demais nações industrializadas. De acordo com dados da Organização para a Cooperação e o Desenvolvimento Econômicos (OCDE) e do Banco Mundial, os EUA tiveram, no ano 2000, US$ 36 bilhões em receitas de tecnologia (pagamentos efetuados pelos compradores de tecnologia e usuários dos direitos patenteados, como licenciamento de marcas), em contraste com gastos de

US$ 16 bilhões no mesmo conceito, o que representa um superávit líquido de US$ 20 bilhões. Em contraste, um país como a Alemanha, igualmente líder na área da tecnologia, teve no mesmo período um déficit de quase US$ 5 bilhões, enquanto que o superávit do Japão foi também de US$ 5 bilhões. Os EUA, portanto, são o país que mais tem a perder com eventuais utilizações não remuneradas de tecnologia, sejam elas feitas mediante transferência obrigatória, falsificação ou simples pirataria. Essa posição de liderança significa igualmente que o vazamento de tecnologia e *know-how* para a China ou outros concorrentes estrangeiros representa para os Estados Unidos um risco bem maior do que para outras nações, em matéria de vantagem competitiva.

O LEGADO TECNOLÓGICO

As ambições chinesas no campo tecnológico têm raízes em suas antigas e contraditórias lembranças nesta área: uma tradição milenar de inventividade tecnológica que não teve continuidade; a derrota militar e a humilhação que expuseram o atraso tecnológico do país nos séculos XIX e XX e marcaram a psique nacional; e as fracassadas tentativas de inovar por decreto, com base no modelo da União Soviética, na segunda metade do século XX. Essas experiências – tanto conquistas quanto fracassos – ainda moldam as aspirações e os temores chineses concercentes ao desenvolvimento tecnológico, sua visão da ciência, a função das suas empresas, os obstáculos que enfrenta e a estratégia mais adequada para conseguir progredir em meio a tantos concorrentes.

Mais invenção que ciência

O legado de realizações tecnológicas da China antes e durante o período imperial é, sem dúvida, um dos mais impressionantes dos tempos antigos. Nele se incluem invenções que literalmente mudaram o mundo, notadamente o papel, a pólvora, a bússola e o ábaco. Os chineses foram pioneiros no desenvolvimento da impressão e da fundição do ferro, os primeiros a utilizar papel-moeda, como também os primeiros a lançar fogos de artifício e a soltar papagaios. Concretizaram, igualmente, grandes avanços em matemática e astronomia. Durante largos períodos da história, a China foi a nação tecnologicamente mais avançada do mundo.

Apesar desse impressionante conjunto de inovações, a China imperial não conseguiu desenvolver a ciência formal, fato que impediu a continuidade do desenvolvimento tecnológico e brecou a difusão de suas invenções no âmbito de determinados aspectos da vida – em especial na sua economia. Aptidões tecnológicas foram insistentemente desperdiçadas, e, com poucas exceções, especialmente durante a dinastia Song, deixaram de ser plenamente incorporadas pelo sistema de exames aos quais eram submetidos os candidatos a posições no setor burocrático. Técnicos especialistas, especialmente em domínios cruciais como o do controle de recursos hídricos, eram empregados de acordo com os critérios de funcionários do império que os alocavam muitas vezes a posições secundárias, com o que jamais chegavam a ser guindados ao prestígio e às posições de poder aos quais seus conhecimentos os credenciavam. A China não dispunha de infra-estrutura ideológica, administrativa ou econômica para sustentar inovações tecnológicas, nem para disseminar o novo conhecimento em proveito de atividades econômicas ou militares. Este foi o legado que assombrou a China quando entrou em confronto com o Ocidente e sua superioridade tecnológica.

O preço da estagnação

As derrotas militares da China nos séculos XIX e XX expuseram a fraqueza tecnológica do país e revelaram a enormidade do preço a ser pago por ter ficado tecnologicamente na retaguarda na nova era global. A humilhante derrota na Guerra do Ópio tornou claro que a brecha tecnológica se traduziria na incapacidade de desenvolver e produzir as armas modernas que passaram a ser indispensáveis para qualquer pretendente ao *status* de guerreiro eficaz. A China não mais conseguiu sustentar-se nas imensidões de recrutas ou na criatividade de seus generais para defender-se contra inimigos dotados de maiores recursos, e igualmente deixou de contar com a possibilidade de que potências invasoras viessem, como sempre, a ser absorvidas e assimiladas pelo seu milenar ambiente cultural. A fim de se colocar no mesmo ritmo dos novos tempos, a China precisou deixar de lado seu sentimento de superioridade e começar a aprender com os estrangeiros que haviam colocado com tanto sucesso as próprias invenções da China – a pólvora e a bússola – em uso na "diplomacia das canhoneiras" e no comércio internacional. O sucesso do Japão com a importação de tecnologia moderna e em sua bem-sucedida utilização na guerra russo-japonesa demonstrou que era possível absorver tecnologias ocidentais sem por isso abandonar a própria nacionalidade. A incapacidade da China nacionalista de deter o massacre japonês na década de 1930 provou, contudo, que a absorção da tecnologia não era tarefa simples, e que o estilo ocidental de governança não era, em si e só por si, uma garantia, podendo até mesmo representar um obstáculo ao progresso rumo a uma paridade tecnológica e militar. Se a China quisesse tornar-se novamente uma potência, precisaria não apenas cortejar agressivamente as tecnologias mais modernas, mas também aprender a desenvolver tecnologias próprias e como aplicá-las na vida real.

Tecnologia por decreto: a herança do planejamento centralizado

Depois do estabelecimento, em 1949, da República Popular da China (RPC), Pequim se lançou a uma transferência maciça de tecnologia a partir da União Soviética. Apesar de ser tradicionalmente importadora de tecnologia do Ocidente e em especial do fracassado Terceiro Reich, a União Soviética atingiu uma capacitação tecnológica suficiente tanto para suprir suas necessidades básicas quanto para se envolver em desenvolvimento de novas tecnologias em áreas prioritárias (principalmente relacionadas à segurança nacional), que recebiam imensos aportes de capital e tinham prioridade na alocação de recursos humanos e outros. A inovação, em todos os pontos em que ocorreu, era determinada pela cúpula, com instituições de pesquisas especializadas colocadas a serviço de projetos considerados prioritários pela cúpula burocrática, um modelo com o qual os chineses, com seu legado imperial, se sentiram plenamente identificados.

A transferência de tecnologia pela União Soviética foi interrompida pelo presidente Mao, quando entrou em confronto com seus antigos camaradas e se lançou ao desastroso Grande Salto para a Frente. Desencadeada em 1958, essa campanha abandonou os empreendimentos em grande escala e passou a priorizar operações desastrosas no interior do país, cujas principais conseqüências foram o caos econômico e a fome em massa. A China viu-se então forçada a retomar a ordem tecnológica anterior, mas sempre com marcadas características não predominantemente econômicas: institutos tecnológicos, e também grandes empresas estatais, eram instalados em várias províncias, com as mesmas características e capacidades, tudo com o objetivo de não serem todos destruídos na eventualidade de uma invasão estrangeira. Poucos anos depois, Mao desencadeou nova campanha, a Revolução Cultural, que, entre outros objetivos, pretendia denunciar e bloquear os "tecnocratas" e os "elitistas", justamente aqueles que serviam de sustentáculo da infra-estrutura tecnológica chinesa. Embora pregasse os princípios da "sabedoria comunista", Mao dava pouco valor à especialização técnica e tinha a convicção de que o poder das massas seria capaz de suplantar qualquer deficiência em matéria de conhecimento. Os sucessos militares chineses na Guerra da Coréia, embora alcançados com tremendo custo humano, convenceram Mao de que esta filosofia iria indubitavelmente conduzir a China a tremendos sucessos militares e econômicos; outros integrantes da liderança chinesa, no entanto, conseguiram isolar os militares da maior parte do massacre ideológico. O setor militar continuou a realizar grande parte do trabalho de pesquisa do país, concentrando-se em projetos avançados à margem de quaisquer considerações econômicas ou comerciais. Na década de 1980, a China, extensivamente agrícola e com um setor industrial dependente de tecnologia da década de 1950, conseguiu inclusive entrar para o clube exclusivo das nações lançadoras de satélites espaciais.

A China de meados da década de 1970 tinha os contornos de uma infra-estrutura tecnológica, ainda que limitada e fragmentada. Mesmo com décadas de atraso em relação ao Ocidente, e à própria União Soviética, o país ostentava capacidades tecnológicas básicas e as condições de aplicá-las industrialmente. Isto acontecia especialmente na indústria pesada, setor em que a China desenvolveu consideráveis potencialidades, na utilização, suprimento e adaptação de tecnologias antigas e em regiões selecionadas – especialmente em Xangai –, o que mais tarde se tornaria a força motriz da modernização do país. A capacidade técnica sobreviveu, embora de maneira extremamente restrita e sem as condições de interconectar diferentes especializações, muito menos de inseri-las no contexto de aplicações industriais. A inovação era ainda dependente de força superior, de decreto, em áreas pelo governo definidas como prioritárias, por meio de uma vasta rede de institutos de pesquisas, cada um deles com missão rigidamente definida e limitada, e escassa interação com empreendimentos econômicos e com o mundo exterior. O alcance previsto para os projetos de ciência e tecnologia (normalmente de 10 a 12 anos, ainda assim o dobro dos anteriores planos econômicos de cinco anos) refletia não apenas a inclinação comunista para o planejamento de longo prazo, mas, da mesma forma, o escasso entendimento do ritmo acelerado da ciência moderna e dos ajustes quase que instantâneos que iam se tornando indispensáveis pela própria força desse avanço.

ENTRANDO NA ESCALADA TECNOLÓGICA

O começo do período das reformas, em 1979, foi marcado por um lento e progressivo aumento da abertura e da transparência. A abertura instaurou no país a consciência de que, depois de décadas de domínio comunista e da "década perdida" da Revolução Cultural, a China se encontrava então ainda mais atrasada em relação ao mundo desenvolvido, e inclusive aos quatro "tigres" asiáticos, do que em qualquer outro momento de sua história desde a queda do Império. Se a Guerra da Coréia chegou a dar a impressão de que o uso maciço de tropas seria um fator bem-sucedido de contenção da superioridade tecnológica de qualquer inimigo, novos enfrentamentos com o Vietnã deixaram bem claras fraquezas militares, desta vez contra uma nação asiática muito menor, mas detentora de um arsenal mais moderno de armas, de procedência soviética. Deng Xiaoping e seus aliados identificaram o progresso tecnológico como elemento-chave para a modernização, um bilhete de ingresso no mundo da força militar e do crescimento e prosperidade econômicos, sem o qual o até então tímido projeto de reformas não teria condições de deslanchar. Tornou-se igualmente evidente que os reformistas precisariam avançar com muito cuidado na introdução e, especialmente, utilização, da tecnologia, por razões tanto práticas quanto ideológicas. Por exemplo, pouco sentido teria apressar a automação e outros avanços de produtividade em empresas estatais inchadas de funcionários, pois isso só iria aumentar, pelo menos no curto prazo, um índice nacional de desemprego já crescente e contribuir para o desencadeamento da insegurança.

A liderança chinesa deu então início ao projeto de modernização tecnológica alocando preciosas reservas de moeda estrangeira à importação por atacado de linhas de produção que eram embarcadas praticamente prontas do Ocidente. A maior parte dessas linhas de produção baseava-se em tecnologias obsoletas, que os fabricantes ocidentais compartilhavam sem impor qualquer restrição. A relativa obsolescência dessas linhas importadas não constituía problema para os chineses; afinal de contas, eram ainda assim avançadas em comparação com os padrões chineses da época, estavam ao alcance dos conhecimentos dos engenheiros e técnicos locais, e poderiam ser facilmente reparadas a partir das aptidões e projetos disponíveis. O problema principal, como os chineses logo iriam descobrir, residia na insuficiência de importar uma linha de produção sem fazer as adaptações fundamentais à maneira de utilização dessa tecnologia – principalmente as modalidades pelas quais os empreendimentos locais deveriam absorver, administrar e aplicar tal progresso.

A experiência da importação de sistemas completos deixou um ensinamento que não seria jamais esquecido pelos chineses. Com ela a China entendeu que, se pretendesse realmente progredir, o primeiro passo a ser dado deveria ser a mudança para a importação de equipamento central como parte de uma transformação mais ampla a partir da percepção das empresas como um conjunto de habilidades técnicas primitivas para uma priorização dos elementos integradores e sinérgicos. A Figura 4.1 mostra a gradual desistência chinesa da importação de linhas completas de produção entre 1994 e 2002, e sua substituição pelo licenciamento e transferência de tecnologia, consultoria e acordos de serviços, *software* de computação, produção em *joint ventures* e produção cooperativa.

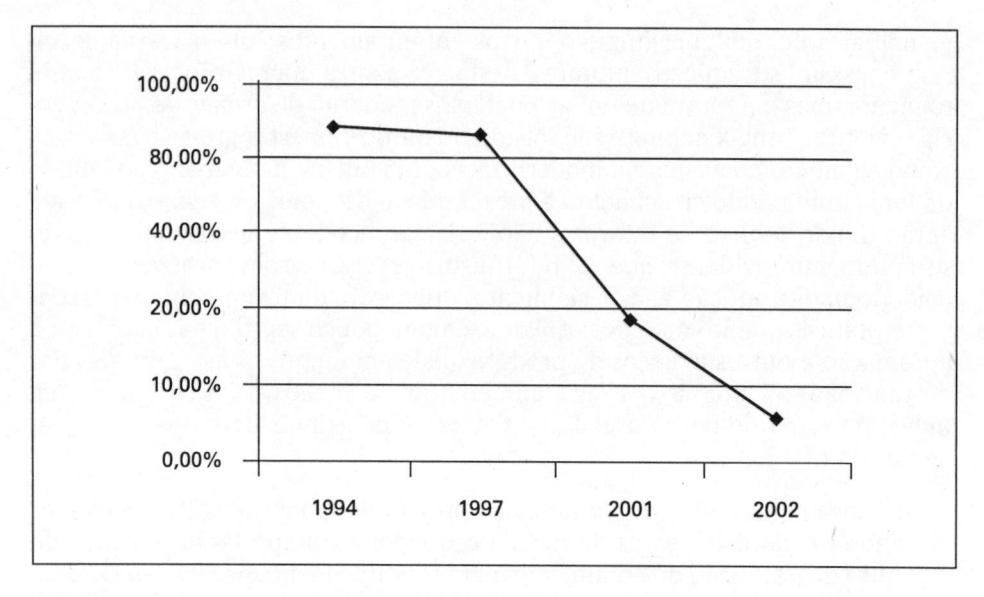

FIGURA 4.1 Importações chinesas de equipamentos completos e conjuntos fundamentais de equipamentos (% de toda a importação de tecnologias).
Fonte: *China Statistical Yearbook on Science and Technology 2002*; os dados de 1994 e 1997 são do Ministério de Ciência e Tecnologia da China, 1999.

O IMPULSO AOS INVESTIMENTOS ESTRANGEIROS

Uma vez que os estrangeiros comprovaram ser possuidores de superioridade em matéria de conhecimento e a resultante liderança militar e econômica, tornou-se evidente a necessidade de aprender com eles, e, principalmente, que esse aprendizado não viesse, no decorrer do processo, a "contaminar" a cultura e sociedade chinesas. A China manteve então a determinação de buscar maneiras de adaptar "tecnologias estrangeiras sem valores estrangeiros" até o começo do período moderno da reforma. Foi aí que a liderança decidiu suspender seu preconceito em relação a tudo que fosse estrangeiro, desde que tivesse alguma utilidade para a China; na definição de Deng Xiaoping, a cor do gato não tem a menor importância, desde que ele consiga caçar os ratos. O investimento estrangeiro passou a ter papel fundamental na transferência de tecnologia, e uma das primeiras medidas adotadas pela liderança reformista foi a aprovação de uma lei sobre *joint ventures* que deu prioridade ao investimento em alta tecnologia, sempre que dele participasse um sócio chinês. A idéia por trás dessa medida era simples até porque já comprovada globalmente: *joint ventures* são um meio efetivo da transferência abrangente de conhecimento (distinta da simples transferência de linhas de produção, compra ou licenciamento de tecnologias) e tendem a mexer menos com os sentimentos nacionalistas do que ocorre quando se trata de operações de propriedade integral de uma entidade estrangeira. A dependência de atividades cooperativas como veículo de transferência tecnológica de certa forma baseou-se na experiência do Japão, que insistiu na participação de sócios nacionais em quase todos os projetos de investimentos estrangeiros durante uma época crítica do seu desenvolvimento (1962-1974), aliviando esta condição apenas quando se tratava de investidor estrangeiro dotado de uma tecnologia especialmente atraente e também de uma sólida posição de barganha, como nos casos da IBM e da Texas Instruments.

Apesar das similaridades, a China era diferente de outros receptores de investimentos estrangeiros ávidos por tecnologias modernas de várias formas, algumas delas relacionadas com o *timing* de sua ascensão, outras, não. Em primeiro lugar, graças à atração sempre maior representada pelo mercado interno, a China tinha condições de obter tecnologia em escala sem precedente entre os países em desenvolvimento, culminando no estabelecimento de centros de pesquisa e desenvolvimento, que são o núcleo principal da transferência de tecnologia. Em segundo lugar, a China tinha condições de alavancar o seu ambiente de "mercados de vendedores" de maneira a colocar um investidor em concorrência com outro e até mesmo concordar com intercâmbio tecnológico de múltiplos parceiros. Por exemplo, as empresas automotivas chinesas ostentam a invejável condição de detentoras de acordos simultâneos de *joint venture* com empresas estrangeiras concorrentes (é o caso da chinesa Guangzhou Automotive com as japonesas Honda e Toyota), algo que a última nunca havia admitido em qualquer outro país. Este arranjo proporciona ao sócio chinês as condições de aprender as "melhores práticas" de ambos os concorrentes estrangeiros, e de ser também o único integrante do terceto com acesso às particularidades dos demais. Além disso, ao contrário de empresas de outros países emergentes em estágio similar de desenvolvimento, as empresas chinesas começaram a ter sociedade em investimentos no exterior feitos pelos mais importantes componentes do mundo da tecnologia mais avançada (como é o caso da SAIC no conglomerado GM-Daewoo estabelecido na Coréia do Sul), o que abre para os chineses outro canal igualmente importante de acesso à tecnologia.

Incentivos à transferência de tecnologia

A fim de incentivar a transferência de tecnologia via investimentos estrangeiros, preferências e incentivos especiais foram concedidos aos projetos estrangeiros de alta tecnologia. Aqueles que se dispuseram a transferir tecnologias de ponta e ceder os direitos às respectivas capacidades básicas, foram regiamente recompensados: o governo chinês proporcionou-lhes a instalação nas áreas mais favoráveis, termos compensadores em administração e divisão de ativos, isenções de impostos e taxas de exportação e, mais importante ainda, acesso preferencial – ou a garantia de – ao grande mercado interno em expansão. Essas preferências sobreviveram a 25 anos de reformas, várias rodadas das negociações da Organização Mundial de Comércio (OMC) e a ocasionais pressões de outros parceiros de negócios dos chineses.

Atualmente, das cinco áreas "incentivadas" pelas Diretrizes sobre Investimentos Estrangeiros Diretos situadas no topo do patamar dos incentivos, três se enquadram na definição de "novas tecnologias", e uma quarta pretende atingir os padrões do mercado internacional, claramente um imperativo impulsionado pela tecnologia. (A quinta área é a que incentiva investimentos nas regiões ocidentais da China.) Em contraposição, projetos envolvendo a simples importação de tecnologia estrangeira (ou seja, sem qualquer "real" transferência de tecnologia) figuram na lista "restrita"[1].Durante as negociações para seu ingresso na OMC, a China conseguiu evitar um compromisso explícito com o rompimento das ligações entre investimentos estrangeiros e transferência de tecnologia, muito embora o acordo pretenda exatamente tornar mais difícil o estabelecimento dessas ligações. Um relatório de 2003 sobre o compromisso da China em relação à OMC destaca que "... parte das leis e regulamentos revisados continua a 'incentivar' transferência de tecnologia, sem chegar formalmente a exigi-la", e que um novo projeto de política em relação à indústria automobilística determina objetivos específicos para a utilização de tecnologia nacional. (Apesar da liberalização dos mercados, objetivos nacionais ainda imperam, principalmente nas indústrias estratégicas, ou "básicas", como a automobilística, a petroquímica e a de maquinário.[2])

O incentivo à transferência de tecnologia se faz sentir especialmente em áreas de alta prioridade, como a dos *chips* eletrônicos. A China, que já é a principal cliente da Intel, pretende reduzir sua dependência de fornecedores estrangeiros neste componente de maior concentração de tecnologia do produto. Para tanto, criou um sistema de bonificação que levou os EUA a recorrer aos mecanismos da Organização Mundial de Comércio: embora o imposto sobre valor agregado para importação dos circuitos integrados seja de 17%, o incentivo faz cair para 11% esse imposto cobrado sobre *chips* de projeto estrangeiro e fabricação nacional, e para 3% a 6% (quase sempre 3%) sobre aqueles projetados e produzidos na China[3]. Em uma indústria global em que o custo do trabalho é quase insignificante, tais incentivos fazem a diferença e induzem empresas estrangeiras a transferir áreas cada vez maiores dos seus setores de projeto para a China. O país passou, nos últimos anos, a se mostrar mais exigente em face dos investidores estrangeiros quanto à transferência de tecnologia. Um executivo aposentado recentemente recordou como a General

Electric licenciou tecnologia importante para os concorrentes chineses a fim de ganhar a licitação de uma valiosa usina.⁴ Embora a GE tenha conseguido proteger as partes mais confidenciais do processo de produção e proclame sua certeza de que, quando os chineses estiverem capacitados a uma produção independente as novas tecnologias da própria GE lhe assegurarão a continuidade da liderança no setor, fica claro que pelo menos uma segunda camada de empresas estrangeiras menos poderosas corre o risco de se ver obrigada a liberar qualificações fundamentais, ficando assim, no longo prazo, em desvantagem competitiva.

Nesse ínterim, os incentivos à transferência de tecnologia têm dado os resultados previstos pelos chineses. A fatia de mercado das linhas de produtos de mão-de-obra intensiva dos empreendimentos com investimentos estrangeiros reduziu-se de 50,42% em 1995 para 41,44% em 1999. Nesse mesmo período, a fatia de mercado dos empreendimentos de capital intensivo aumentou de 22,73% para 25,35%, e a dos empreendimentos de tecnologia intensiva saltou de 26,86% para 33,21%.⁵ Atualmente, as empresas estrangeiras respondem por 75% das vendas chinesas de produtos de alta tecnologia no exterior, e, conforme algumas estimativas, mais de 85% de suas exportações de alta tecnologia. No total, a China ainda é um participante muito modesto do mundo das exportações de alta tecnologia. Em 1998 (a estatística mais recente disponível), o país exportou cerca de US$ 30 bilhões em produtos de alta tecnologia, enquanto os EUA exportaram US$ 190 bilhões, o Japão, US$ 90 bilhões, e o Reino Unido, US$ 60 bilhões. Os chineses, contudo, estão progredindo aceleradamente (em 1990, suas exportações de alta tecnologia não alcançavam US$ 5 bilhões), e, levando-se em consideração sua limitada capacidade de inovação, precisam continuar na dependência dos líderes em tecnologia – especialmente os Estados Unidos – para conseguir transferência de conhecimentos.

Aprendendo com os bárbaros

Transferência de tecnologia por investidores estrangeiros (como, no fundo, qualquer transferência de tecnologia) é algo que depende não apenas da disposição de transferir, mas, principalmente, da capacidade dos nacionais de absorver tecnologia avançada. É com muita freqüência que se argumenta não estar a China preparada para absorver tecnologia avançada – ocorre que não se trata de um argumento com fundamentação sólida. Recente estudo de Peter Buckley e seus associados mostra que, com exceção de investimentos de chineses expatriados, os investimentos estrangeiros na China geram inclusive excessos de tecnologia, que as empresas receptoras, mesmo não sendo empresas estatais, mostram-se capacitadas a utilizar. ⁶ Se aceitarmos que a participação do setor estatal na economia continuará a diminuir (ela atualmente responde por menos de 30% do produto interno bruto (PIB), quando em 1990 respondia por mais da metade), e a maior parte dos indicadores econômicos aponta para esse rumo, teremos que a China se mostrará crescentemente habilitada a absorver e aplicar a tecnologia que recebe das multinacionais estrangeiras.

Participantes nacionais surgem nas áreas mais avançadas. Os supridores chineses, que não eram sequer citados no mercado local de *switches* centrais telefônicas em 1987, em 1992 já tinham 10% do mercado, e 43% no ano 2000. O restante do mercado era ocupado por empresas *joint ventures*, enquanto que as importações diretas baixaram de 89% do mercado em 1987 para 54% em 1992 e zero no ano 2000.[7] Na fabricação de *chips* eletrônicos, a China é inundada com novos negócios, em sua maioria financiados e com suporte técnico de entidades de Taiwan, e que evoluem rapidamente para operações completas, que vão do projeto às vendas.

Inovação nacional: ainda um sonho

A prioridade aos investimentos estrangeiros em projetos de tecnologia intensiva é igualmente um resultado direto da incapacidade da China de estabelecer, até agora, uma rede nacional de inovação tecnológica. Embora o número de solicitações e concessões de patentes na China tenha quase duplicado entre 1994 e 1999, a verdade é que o índice de estrangeiros entre os requerentes chegou a quase 20%, uma participação bem superior àquela registrada na maioria dos países industrializados.[8] Patentes inovadoras são concedidas em número muito maior a estrangeiros do que a chineses. A situação não melhora muito no que diz respeito aos registros de patentes no exterior. De acordo com dados da Organização para a Cooperação e o Desenvolvimento Econômicos (OCDE), cidadãos chineses apresentaram insignificantes 200 pedidos de patentes, em 1995, e 299, em 1997. Mesmo que estes números sejam puxados para baixo devido às restrições ao financiamento de projetos, continuam sendo inaceitavelmente insignificantes.

Isto deixa os investimentos estrangeiros e a repatriação de cientistas chineses na condição de principais condutos para a inovação tecnológica até a China chegar à condição de instituir uma rede nacional de inovação. Indícios do desenvolvimento dessa capacidade interna são vários: por exemplo, os novos centros de P&D estabelecidos por firmas estrangeiras já deram origem a inúmeras patentes de responsabilidade de cientistas chineses. A verdade, porém, é que a China tem um longo caminho pela frente até se transformar numa grande central de inovações. Como mostra a Figura 4.2, apenas um número

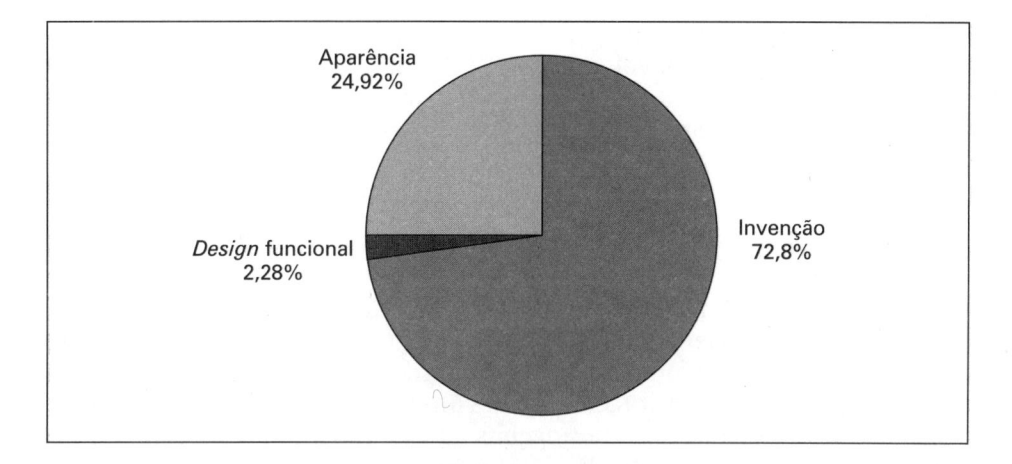

Tipos de patentes concedidas a estrangeiros (2001)

- Aparência 24,92%
- Design funcional 2,28%
- Invenção 72,8%

Tipos de patentes concedidas a chineses (2001)

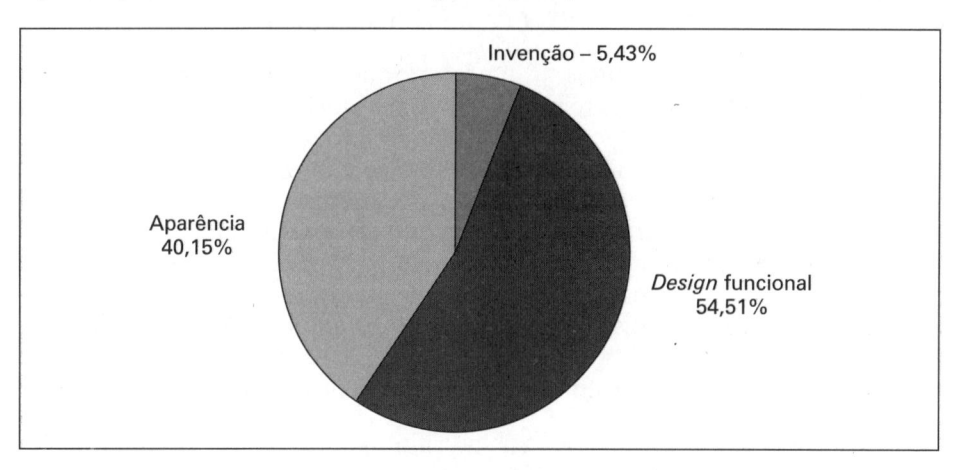

- Invenção – 5,43%
- Aparência 40,15%
- Design funcional 54,51%

FIGURA 4.2 Tipos de patentes concedidas a chineses (2001).
Fonte: Departamento Nacional de Estatísticas e Ministério da Ciência e Tecnologia – 2002/2003.

ínfimo das patentes concedidas a chineses é no terreno de invenções, que compõem o maior volume das patentes concedidas a estrangeiros.

Desenvolvendo capacidades de pesquisa

Embora os gastos da China em P&D tenham mais do que triplicado entre 1991 e 1999, este crescimento ocorreu principalmente em função da expansão da economia. Enquanto percentual do PIB, os gastos com ciência e tecnologia (C&T) e pesquisa e desenvolvimento (P&D) variaram de 1,8% e 0,7% em 1991 para 1,57% e 0,83%, respectivamente, em 1999. A pesquisa básica continuou relativamente rara, perfazendo apenas 5% dos gastos em P&D no período 1995/1998, contra 25% em pesquisa aplicada e 70% em desenvolvimento experimental.

Para assegurar que a China obtenha a mais importante capacidade tecnológica – a de conduzir suas próprias pesquisas –, o estabelecimento de centros de P&D no país transformou-se na prioridade das autoridades nacionais. O fator central da vitória da General Motors sobre a Ford na concorrência pela importante fábrica de Xangai foi a disposição da primeira de estabelecer um grande centro de P&D e a transferir tecnologia de última geração para aquele centro. Hoje, a relação de empresas estrangeiras com centros de P&D instalados na China incluem potências como Oracle, Siemens, Lucent, Nokia, Nortel, Agilent, IBM e Hewlett Packard. Juntamente com a instalação dessas empresas, mais de duzentos desses centros de P&D foram já inaugurados.

Alguns observadores ocidentais argumentam que a importância dos centros tem sido exagerada, que eles não proporcionam inovações reais, limitando-se especialmente à implementação e adaptação de produtos às condições locais. Isto pode ser verdade no momento, enquanto os chineses ainda lutam com a idéia da contraposição da pesquisa básica, de um lado, às ligações empresariais, na outra ponta. Mas é uma situação que certamente não vai se prolongar. Mesmo a pesquisa de adaptação desenvolve capacidades que podem ser mais tarde aproveitadas em tarefas de desenvolvimento central. Além disso, as empresas multinacionais têm consolidado e adequado seus imensos centros de P&D e aumentado a terceirização de sua P&D, o que sugere maior crescimento em escopo e profundidade para as centrais chinesas.

Filiais de empresas norte-americanas na China já figuram entre as de maior utilização de P&D no exterior. Dados da National Science Foundation (NSF) indicam que, no ano 2000, a China ocupava o 11º lugar entre os maiores receptores de investimentos de empresas norte-americanas no exterior em P&D, um grande progresso em comparação com o 30º lugar que ocupava nessa classificação em 1994. Um indicador da intensidade da pesquisa e desenvolvimento é o fato de a relação entre P&D e produto interno entre as empresas americanas na China (de capital total ou parcialmente estrangeiro) ter aumentado de 1% em 1994 para 9,2% no ano 2000. As filiais de empresas norte-americanas na China investem mais em P&D em comparação com as filiais americanas em outros países. Para o conjunto de todas as filiais de empresas americanas no exterior, essa relação é de 3,3 %, pouco mais de um terço do investido na China. Acima de 2%, a média publicada pela Organização para a Cooperação e o Desenvolvimento Econômicos (OCDE) é ainda menor. Em termos de dólares, os gastos com P&D pelas filiais de empresas norte-americanas na China aumentaram de sete milhões em 1994 para mais de 500 milhões no ano 2000.[9]

A fim de garantir a transferência de tecnologia mesmo onde as indústrias estrangeiras sejam inexistentes, ou indesejadas, parcerias de pesquisas ganham incentivos. No final do século passado, empresas chinesas já haviam estabelecido 90 dessas parcerias, mais de três vezes o número de tais empreendimentos das empresas indianas e mais do que a soma das de Taiwan, Hong Kong e Cingapura. As empresas com maior número dessas parcerias internacionais eram a Sinopec, com sete; a CATIC (China Aerotech) com quatro, e a China Aerospace com três.[10] Como se não bastasse, muitas alianças empresariais tinham um significativo componente de P&D. A partir de dados da Thomson Financial, a National Science Foundation (NSA) identificou 105 parcerias desse tipo entre empresas dos EUA e da China no período de 1990 até 2001.[11] Outro conduto emergente para a obtenção de tecnologia é a compra de P&D no exterior, diretamente ou por intermédio das subsidiárias de empresas chinesas fora do país. Já são inúmeras as evidências de que isto está realmente ocorrendo, ainda que, até o momento, em escala reduzida.

A QUALIFICAÇÃO DOS RECURSOS HUMANOS

Poucos anos depois do início do programa de reformas, um alto funcionário chinês disse-me que o problema maior do país não era o *hardware,* nem o *software,* mas o *humanware.* O que ele quis dizer foi que, sem o aperfeiçoamento da base de recursos humanos, seria inútil – ou de escasso valor – para a China investir pesadamente em novos equipamentos ou na modernização de processos e rotinas. O país tinha claramente um longo caminho a percorrer. No ano 2000, a China contava com 459 cientistas e engenheiros para cada milhão de habitantes, o equivalente a cerca de 10% da proporção norte-americana. Os cientistas chineses publicavam cerca de 9 mil ensaios sobre ciência e tecnologia por ano, em comparação com os 166 mil elaborados pelos acadêmicos norte-americanos. Isso claramente não ocorria por falta de atenção ou interesse: os estudantes de engenharia e ciências chineses constituíam 43% dos alunos do ensino superior, em comparação com 19% nos Estados Unidos.[12] O problema residia menos nos números e mais no conteúdo e nível do seu aprendizado, bem como em sua capacidade de aplicar esse conhecimento num contexto empresarial.

A fim de aperfeiçoar seu *humanware,* a China tem duas estratégias básicas. A primeira é uma reforma de base do seu sistema de ensino. A segunda envolve um grande projeto capaz de promover a repatriação dos milhares de cientistas e engenheiros que deixaram o país à procura de aperfeiçoamento em nações industrializadas. A repatriação é considerada uma maneira de atrair habilidades de ponta e, ao mesmo tempo, reformar a mentalidade organizacional dominante nas instituições e empresas de pesquisa chinesas, abastecendo assim o país com uma combinação potencialmente poderosa de conhecimento endógeno e exógeno.

A reforma do sistema de ensino

A liderança chinesa começou suas reformas a partir de um ponto desanimador, em que o sistema de ensino, que muito já deixara a desejar durante os melhores tempos, estava literalmente em ruínas como conseqüência da Revolução Cultural maoísta. Com alguns dos melhores e mais brilhantes professores e cientistas tendo sido literalmente mandados capinar nos pontos mais remotos do país, a comunidade tecnológica havia sido afastada do mundo exterior e, por isso mesmo, perdera o contato com os inúmeros avanços tecnológicos da época. Essa comunidade perdeu também suas instalações, equipamentos e motivação para conduzir pesquisa científica. As reformas empreendidas conseguiram gradualmente restaurar a infra-estrutura educacional, sua importância cimentada (como costuma ocorrer com tanta freqüência no país) pelo estabelecimento de uma comissão de alto nível: um grupo de trabalho sobre ciência e educação, presidida pelo primeiro-ministro chinês.

Tradicionalmente, a educação na China tem sido o domínio de uns poucos escolhidos. O sistema imperial de exames fazia a triagem de um número relativamente pequeno de candidatos, e nem todos entre esses acabavam sendo aprovados e considerados aptos para o exercício das importantes funções burocráticas. Já o sistema comunista, embora proclamasse a educação igualitária, permitia somente a uma pequena fração dos mais brilhantes e mais bem relacionados o acesso aos institutos de educação superior. Foi só apenas relativamente tarde no processo das reformas que as autoridades se deram conta de que o progresso tecnológico sustentável impunha a ampliação da base da educação superior. No ano 2000, as matrículas totais no ensino superior atingiram a 11% das pessoas capacitadas – duas vezes mais do que em 1990. Mesmo assim, isso representava ínfimos 2,4% do total das matrículas no ensino. Em comparação, a matrícula média no ensino superior nos países da OCDE chega a 14%, apesar do fato de que essas nações aloquem à educação superior uma parte semelhante à da China (22%) em relação aos gastos totais com o sistema de ensino.[13]

O que não mudou na China com o passar dos tempos é a alta conta em que coloca o ensino, e a disposição das famílias a investir enormes recursos no sucesso de seus herdeiros em matéria de educação. Nos tempos imperiais, uma série de procedimentos (como o dos coletivamente desenvolvidos "campos de lanternas de leitura de livros") canalizava recursos para dar apoio aos estudos dos membros mais promissores de cada um dos clãs. Nos tempos do comunismo, cabia às famílias dar sustento aos seus "pequenos imperadores" (o termo utilizado no país para referir as mimadas crianças nascidas de acordo com a política de "cada casal, apenas um filho"). Isto explica porque, apesar de gastos nacionais relativamente modestos em educação (menos de 3% do PIB, bem inferior àquele registrado em muitos países em desenvolvimento), ocorreu uma impressionante expansão das atividades educacionais, muitas delas financiadas, no todo ou em parte, pelos pais.

Outra importante reforma foi a que lidou com o conteúdo curricular e a questão pedagógica. Ironicamente, embora tanto Confúcio quanto Mao pregassem o uso de generalistas, o sistema de planejamento centralizado e a inexistência de qualquer transparência (praticamente qualquer coisa que o governo fizesse era considerada "secreta" em algum nível) criaram "especialistas" limitados que não conseguiam sequer entender como seus cargos se encaixavam em sistemas e processos mais amplos. Um dos problemas centrais da China durante os primeiros anos da reforma foi justamente a falta de percepção da necessidade da integração de funções e departamentos; assim, uma das principais iniciativas na área da educação foi a de concentrar campos de estudo em torno de uma indústria, especialmente daquelas mais avançadas, como a das telecomunicações.

Outra importante mudança no sistema educacional foi o incentivo à internacionalização. Esta envolveu a importação de conteúdos (como a tradução de livros-texto estrangeiros) – principalmente nas áreas de ciências, tecnologia, direito e administração – e o estabelecimento de programas de intercâmbio para estudantes e professores. (A China recebeu cerca de 45 mil estudantes de 164 países no ano 2000.) Um elemento fundamental desse projeto de internacionalização, cuja finalidade maior era preparar os estudantes chineses para a economia globalizada, foi o incentivo a estudar no exterior, especialmente nas áreas de ciências e engenharia. No ano 2000, havia estudantes chineses em universidades de mais de 100 países.[14] Nos EUA, os chineses se tornaram rapidamente o maior grupo de estudantes estrangeiros.

Por fim, as melhores universidades e instituições de pesquisa (o governo escolheu um grupo das "100 melhores", habilitadas a receberem financiamentos especiais e iniciativas de pesquisa) foram beneficiadas pela ajuda de muitas empresas multinacionais, desejosas de demonstrar sua boa vontade na preparação de quadros qualificados que elas mesmas poderiam posteriormente utilizar. A importância desta cooperação para um país que iniciou sua reforma universitária da mesma maneira que desencadeou seu renascimento industrial – pela importação no atacado dos livros-texto utilizados nas principais instituições norte-americanas – não tem como ser superestimada. As multinacionais ajudam não apenas mediante a manutenção de currículos atualizados e financiando novos equipamentos, mas, principalmente, proporcionando uma ligação entre pesquisa e aplicação – um ponto fraco do sistema chinês e questão apontada como carente de melhorias inclusive nos Estados Unidos.

O retorno das "tartarugas"

A estratégia de enviar estudantes para o exterior chegou a ser inicialmente questionada pelos elementos mais conservadores da liderança chinesa. Ninguém poderia, sustentavam, garantir que esses estudantes algum dia retornariam ao país (e, na verdade, a maioria não voltou), e sobre os que voltavam pendia a suspeita de importar idéias indesejáveis, como a da democracia. Eventualmente, um índice menor dessa paranóia, em combinação com o convencimento geral de quão difícil seria desencadear a inovação a partir de dentro, acabou convencendo a liderança de que estudar no exterior era uma oportunidade que ninguém poderia jogar fora. As "tartarugas" (como são chamados esses estudantes, em comparação com essa espécie que sempre retorna ao lugar de nascimento) poderiam desempenhar um papel fundamental na transformação tecnológica da China. Uma recente recepção para estudantes retornados, comandada pelo presidente da China no Grande Salão do Povo, em Pequim, constituiu uma eloqüente demonstração de até que ponto a atitude anteriormente dominante foi modificada.

As apostas são imensas. Só nos EUA havia comprovadamente cerca de 65 mil estudantes chineses no ano acadêmico 2002-2003, além de outros 36 mil de Taiwan e Hong Kong. No total, conforme um pesquisador de Cingapura, Cong Cao, que segue de perto esta questão, em 2002 mais de 160 mil chineses foram estudar no exterior,[15] grande parte deles para se especializar em áreas relacionadas com tecnologia. Conforme a National Science Foundation, mais de 21 mil chineses obtiveram seu doutorado em ciências e engenharia nos EUA entre 1986 e 1998, o que representou 7,5% de todos os doutorados concedidos nessas áreas durante o período.[16] O contingente chinês é especialmente visível no nível do doutorado, que compreende aptidões fundamentais em pesquisa e desenvolvimento. Em 2002, conforme a NSC, 2.395 estudantes da China completaram o doutorado em ciência e engenharia, da mesma forma que 469 estudantes de Taiwan e 42 de Hong Kong. A Índia, em comparação, teve, no mesmo período, 678 estudantes completando seu doutorado nos EUA, o que não chegou a 25% do total daqueles da Grande China.[17]

É verdade que 85% dos estudantes chineses nos EUA no período 1986/1998 planejavam permanecer nesse país, e que 48% dos doutorados de 1998 receberam e aceitaram propostas de emprego de empresas norte-americanas; ainda assim, esse índice foi inferior ao de 88% registrado em 1995. De acordo com o pesquisador Cong Cao, as estimativas chinesas dos índices verdadeiros de retorno foram consideravelmente superiores, variando de 25 a 30%. Faz sentido entender que à medida que a China continuar se modernizando, isto servirá de estímulo ao retorno de muitos dos estudantes formados no exterior. Afinal, isso também ocorreu antes na Coréia do Sul, onde apenas 11% dos detentores de doutorados em ciência e tecnologia estavam trabalhando nos EUA em 1995.[18] Considerando-se o alto número de estudantes chineses, mesmo um modesto incremento no número de repatriados significará o retorno de centenas de cientistas e engenheiros chineses com doutorados que poderão transmitir sua capacitação a outros. Não é algo irreal imaginar esse crescimento do número de retornados, dada a percepção das inúmeras novas oportunidades que se abrem no país em função de programas patrocinados pelo governo exatamente com esta finalidade, entre os quais o Fundo Nacional de Ciências para Jovens Intelectuais de Renome, o Programa dos Cem Talentos, e o Programa Cheung Kong para Acadêmicos.[19] Existem vários programas que buscam incentivar não apenas os recém-formados no exterior, mas igualmente os cientistas já em atuação no país. (O Programa Cheung Kong é uma cópia quase que fiel do que se pratica em Cingapura, onde se permite que os pesquisadores realizem missões paralelas em instituições nacionais e no exterior.) Aumentam também as evidências sobre o retorno de engenheiros e cientistas mais experientes, trazendo com eles não somente o *know-how* tecnológico mas igualmente o entendimento gerencial e político essencial para quem pretender ter sucesso nos mercados globalizados. Mesmo aqueles que ficam no exterior podem contribuir positivamente com as respectivas nações de origem. Em um estudo citado pela National Science Foundation, H. Choi destaca que professores e pesquisadores nascidos na Ásia e que trabalham nos Estados Unidos – principalmente em ciência e engenharia – costumam prestar consultoria e outras atividades de difusão do conhecimento em seus países de origem.[20]

Os resultados da determinação chinesa de aperfeiçoar seu sistema de ensino e, ao mesmo tempo, incentivar o retorno dos melhores e mais renomados acadêmicos chineses do exterior, já são visíveis. Dados compilados por Jon Sigurdson e Olle Persson mostram que o índice de ensaios científicos chineses publicados no mundo aumentou de 0,63% em 1986 para 1,83% em 1997 e 3,54% em 2001. O número de artigos de acadêmicos chineses nos renomados periódicos científicos *Science* e *Nature* aumentou de 11 em 1986 para 93 em 2001. Em ciência material, a China estava em quarto lugar no *ranking* global em 2001, com um índice de citações de 1,6% (*versus* 5,5% dos EUA); em engenharia, a China ocupava o nono lugar, com um respeitável índice de citações de 1,5% (*versus* 3,6% dos EUA). Progressos têm sido expressivos especialmente em áreas de ponta como a nanotecnologia, na qual a China cresceu de

5,5% em 1995 para 11,2% em 2001, estando em sétimo lugar no mundo; mesmo assim, seu índice de citações era baixo.[21]

A DISSEMINAÇÃO DA TECNOLOGIA PARA AS EMPRESAS

Um problema fundamental do legado chinês em P&D é a escassez de infra-estrutura para a difusão de tecnologia, tanto comprada quanto desenvolvida no país, para os ambientes em que se faz indispensável – principalmente no campo empresarial. Tendo aprendido a importância dessa disseminação, o governo estabeleceu, já no final da década de 1980, "zonas de alta tecnologia", e desenvolveu esquemas como o "Plano do Archote", voltado para a introdução da pesquisa tecnológica nas áreas de produção. [22] Embora esses planos tenham atingido um visível índice de sucesso, não bastaram para resolver todos os problemas subjacentes. As empresas passaram a realizar mais P&D, mas não com a necessária eficiência. Embora as empresas tenham apresentado 54% das solicitações de patentes para invenções nacionais no período de 1996 a 1999 (invenções essas cada vez mais surgidas a partir do investimento de fundos próprios), elas contabilizam apenas 23% das patentes de produtos nacionais concedidas em igual período. Essa desproporção indica que as empresas chinesas estão longe de dominar o processo de inovação e continuarão dependentes de tecnologias originadas tanto de fontes externas quanto de outras nacionais no futuro previsível.

Dito isto, cabe destacar que as empresas chinesas buscam aperfeiçoar suas aptidões em P&D. Nas empresas de médio e grande porte, a proporção de recursos humanos que trabalha na atividade de P&D em relação ao total de empregados cresceu de 2,6% em 1987 para 3,9% em 1998, e a parcela de cientistas e engenheiros dentre os recursos humanos de P&D aumentou de 28,2% em 1987 para 54,4% em 1998.[23] "Empreendimentos de Ciência e Tecnologia", quase sempre subsidiárias ou filiais de instituições do ramo e de universidades, lideram o processo. Esses empreendimentos, que já chegavam a 70 mil em 1999,[24] têm seus números constantemente aumentados por uma nova geração de subsidiárias das universidades que tiram proveito da governança caótica imperante na China (as universidades muitas vezes criam empreendimentos que pouco ou nada têm a ver com sua finalidade principal) e por outros empreendimentos iniciantes. Empreendimentos rurais entram igualmente no processo, pois não querem ficar para trás. Em um estudo sobre empreendimentos rurais na província de Jiangsu, Sun e Wang constataram que, em média, cerca de 75% dos produtos inovadores eram resultados de programas internos, embora muitos desses programas estivessem sob a condução de pessoal treinado nas universidades nacionais. Esses empreendimentos tiraram proveito da interrupção do sistema governamental de indicações, que destinava pessoal recém-formado nas universidades para grandes empreendimentos.[25] As recentes centrais de tecnologia também possibilitaram à China a obtenção de alguns dos benefícios dessa centralização que no passado não havia concretizado.

FEOs, FPOs e PMOs

O aumento visível das capacidades das empresas chinesas em matéria de P&D e C&T está profundamente relacionado ao seu objetivo de deixar para trás sua tradicional função como "fábricas para o mundo" e se transformar, em lugar disto, em empresas completas, com condições de desenvolver um produto e eventualmente vendê-lo em todos os mercados sob marca própria. Os produtores chineses normalmente começam como fornecedores de componentes para compradores estrangeiros e como fabricantes de equipamentos originais (FEOs), como o conjunto de produtores que recentemente aceitou produzir televisores de tela plana para a Motorola. Essas empresas produzem de acordo com as especificações de compradores estrangeiros que distribuem e vendem o produto final em seu mercado nacional e mercados estrangeiros, ou os utilizam como componentes de outros de seus produtos finais. O acordo proporciona às empresas chinesas significativas oportunidades de crescimento, apesar de suas limitadas capacidades tecnológicas; não menos importante que isto, esta situação permite às firmas chinesas um aumento gradual de suas aptidões mediante o estudo das exigências dos clientes e pelo suporte tecnológico direto que recebem do comprador em termos de maquinaria, assistência técnica e correlatos. Uma empresa chinesa (ou *joint venture*) que forneça componentes para uma montadora de automóveis norte-americana (como vem se tornando cada vez mais comum) recebe especificações detalhadas necessárias para a produção dos componentes mas que também lhe ensinam alguma coisa a respeito dos novos planos de desenvolvimento de produtos e padrões do comprador. Muitas vezes, esse relacionamento cresce e se desenvolve, como no caso da fusão da francesa Thomson, produtora de televisores, com a chinesa TCL, numa transação que inevitavelmente desencadearia considerável transferência de tecnologia.

À medida que avançam em conhecimento e experiência, as empresas chinesas desenvolvem as condições de projeto indispensáveis para sua transformação em fabricantes de projetos originais (FPOs). Elas podem receber um esboço tosco de um produto e desenvolver o projeto em fábricas no continente ou em Hong Kong e Taiwan. Isto ocorre, no começo, especialmente com produtos simples como brinquedos de plástico, mas já está se expandindo para produtos que requerem maior grau de tecnologia com a ajuda de compradores estrangeiros que consideram os projetos chineses baratos e de boa qualidade. As empresas chinesas muitas vezes dizem que são forçadas a desenvolver capacidades de projeto devido às infindas pressões por preços reduzidos exercidas pelos compradores estrangeiros e também por concorrentes nacionais, pois isso lhes dá condições de abocanhar as altas margens disponíveis nos setores de projeto e desenvolvimento. Quando as FEOs desenvolvem capacitação em projetos, chegam à situação de prescindir do intermediário e poder negociar diretamente com o comprador final. A transição do *status* de FEO para FPO exige significativo desenvolvimento tecnológico: aumento do número de engenheiros a seu serviço, bem como do nível desses especialistas, domínio das tecnologias mais recentes, pensamento criativo e capacidade de solução de problemas, e um entendimento de como as várias funções da administração interagem internamente e com o mundo exterior. São qualidades que não se conseguem encontrar em abundância na China de hoje. E é precisamente aí que a reforma do ensino, o estudo no exterior e a transferência de aptidões de empresas estrangeiras para parceiras nacionais entram em cena. Isso explica por que todas essas áreas encontram-se no topo da pirâmide de prioridades da atual liderança chinesa.

FPOs chinesas de sucesso passam a se dedicar ao objetivo de avançar ainda mais até atingir o *status* de produtores de marcas originais (PMOs), embora sejam poucas as empresas que se estabeleçam como tal já no lançamento. Os PMOs não apenas projetam e fabricam, mas igualmente vendem seus produtos com marca própria. (Alguns, na verdade, terceirizam a produção para outras fábricas chinesas.) Até agora, poucas empresas chinesas (como a Haier e a Huawei Technologies) conseguiram o reconhecimento de suas marcas no exterior. Essas empresas enfrentam não apenas desafios em matéria de *marketing*, mas precisam também desenvolver sistemas independentes de pesquisas pelos quais seja possível diferenciar seus produtos. Tais empresas empenham-se profundamente na contratação de expatriados com doutorado, dispostos a retornar e/ou reconhecidamente experientes, normalmente com contratos de curto prazo.

A tecnologia de graça

À medida que a China continuar dependente de tecnologias estrangeiras, a maneira pela qual negociar e pagar por tecnologia assumirá importância cada vez maior para a sua futura competitividade, e também para a de líderes e proprietários de tecnologias, como os Estados Unidos. Enquanto continuar contando com sólido poder de barganha, a China estará na situação de condicionar os investimentos estrangeiros à transferência de tecnologia. O país também continuará a tolerar a expropriação de tecnologia e de outros direitos de propriedades por meio de pirataria, falsificação e outras fraudes. Essa expropriação tem sido um elemento crítico para a manutenção dos baixos custos do desenvolvimento e constitui uma das explicações da capacidade dos fabricantes chineses de venderem a preços que parecem absurdos mesmo quando se leva em conta que os seus custos têm componentes como mão-de-obra barata e subsídios e incentivos governamentais inencontráveis em qualquer outro país com as mesmas condições da China. O Capítulo 5, "O Rolex de Dois Dólares", aprofunda o debate sobre a questão da pirataria e das falsificações.

O Rolex de dois dólares   5

À entrada dos maiores hotéis da China, os turistas se divertem com o espetáculo de relógios Rolex vendidos por um punhado de dólares pelos camelôs locais. Não há nada de engraçado, contudo, com relação à escala e ao escopo da indústria chinesa de falsificações ou sobre suas ramificações para os fabricantes dos artigos genuínos, na maioria empresas multinacionais estrangeiras. Em 1998, o Centro de Pesquisa e Desenvolvimento da China calculou as vendas de produtos pirateados e falsificados em US$ 16 bilhões por ano; relatórios posteriores aumentaram essa conta para algo entre 19 e 24 bilhões de dólares.[1] Os números reais são provavelmente bem superiores. O governo chinês quer mostrar que o problema está sob controle, e há empresas legítimas que já temem que a divulgação de estatísticas tão elevadas possam levar os clientes a desistir dos produtos legítimos, por medo de estarem comprando falsificações.

AS PEGADAS DOS IANQUES

A China não é a primeira nação a violar abertamente os direitos de propriedade intelectual (DPI). Isto pode representar uma grande surpresa para a maioria dos norte-americanos, mas a verdade é que os Estados Unidos, que hoje lideram uma espécie de cruzada global contra as violações dos DPI, foram, no século XIX, um de seus principais infratores – e beneficiários. J.K. Rowling, autora dos *best sellers* de *Harry Potter*, cujo contrabando na China chega ao ponto de serem vendidos antes mesmo de a autora anunciar a conclusão de mais um dos volumes-episódios, pode se consolar na ilustre companhia da lembrança de Charles Dickens, que não conseguiu cobrar direitos autorais por suas obras das editoras norte-americanas da época. A diferença é que, quando as editoras norte-americanas estavam sonegando os direitos de autores britânicos, não havia muita coisa a ser protegida pelo registro da propriedade intelectual. Já a situação de hoje é imensamente diferente. De acordo com a Aliança Internacional de Propriedade Intelectual (International Intellectual Property Alliance – IIPA), a indústria norte-americana de direitos registrados foi responsável, em 2001, por 5,24% do PIB – ou US$ 535,1 bilhões. De 1997 a 2001, este setor cresceu cerca de 7% ao ano, mais do que o dobro do conjunto da economia, e hoje representa 4,7 milhões de empregos nos EUA. Suas exportações chegaram a US$ 88,97 bilhões, mais do que as das indústrias de aeronaves ou de automóveis.[2] Outras indústrias, da farmacêutica à eletrônica, dependem igualmente da proteção das patentes para garantir enormes custos de desenvolvimento dos produtos e da consolidação das marcas, o que também ocorre com os provedores de serviços. Os DPIs são o sustentáculo da liderança dos EUA, e, em menor proporção, do Japão, da União Européia (UE) e de outras economias desenvolvidas em setores de alta tecnologia e nas indústrias do futuro baseadas no conhecimento. A garantia das patentes é elemento fundamental nas economias de mercado livre, pois representam o maior incentivo a que instituições e empresas continuem inovando, desenvolvendo, investindo e produzindo. Torna-se, porém, cada vez mais fácil cometer violações contra esses direitos. Produtos "digitalizados" podem ser baixados da Internet e máquinas de produção de discos custam hoje uma fração do que valiam uma década atrás. Na economia globalizada atual, a violação dos direitos de propriedade intelectual representa não apenas prejuízos em mercados locais, mas igualmente pode significar a pirataria mundial de receitas e, principalmente, prejuízos às vezes irrecuperáveis para marcas tradicionais.

O precedente norte-americano poderia, para benefício geral, ser seguido pela China em todo o seu ciclo. Nos EUA, o eventual cumprimento e posterior defesa dos direitos de propriedade intelectual surgiram à medida que seu sistema judiciário amadureceu e suas leis se tornaram exeqüíveis; de qualquer forma, esse cumprimento e sua vigorosa defesa só se consolidaram depois que os EUA se tornaram um grande produtor de conhecimento patenteado, com muito mais a perder do que a ganhar com a pirataria. A China também poderá se tornar, no devido tempo, ardorosa defensora das patentes industriais, mas isto certamente não irá ocorrer antes de suas empresas assumirem a liderança em importantes setores tecnológicos. E isto, conforme mostrado no capítulo anterior, não deverá acontecer a curto prazo. Até lá, a China continua a, digamos, "pegar carona" na tecnologia e na reputação de muitos produtores estrangeiros, "carona" essa que é muitas vezes tolerada, e até mesmo incentivada e ocasionalmente comandada, pelas autoridades chinesas, especialmente em nível regional.[3]

Pirataria, falsificações e correlatos

Para começar, algum vocabulário a respeito: *Pirataria* ou *contrabando* é a produção, distribuição ou uso não licenciados de um bem, projeto ou tecnologia por meio de fontes não autorizadas, tais como a cópia de *software*, a imitação de um processo industrial patenteado ou a venda de uma moto produzida a partir de um projeto alheio sem a devida permissão e pagamento de direitos aos titulares desse projeto. A *falsificação*, ou venda de mercadoria falsa ou adulterada, vai um passo além por tentar fazer passar o produto de "fundo de quintal" por original, como no caso da venda de uma bolsa Gucci de imitação. Há produtos que não permitem determinado tipo de falsificação, mas estão sujeitos a outros. Por exemplo, não se consegue vender um Ford Focus falsificado, mas é possível copiar seu projeto e vender componentes falsificados como se legítimos fossem. Há também elementos de pirataria e falsificação que podem ser combinados. Existe um fabricante chinês que vende moto por ele produzida a partir do projeto da Honda e com a marca Nihon Honda, registrada no Japão. Uma engarrafadora chinesa vende água mineral com marca própria, mas em garrafas que em tudo lembram a francesa Perrier. Várias outras formas de falsificação, como a engenharia reversa, de detecção mais difícil, são amplamente praticadas na China e em muitos países.

Pirataria, falsificação e correlatos causam enormes prejuízos aos titulares dos DPIs que investem altas somas no desenvolvimento e *marketing* apenas para constatar que os clientes acabam deixando seus produtos de lado, substituindo-os por imitações baratas. Uma estimativa apresentada com destaque pelo *ABC News*, da rede norte-americana de televisão ABC, situou os prejuízos das empresas estrangeiras na China anualmente em mais de US$ 20 bilhões – tudo na área da pirataria, falsificação e correlatos. Duas de cada cinco empresas estrangeiras perdem mais de 20% das suas receitas na China, o que, para uma companhia do porte da Procter & Gamble, totaliza US$ 150 milhões por ano. Em algumas categorias de produtos, as falsificações já suplantaram os originais como líderes de mercado. Por exemplo, mais da metade das motocicletas vendidas na China são "clones" das japonesas Honda e Yamaha. O mesmo acontece com produtos como lâminas de barbear, telefones celulares, goma de mascar, xampus, DVDs e *software* Windows XP (preços de rua: dois dólares). Produtos dependentes de segurança, como partes de automóveis e produtos farmacêuticos, também rendem muito aos fraudadores: Thomas Boam, ex-ministro conselheiro da embaixada dos EUA em Pequim, estima que metade dos produtos farmacêuticos vendidos na China seja pirataria ou falsificação. Produtos de alta tecnologia, como os *chips* eletrônicos, são igualmente falsificados, modificados para a adaptação de insumos pirateados (por exemplo, um videogame), criando assim uma cadeia de valor baseada na pirataria.[4] Muitas imitações são de pobre qualidade, como a câmera descartável que eu comprei para meu filho num hotel cinco estrelas (que não tinha qualquer outra opção) e cujas fotos vieram em "branco total" do laboratório de revelação. Outras são surpreendentemente boas e chegam a merecer elogios dos titulares da marca, que em alguns casos chegaram a estabelecer *joint ventures* com os responsáveis pelas falsificações. Milhões de produtos chineses pirateados abrem caminho todos os anos em mercados internacionais, do Vietnã à Nigéria, e dos Estados Unidos à União Européia.

Num mundo em que o desenvolvimento de um novo modelo ou marca de automóvel pode custar mais de um bilhão de dólares, a pirataria e as falsificações removem barreiras à entrada de novos produtores nos mercados tradicionais, e permitem inclusive que os menos dotados de recursos tenham acesso a produtos mais baratos. A expropriação de investimentos alheios em matéria de desenvolvimento e aperfeiçoamento de tecnologias e processos pode significar grandes reduções de custos que, em determinadas instâncias, chegam a suplantar as economias derivadas da mão-de-obra mais barata. A escala, escopo e *timing* das violações pelos chineses dos DPIs constituem um considerável risco para as empresas estrangeiras, especialmente para aquelas cuja vantagem competitiva tem base no conhecimento e na inovação, e também para os seus governos que garantem, com vários tipos de seguros, grande parte dos orçamentos de pesquisa e desenvolvimento. Como se não bastasse tudo isso, as gordas margens de lucros da produção pirateada e falsificada atraem cada vez mais o interesse de grupos mafiosos internacionais, e já existem indícios preliminares de que até mesmo redes internacionais de terroristas estão vendo nessas atividades fraudulentas uma forma de financiamento para as suas operações.

OS CUSTOS E OS BENEFÍCIOS DAS CLONAGENS

Para as empresas detentoras dos direitos de propriedade intelectual, o custo das violações é tremendo. Em primeiro lugar, há a perda direta de receitas e de participação no mercado, algo que às vezes chega ao ponto de transformar os negócios na China em fonte de prejuízos. Essa perda é amplificada quando os bens pirateados e falsificados são exportados para outros mercados. Em indústrias como a de motores de veículos, em que as margens de lucros são muito estreitas, o aumento da participação de componentes falsificados é especialmente prejudicial, uma vez que as vendas de peças de reposição têm margem de lucro muito superior ao do produto inicial, margem essa que chega a sustentar a linha de produção. Sem condições de financiar os custos de desenvolvimento desta corrente de receitas, o participante legítimo arrisca-se a perder sua competitividade de longo prazo. Existe ainda um prejuízo potencialmente forte à reputação da marca, pois os clientes que compram uma peça de reposição clonada e com ela enfrentam problemas tendem a culpar o fabricante do equipamento original. Empresas cujos produtos já foram pirateados e falsificados enfrentam igualmente um aumento potencial dos custos das modalidades de garantia, à medida que um componente clonado pode causar uma queda do sistema, como no caso de um motor fundido. Por fim, aumentam os riscos potenciais de litígios por responsabilidade e seus respectivos custos, quando um componente de sistemas de segurança – por exemplo, uma lona de freio – falha, traz prejuízos para o comprador que trata de transferi-los ao fabricante legítimo, que arrisca enfrentar questões na justiça mesmo quando o acessório causador do problema for um "clone" do original.

Exatamente em função de sua liderança tecnológica, quem se arrisca a ter os maiores prejuízos no jogo da pirataria e da clonagem é exatamente o setor das empresas estrangeiras proprietárias da tecnologia ou da marca registrada. No caso de empresa que não precise estar na China para ter seu produto clonado, a presença física, especialmente quando combinada com significativa transferência de tecnologia para parceiros múltiplos, pode facilitar essa infração, pois é exatamente essa presença que proporciona a terceiros uma observação mais próxima e detalhada das complexidades do processo de produção. Um caso representativo é o da Yamaha, que calcula que cinco de cada seis motos vendidas sob sua marca na China são clones, sem falar dos inúmeros componentes "legítimos" que conseguem abrir caminho entre a concorrência local. A empresa suspeita que seus fornecedores chineses tenham vendido sua tecnologia a fabricantes locais, e estima que não menos de 88% deles estejam agora copiando sua moto.[5] A agência britânica de notícias Reuters relatou que a Nintendo, fabricante de videogames, situou seu prejuízo derivado da pirataria em US$ 650 milhões só no ano de 2002, a maior parte dele sofrido na China, onde 300 mil de seus *games* foram apreendidos em uma única operação contra produtos pirateados no sul do país. À medida que os proprietários têm seus direitos vulnerados, os acionistas, funcionários e fornecedores acabam todos partilhando os prejuízos. E os Estados Unidos, líderes em tecnologia e os maiores proprietários de direitos de marca, são os primeiros da fila (mas jamais os únicos) dos lesados por essas práticas. Os prejuízos diretos sofridos por proprietários norte-americanos de DPIs em indústrias protegidas por direitos autorais (como a cinematográfica) são calculados, apenas na China, em mais de US$ 1,8 bilhão por ano.[6]

A experiência norte-americana na transição de piratas dos DPIs no século XIX para seus ferrenhos defensores no século XX pode ser um indício de que a China venha eventualmente a abandonar a pirataria e a clonagem de hoje – quando isso passar a ser de seu interesse. Essa possibilidade existe, mas não a curto prazo. Em primeiro lugar, a China já se revelou um caso especial. Por exemplo, diz a doutrina econômica mais universal que a corrupção está sempre relacionada com baixos níveis de investimentos estrangeiros, mas a China, apesar de seu alto índice de corrupção, é atualmente a destinatária da maior parte dos investimentos estrangeiros, sendo os atrativos do seu imenso mercado e as facilidades de produção mais do que suficientes para relegar a segundo plano o impacto desfavorável da corrupção. Em segundo lugar, enquanto a China continuar muito atrasada em matéria de inovação tecnológica e de reconhecimento de marcas, é interessante para a maior parte de suas empresas tirar proveito do *know-how* tecnológico e da reputação dos fabricantes originais sem precisar pagar o custo de sua obtenção. Semelhante "empréstimo" representa uma grande vantagem, especialmente em áreas necessitadas de muito capital e de tecnologia intensiva, como a da fabricação de aviões, ou em que a reputação é a alma do negócio, como na indústria farmacêutica. A economia em matéria de custos de pesquisa, desenvolvimento, engenharia e publicidade pode ser transferida para o consumidor na forma de menor preço, ou utilizada para aumentar as margens de lucros, parte deles podendo então ser investida no *upgrade* tecnológico, que eventualmente poderá reduzir a necessidade da imitação

A redução dos incentivos à inovação e ao desenvolvimento é freqüentemente mencionada como potencial prejuízo da pirataria e da falsificação, que eventualmente reverte em prejuízo para a indústria local. Sem a garantia dos DPIs, as perspectivas da emergência de uma indústria nacional de alta tecnologia serão sempre escassas. Isso é, sem dúvida, um argumento razoável, porém baseado na experiência de outros países, e não nas circunstâncias especiais da extensão e da política chinesas, em que os setores judicial, administrativo e legislativo continuam ainda hermeticamente interligados. Minha previsão é de que pelo menos na primeira etapa do progresso tecnológico chinês, os detentores nacionais de DPIs passarão a contar com a proteção e a garantia do governo, enquanto que os proprietários estrangeiros continuarão tendo de lutar por essas mesmas condições.

UMA INDÚSTRIA EM FORMAÇÃO

As empresas chinesas não são as únicas do mundo capazes de se envolver em trapaças que vão desde a cópia de um projeto de produto até a espionagem industrial. A escala, o escopo e a ousadia é que colocam a China em lugar especial nesta lista nada abonadora e criam um impacto de tamanhas proporções. Embora não existam *rankings* sobre o assunto, são vários os indicadores que colocam a China na condição de líder incontestável em matéria de utilização, produção, distribuição e exportação de produtos clonados e/ou falsificados. Durante uma palestra para a National Association of Manufacturers dos Estados Unidos, Thomas Boam, ministro conselheiro para assuntos comerciais na embaixada dos EUA em Pequim, calculou que de 10% a 30% do PIB da China procedem de clonagens e/ou falsificações. Há também estimativas segundo as quais produtos piratas e falsificados constituem cerca de 15% e 20% do mercado nacional de varejo, havendo inclusive mercados regionais em que se aproximam de 90% do total das vendas. Na maioria das categorias de produtos "digitalizados", os índices chineses de violação dos DPIs normalmente ultrapassam a marca dos 90%, chegando a 94% entre os *softwares* e 97% para os consoles de videogames. A taxa para audiocassetes é de 100%.[7] Empresas norte-americanas de brinquedos adquirem a maior parte dos seus componentes na China, mas a maioria delas não consegue vender uma unidade que seja de seus produtos acabados ali, e não por inexistência de demanda: versões pirateadas de seus artigos, muitas vezes produzidas num fundo de quintal ao lado da fábrica principal, atingem números espantosos em vendas.

Tudo isso acontece em plena luz do dia, com pontos de venda de produtos falsificados espalhando-se por inúmeras cidades industriais empoeiradas de todo o país, bem como nas maiores regiões metropolitanas, onde os produtos são expostos com toda a pompa e circunstância, vendidos na rua ou em lojas já bem situadas. Os supridores são tanto operações clandestinas quanto fábricas "legítimas". Algumas usam a parte legítima do seu negócio como fachada para a venda de similares dos autênticos. Outras simplesmente se abastecem em jornadas clandestinas de produção; e existem ainda aquelas que incorporam componentes pirateados e falsificados inadvertidamente. As ocasionais fiscalizações desencadeadas pelas autoridades não chegam a causar qualquer dano significativo a este fenômeno cada vez mais comum e crescente. Em depoimento prestado à Comissão de Comércio EUA-China, David Quam, consultor jurídico da International Anti Counterfeiting Coalition (IACC, ou Aliança Internacional de Combate às Fraudes), deu o exemplo de uma fábrica ilegal do setor automotivo que sofreu três reides das autoridades chinesas de falsificação em um período de dois anos e meio, mas, apesar disso, continuava funcionando, com o mesmo número de empregados e as mesmas máquinas do início de suas operações. A atividade é sustentada por outras práticas corruptoras, como subornos e contrabando, além de ter forte apoio de poderosos grupos locais e de grupos mafiosos internacionais.

Fatores herdados e institucionais

As operações clandestinas da China têm a participação e apoio não apenas de empreendedores atrevidos, mas igualmente de uma combinação especial de circunstâncias. Um sistema legal carente de funcionalidades, independência e poder de coação; a inexistência de uma mídia transparente e independente; a impunidade dos altos funcionários do governo; a falta de transparência nas operações do governo; o poder desse governo e os baixos salários pagos aos funcionários públicos, são, todos, fatores que colaboram para o incentivo à corrupção, na China e em qualquer parte do mundo em que se manifestem. Acrescente-se a esse panorama os níveis de capacidade técnica e escala de produção e *know-how* e já se tem um incomparável paraíso de pirataria e falsificações. Outros potenciais concorrentes da China na indústria das falsificações apresentam alguns dos elementos acima citados (a Índia, por exemplo, tem corrupção oficial endêmica, mas, ao mesmo tempo, apresenta mídia independente e um sistema legal profissional; o Vietnã alardeia seu respeito pelos DPIs, mas sua capacidade e escala de produção são tão modestas que acaba não influindo em nada), mas apenas a China conta com a presença de todos eles. E é nesse ponto que a combinação, sem paralelo no resto do mundo, de totalitarismo e economia de mercado entra em campo.

A propensão chinesa para a produção de bens falsificados é às vezes justificada e fundamentada em sua cultura e tradições, tais como a visão positiva da emulação, perante o confucionismo, como caminho efetivo para a disseminação de normas de comportamento. Não é, porém, um argumento muito convincente, uma vez que o que Confúcio tinha realmente em mente era a modelagem do procedimento virtuoso; contudo, existem outros elementos herdados que fazem a diferença, como a falta de independência do poder judiciário e, em especial, a autonomia das autoridades locais em relação ao poder central, muito bem manifestada no antigo ditado segundo o qual "daqui mal dá para ver o céu, quanto mais o imperador". Foi uma tradição que resistiu até mesmo ao regime comunista, que, de qualquer forma, como outros da mesma ideologia, não tinha o menor respeito pelos DPIs. Hoje, os governos locais dependem das receitas de empreendimentos que fazem uso de projetos "clonados", como mais de 100 montadoras de automóveis, a maioria das quais não sobreviveria se tivesse de pagar os custos de desenvolvimento dos seus produtos. Outras jurisdições locais são dependentes da rentabilidade de entrepostos comerciais de produtos falsificados e, evidentemente, não se dispõem a jogar fora essa fonte, especialmente quando consideram que o governo central também faz o mesmo que eles em situações similares. Com o desemprego atingindo já proporções de problema econômico, social e político ameaçador, o governo central também não tem o menor incentivo para investir contra uma indústria que emprega milhões de pessoas; a agitação que poderia resultar de qualquer insegurança maior é o pesadelo de um governo que se mantém, acima de tudo, pela condição de guardião da ordem e da estabilidade. Assim, enquanto muitos países em desenvolvimento têm procurado limpar seus históricos em matéria de respeito pelas normas internacionais, a China continua enormemente retardada nesse aspecto, com suas eventuais investidas de legalização não chegando a uma proporção ínfima dos avanços conseguidos pelos infratores.

A falsificação e pirataria são também beneficiadas por outras práticas corruptas – com o destaque para o pagamento de subornos – que, em conjunto, formam uma teia inexpugnável. Empresas prejudicadas como resultado da pirataria muitas vezes se vêem obrigadas a pagar, quando não a subornar, os funcionários que supostamente deveriam fiscalizar essa pirataria e fazer valer as leis que a combatem. O Índex dos Subornadores da organização Transparência Internacional situa a China em segundo lugar neste *ranking* que inclui 21 nações. Taiwan fica em terceiro lugar, e Hong Kong em sexto; nenhum dos três é signatário da convenção contra subornos da OCDE. A Lei contra Práticas Corruptas no Exterior, dos EUA, que criminaliza o pagamento de subornos a funcionários estrangeiros como arma para garantir qualquer tipo de negócio, colocou os EUA em desvantagem em relação a concorrentes internacionais, alguns dos quais admitem até mesmo a contabilização dos gastos com subornos como despesas comerciais; esta pode ser uma explicação para o fato de os EUA terem exportado menos do que outras nações para a China. O acordo de 1999 da OCDE sobre o Combate ao Suborno de Funcionários Estrangeiros em Transações Internacionais (ou o CBFOIB, conforme a impronunciável sigla a partir do inglês) foi desde então ratificado pelas nações signatárias, mas o cumprimento de suas determinações constitui outra história, bem diferente.

Outra prática corrupta que contribui para o aumento da produção e fluxo de bens adulterados é a do contrabando. Apesar de tudo o que se diz a respeito da China como uma nação rigidamente controlada, a verdade é que as fronteiras chinesas são extremamente porosas quando alguém lucra com isso, como bem demonstrou, em determinado período da história, o predomínio dos automóveis com a direção no lado direito (contrabandeados de Hong Kong, onde eram fabricados conforme a mão inglesa de trânsito). O contrabando facilita o fluxo de componentes e outros insumos procedentes dos principais centros de falsificação, como o Vietnã e a Malásia. Tais produtos entram na China continental diretamente ou via Hong Kong e/ou Macau, este último reconhecidamente deficiente em matéria de controle de suas águas e pela proliferação do crime organizado. As fronteiras porosas incentivam igualmente a saída de produtos falsificados para países vizinhos e deles para outros mercados mais distantes. Problemas igualmente relacionados à corrupção, como a falta de transparência e o reinado do nepotismo, acabam também favorecendo a pirataria e as falsificações. Todas essas práticas reduzem a eficiência da vigilância e do cumprimento das leis, acabam com qualquer pretensão de repressão e facilitam a vida dos piratas e falsificadores.

A organização da produção falsificada

A manufatura e a distribuição de produtos adulterados há muito deixaram de constituir atividade isolada. Embora em sua maioria de pequeno porte, os empreendedores do ramo das falsificações continuam a proliferar: a produção, as vendas e a distribuição são agora atividades altamente organizadas em larga escala e com amplo financiamento. Os bens manufaturados são embalados com o maior profissionalismo, a ponto de alguns detentores de marcas enfrentarem dificuldades quando se lhes oferece a oportunidade de separar o original do seu clone. A embalagem bem feita não torna ínfima a possibilidade de detecção pela fiscalização: ela dá ao comprador a impressão de tratar-se de um artigo genuíno, ou, pelo menos, de um "derivado" de luxo com mínimas diferenças em relação ao original. Os produtos embalados são despachados contra pedidos ou para grandes centros de vendas no atacado, como o existente na cidade de Yiwu, onde candidatos a compras no atacado e no varejo convergem para examinar a mercadoria, fazer compras ou pedidos, e acertar os procedimentos de entrega. Esta sofisticada cadeia de suprimentos é financiada com as receitas obtidas num negócio lucrativo (as margens de lucros são bem mais "gordas" com falsificações do que com produtos legítimos), e também por novos participantes, entre os quais as várias máfias asiáticas, que aplicam o capital obtido com o jogo, a prostituição e o tráfico de drogas para se expandir nesta área de grandes lucros. São, igualmente, participantes que introduzem insumos próprios em matéria de transporte e distribuição, bem como meios modernos de encobrimento e guarda dos produtos falsificados.

Os produtores de falsificações constituem uma verdadeira indústria, muito diversificada, e vão desde uma grande fábrica dedicada exclusivamente a um produto até o indivíduo que mistura um xampu de imitação em casa e terceiriza as operações de embalagem e rotulagem. Os grandes fabricantes podem ser empresas estatais, empreendimentos municipais ou suburbanos, e empresas privadas. Entre os participantes do setor existem empreendimentos legais que recorrem à fabricação de produtos adulterados como maneira de superar crises passageiras ou pela urgência de apresentar lucros aos seus investidores, o que ocorre bastante inclusive no setor estatal. Esses participantes, muitas vezes *joint ventures* com uma empresa do exterior, conseguem desviar parte da produção sem o conhecimento do sócio estrangeiro, ou produzem uma linha diferente utilizando-se dos mesmos projetos ou equipamentos dos planos legítimos. Existem ainda as empresas "fantasmas", criadas com o exclusivo propósito de produzir falsificações. Algumas destas às vezes evoluem até o estágio de participantes quase legítimos, produzindo uma variante do produto adulterado. Todos esses tiram proveito de uma vantagem de custos derivada do fato de nada precisarem investir em tecnologia e na consolidação de marcas, do baixo custo das matérias-primas e componentes, e do custo da mão-de-obra que nessa área é, via de regra, bem inferior àquele das empresas legítimas. Com o amadurecimento da indústria das falsificações, seus participantes conseguem se distinguir dos demais pela qualidade e aparência dos seus produtos, que, quanto melhores, mais caros e lucrativos preços vão ao natural atingindo. Até algumas empresas de capital estrangeiro chegam a participar inadvertidamente do comércio de falsificações, quando usam insumos adulterados e os vendem a uma montadora ilegal.

O *know-how* que está na base do progresso do setor das falsificações é normalmente desviado dos investidores estrangeiros, que são os principais agentes da inovação tecnológica, por funcionários que trabalharam anteriormente para empresas estrangeiras, pelos fornecedores que receberam suas cópias e especificações, e pelos funcionários que revisaram as propostas e fiscalizaram o próprio investimento e a transferência de tecnologia nele envolvida. Não é, porém, indispensável estar na China para se sujeitar a ter seus produtos clonados: executivos e empreendedores chineses percorrem feiras e exibições internacionais de produtos e tecnologias, no encalço de tudo o que possa ser lucrativamente clonado. Progressos crescentes da tecnologia ajudam a reduzir a estrutura de custos dos imitadores e contribuem para o surgimento de réplicas quase perfeitas que é muito difícil diferenciar dos originais.

A PIRATARIA DOS PRODUTOS "DIGITALIZADOS"

A simplicidade cada vez maior com que são imitados produtos digitalizados transforma indústrias como as de *software*, gravação e cinema crescentemente suscetíveis aos prejuízos da clonagem; embora isso seja relativamente comum em muitos países, na China é que tal "indústria" atinge sua maior escala e crescente sofisticação. A Figura 5.1 mostra estimativas de prejuízos derivados da violação dos DPIs de produtos digitalizados e impressos. Vale destacar que os números refletem apenas perdas no mercado chinês (excluindo assim prejuízos derivados da exportação de DPIs para outros países), e que eles se referem a apenas uma fatia do montante geral da indústria da pirataria e falsificação. (Por exemplo, os números não incluem os prejuízos sofridos pelos fabricantes de automóveis estrangeiros quando seus modelos são copiados.) Os números igualmente não incluem as grosseiras e crescentes violações de *softwares* de consumo e semelhantes.

A pirataria dos DPIs digitalizados e impressos na China inclui a exploração não autorizada, em massa, de filmes e outros conteúdos por operadores de salas de cinema, emissoras de TV aberta e a cabo, tanto legítimas quanto clandestinas; a utilização não licenciada de *software* por consumidores e empresas; e a produção e distribuição não licenciadas de vários discos ópticos (CD-ROM, DVD, CD e VCD). A capacidade de produção certamente existe:

REPÚBLICA POPULAR DA CHINA
Estimativa de prejuízos causados pela pirataria
(em milhões de dólares) e os índices de pirataria: 1999-2003

Indústria	1999		2000		2001		2002		2003	
	Prejuízos	Nível	Prejuízos	Nível	Prejuízos	Nível	Prejuízos	Nível	Prejuízos	Nível
Cinematográfica	120	90%	120	90%	160	88%	168	91%	178	95%
Gravações e música	70	90%	70	93%	47	90%	48	90%	286	90%
Softwares de aplicativos em negócios	437,2	91%	765,1	94%	1140	92%	1637,3	92%	1593,3[1]	93%[1]
Softwares de lazer	1382,5	95%	ND	99%	455	92%	ND	96%	568,2	96%
Livros	128	ND	130	ND	130	ND	40	ND	40	ND
Total	ND		1893,3		1933		1085,1		2137,7	

[1] Dados de 2002.

FIGURA 5.1 Estimativa dos prejuízos causados na China pela pirataria com produtos digitalizados/ 1999-2003.
Fonte: International Intellectual Property Alliance/ 2004 Special 301: People's Republic of China.

conforme a International Intellectual Property Alliance (Aliança Internacional de Propriedade Intelectual), o potencial de produção desses discos na China continental é de 686 milhões. Acrescente-se a capacidade de Taiwan – 990 milhões – e a de Hong Kong, com 1,94 bilhão de discos (essas três economias da Grande China são consideradas as três primeiras do mundo nesta capacidade) e temos uma capacidade de produção de 3,5 bilhões de discos. Só para efeitos de comparação, a capacidade de produção da Tailândia, que ocupa a quarta posição mundial nesse *ranking*, é estimada em 357 milhões de discos, enquanto a da Índia fica em insignificantes 49 milhões de discos. Nem toda essa capacidade é usada ilegalmente, mas a Aliança Internacional de Propriedade Intelectual calcula que 80% dos produtores chineses façam no mínimo uma versão pirata de cada disco. Em 2003, o índice de DVDs piratas chegou a 95%, o mais elevado desde 1996.

As operações do setor apresentam um índice crescente de aperfeiçoamento. Por exemplo, grupos de fabricantes de "clones" dos produtos legítimos usam máquinas que foram ajustadas para produzir discos sem os códigos do Número de Identificação de Sistema (NIS). A qualidade é surpreendentemente boa e o prazo de atendimento do mercado se torna cada vez mais reduzido. Anos atrás, versões piratas de baixa qualidade de lançamentos cinematográficos apareciam no mercado semanas depois da estréia. Hoje, versões piratas de DVDs de filmes novos estão nas ruas da China horas depois do lançamento, e às vezes até mesmo antes da estréia. A versão contrabandeada do filme norte-americano *Pearl Harbor* começou a ser vendida em Hong Kong em 28 de maio de 2000, semanas antes da estréia mundial do filme, que ocorreu em 21 de junho. Em Taiwan, o mesmo filme estava disponível no mercado pirata na metade de maio, um mês antes da estréia oficial.[8] Com isso, os produtores viram-se privados da curta janela de lucratividade – entre a estréia e o aparecimento das versões piratas – de que antes dispunham. Em 2003, a indústria cinematográfica norte-americana teve um lucro bruto de menos de US$ 3 milhões, num mercado estimado entre US$ 1,3 bilhão e US$ 1,5 bilhão.

Na pirataria de *softwares*, a China continua em posição destacada. Conforme a Federação de Empresas de Software (Business Software Alliance), 92% dos *softwares* utilizados na China em 2002 eram versões piratas, um índice inferior apenas ao do Vietnã, país com economia bem menor do que a chinesa. O índice chinês de pirataria no setor registra escassa oscilação com o passar dos anos, ficando, por exemplo, em 97% em 1994 e 91% no ano de 1999. Em comparação, as Filipinas reduziram seu índice de pirataria no setor de 94% em 1994 para 68% em 2002; a Coréia do Sul reduziu a pirataria de 75% para 50%, e a Bulgária baixou esse índice de 94% para 68%. Em 2001, a China estava em terceiro lugar no *ranking* dos países com maiores prejuízos derivados de pirataria em *software*, com perdas de US$ 1,7 bilhão. Hoje, ela ocupa o primeiro lugar, com prejuízos de US$ 2,4 bilhões (dados do ano de 2002), correspondentes a 18% do total mundial.

Ainda assim, trata-se de um cenário que apresenta alguma perspectiva de melhoria. Por exemplo, os prejuízos com a pirataria de publicações científicas foram reduzidos radicalmente entre 2001 e 2002. Mas essa boa notícia não deixa de ter sua face obscura: ela é uma evidência de que o governo chinês tem condições de combater o problema da pirataria quando a tanto se dispõe, o que geralmente ocorre quando os interesses nacionais envolvidos são relativamente ínfimos e a transferência de tecnologia não faz parte da equação. As medidas utilizadas para tanto também ficam muito atrás da velocidade do avanço das novas tecnologias, que continuam a exigir cada vez maior agilidade em matéria de fiscalização e cumprimento de normas. A proliferação das publicações eletrônicas torna bem mais fácil a expropriação de direitos autorais, bastando para tanto baixar conteúdos de publicações científicas mediante a utilização de senhas obtidas sob falsos pretextos.

O FRACASSO DO CUMPRIMENTO DAS NORMAS

Nominalmente, a China desenvolveu uma abrangente estrutura legal relacionada à proteção dos direitos de propriedade intelectual, que de maneira geral satisfaz as exigências de códigos de conduta e de tratados internacionais, como a Convenção de Berna e o acordo sobre Direitos Intelectuais Relacionados com o Comércio (TRIP, na sigla em inglês). Essa estrutura, no entanto, ainda apresenta muitas brechas. A China não assinou qualquer provisão relacionada com a Internet, e suas leis permitem a livre utilização mesmo de material protegido por copyright, inclusive *software*, sempre que para "fins de aprendizagem". A utilização desse material pelo governo, sob as leis chinesas, é igualmente isento do pagamento de qualquer direito. Definições limitadas (como a utilização de material confiscado como mensuração da escala da produção de falsificações), alertas deficientes e corretivos insignificantes (multas tão irrisórias que não pagam o custo da repressão), compõem o maior dos problemas – o do cumprimento das normas –, seja no plano administrativo, criminal ou civil. Thomas Boam, ministro conselheiro para assuntos comerciais da embaixada dos EUA em Pequim, conseguiu fazer um resumo extremamente preciso da questão ao dizer que os acordos sobre proteção de DPIs assinados pela China no máximo conseguiram *"reduzir o crescimento"* das violações.

Em 2002, 852 incursões/buscas relacionadas com a indústria cinematográfica foram conduzidas pelas autoridades, com um índice de condenação em 99,5% dos casos. Nesses, 764 penalidades foram multas de menos de mil dólares, 43 resultaram em multas de US$ 1 mil/US$ 5 mil, e apenas uma multa na faixa entre US$ 5 mil e US$ 10 mil foi imposta.[9] Dentre as razões do baixo valor das multas, a principal é que a infração é avaliada em função do valor do bem pirateado ou contrabandeado, e não no do produto original; há também a situação de que armazenar produto pirateado ou contrabandeado não é admitido como prova da intenção de vendê-lo. Não constitui surpresa, pois, o fato de o Relatório ao Congresso (dos EUA) sobre o Acatamento dos Tratados da Organização Mundial do Comércio (OMC) ter concluído que "os infratores consideram as apreensões e as multas simplesmente mais um custo do empreendimento".[10] A situação é ainda pior no que diz respeito aos procedimentos criminais, em que, segundo o mesmo Relatório, "a repressão não tem praticamente efeito algum de intimidação sobre os infratores". O processo criminal tem um ponto de partida de 200 mil iuans (cerca de US$ 24 mil) para empresas e de 50 mil iuans (cerca de US$ 6 mil) para indivíduos. Além de serem irreais, para começar, esses valores são igualmente contados por apreensão, e não por montante de estoque, e avaliados em termos do valor dos produtos falsificados. Como resultado, são pouquíssimos os infratores submetidos a processos. De acordo com a Aliança Internacional de Propriedade Intelectual, em 2002 foram desencadeadas 80 operações de repressão de violações de direitos cinematográficos em Xangai e em Pequim, mas apenas três desses casos resultaram em penas de prisão. Por fim, os reclamantes em processos civis deparam com um sistema judiciário que não tem nem independência nem capacidades jurídicas básicas, e normalmente estão sujeitos a ter de pagar as despesas de investigadores do tribunal, além daquelas que eventualmente assumirem por iniciativa própria para dar início à causa.

A GLOBALIZAÇÃO DA PIRATARIA E DA FALSIFICAÇÃO

A nova fronteira para a indústria da falsificação e da pirataria é o mercado internacional. Os produtos adulterados representam, conforme algumas estimativas, cerca de 7% do comércio global, e continuam crescendo, o que significa prejuízos anuais de cerca de US$ 300 bilhões para os produtores estabelecidos legalmente. A Yamaha, por exemplo, situa em mais de 100 mil ao ano o número de imitações fabricadas na China de suas motos circulando nos mercados internacionais. São exportações que dependem de uma sofisticada rede logística e de distribuição, com conhecimento e alcance globais. Aspirantes a distribuidores de produtos falsificados precisam driblar sistemas legais que são bem menos tolerantes com relação à sua prática do que as autoridades chinesas. Eles correm o risco de apreensão das mercadorias e decorrentes processo criminal e pesadas penas. Algo com que não precisam se preocupar é o ponto de origem: a exportação de mercadorias piratas ou falsificadas não chega a constituir, na China, uma transação real, e, por isso, não é considerada um delito. De acordo com o relatório ao Congresso sobre práticas da OMC, a Alfândega chinesa se recusa a barrar exportações de mercadorias falsificadas mesmo quando essa condição é a ela comprovada pela ação de terceiros. Logo que as falsificações saem do território nacional, torna-se bem mais difícil localizá-las. Jack Clode, diretor administrativo da Kroll Fact Finders em Hong Kong, recorda o caso de uma falsificação produzida na China com financiamento de Taiwan e despachada por uma *trading* registrada em Hong Kong para o Brasil, via Índia e Panamá.[11]

Quanto ao aspecto da demanda, faltam em geral aos governos dos países em desenvolvimento tanto os meios quanto a vontade política necessários para agir efetivamente contra a proliferação dos produtos piratas e/ou falsificados. Há inclusive muitas autoridades desses governos que tiram proveito do tráfico, tanto agindo como chefes ou intermediários quanto pelo simples ato de fingir que nada vêem. Em outras instâncias, as autoridades enxergam no fluxo de produtos falsificados uma maneira de manter a estabilidade dos preços no mercado nacional e pouco se preocupam com os prejuízos daqueles que, aos seus olhos, não passam de poderosos conglomerados multinacionais querendo usá-los em proveito do seu monopólio dos mercados. É o que acontece em grande parte da África (especialmente em países nos quais a corrupção já é um estilo dominante de vida, como a Nigéria), em muitas regiões da Ásia (como na Índia, Paquistão, Malásia, Indonésia e Mianmar), do Oriente Médio (como na Arábia Saudita), da Rússia e da América Latina (como Argentina e Brasil). Paralelamente, vem em ritmo ascendente o fluxo de produtos falsificados para os mercados dos países ricos. Falsificações feitas na China de lâminas e baterias da Gillette, conforme a empresa, são vendidas não apenas na América do Sul e nos países da antiga União Soviética, mas igualmente na América do Norte e na Europa. Em 2002, a China ocupou o primeiro lugar no *ranking* do confisco de produtos contrabandeados e falsificados pela Alfândega dos EUA, com produtos avaliados em US$ 48 milhões, apreendidos em 1.488 operações de busca, vindo a seguir Taiwan e Hong Kong. A União Européia informou que dos 95 milhões de itens falsificados apreendidos durante o ano de 2001, 18% procediam da China continental. E não é difícil imaginar que, para cada item apreendido, muitos outros tenham conseguido chegar aos mercados de destino. A situação parece tornar-se cada vez pior: a Aliança Internacional de Propriedade Intelectual relata que o número de DVDs falsificados na China apreendidos no Reino Unido aumentou de dois mil no primeiro trimestre de 2003 para 77 mil no segundo e terceiro trimestres do mesmo ano. As operações do setor ganham ares de respeitabilidade, compradores estrangeiros percorrem exposições montadas com a maior tranqüilidade e fazem encomendas convencionais de produtos falsificados. Os vendedores oferecem uma diversidade cada vez maior de marcas falsificadas e oferecem customização em termos de aparência, embalagem e etiquetas; e, como convém a uma operação de pleno serviço, os compradores são beneficiados com facilidades de transporte e logística para evitar problemas nas alfândegas.

A China não lida apenas com exportações de insumos falsificados. Insumos clonados são por ela importados do Vietnã, Malásia, Taiwan e Hong Kong, entre outros pontos, para montagem tanto de produtos piratas/falsificados quanto "legítimos". Componentes de falsificação inviável mas vitais para a montagem das imitações fluem a partir de fabricantes de países desenvolvidos que não querem saber, ou não se importam com isso, os usos dados a esses itens. A China vai assim se transformando no centro de uma ampla rede que permite economias de escala e especialização, alavancando a vantagem competitiva das fábricas em locais diferentes da mesma forma que a utilizada por qualquer conglomerado multinacional reconhecido legalmente. O país também está se tornando um centro de produtos e serviços eletrônicos, com seus provedores de serviços de Internet redistribuindo, sem pagar por isso, os *sites* que permitem o *downloading* de música e outros conteúdos.

Uma expressão final e assustadora da globalização da pirataria e falsificações é o crescente envolvimento das máfias internacionais nesse negócio. O incentivo é mais do que transparente: a revista *Time,* edição européia, cita, a respeito, o exemplo de um traficante de drogas que paga cerca de US$ 47 mil por um quilo de cocaína e revende o "produto" por um preço de rua de US$ 94 mil, embolsando um lucro de cerca de 100%. O traficante tem como alternativa comprar 1.500 cópias piratas do Microsoft Office 2000 e revendê-las com lucro de 900%.[12] Já existem indicações de que estas altas margens atraem o interesse de grupos terroristas internacionais, que vêem nesse mercado um modo eficiente de financiar suas operações.

O AVANÇO

Uma perspectiva otimista para a China é a que a imagina investindo gradualmente contra os infratores como resultado das pressões exercidas pelos países industrializados, pela contínua evolução do seu sistema legal e pela conscientização de que a situação, como está atualmente, põe em sérias dúvidas a possibilidade de desenvolvimento de uma indústria nacional forte em setores como o dos *softwares*. A avalanche de estabelecimentos locais requisitando figuração nos trajes do primeiro "taikonauta" chinês, conforme as imagens do vôo espacial tripulado, lembrou ao governo que a ausência de proteção de patentes poderá, algum dia, voltar-se contra os seus interesses. Os otimistas também destacam o estabelecimento de tribunais de proteção aos direitos intelectuais e as emendas à lei de *copyright,* que sinalizam a vontade política de implementar os compromissos assumidos com a OMC, além da mudança da situação no que diz respeito à publicação de periódicos estrangeiros.

Já os pessimistas não precisam olhar muito além das atuais estatísticas e da resistência das autoridades locais e seus protegidos a quaisquer mudanças na situação. Esse cenário pessimista indica uma expansão do alcance, escopo e expansão geográfica da indústria das piratarias e falsificações, expansão essa proporcionada pela consolidação da produção e distribuição nos grandes centros; avanços tecnológicos que tornam a pirataria cada vez mais barata e mais fácil; e as crescentes capacidades, recursos e cooperação entre as empresas do setor da pirataria. Como mostra a Figura 5.2, são os pessimistas, pelo menos no momento, que estão muito mais perto da realidade.

Navegando em mares piratas

Pirataria, falsificação e outros processos derivados representam desafios diversificados e produzem um repertório diferenciado de soluções. Por exemplo, é mais fácil enfrentar os falsificadores num tribunal do país de destino do que no de origem, pois neste último o reclamante certamente precisará enfrentar um processo moroso em que só a caro custo conseguirá provar que o projeto da mercadoria em julgamento é uma violação dos seus legítimos direitos. A possibilidade de confisco pelas autoridades policiais e alfandegárias de produtos falsificados serve como impedimento adicional à exportação desses produtos. Não é esse o caso em relação aos produtos elaborados a partir de projetos ou de processos copiados. O que estas variadas situações têm em comum é o fato de conspirarem contra o valor de um dos principais ativos de qualquer empresa, o que muitas vezes resulta em prejuízo da própria competitividade de uma companhia, e, na melhor das hipóteses, representa um desafio para que desenvolva novas estratégias e respostas operacionais.

Dadas a maior viabilidade da hipótese pessimista e a ausência de incentivos para que o governo chinês – especialmente as autoridades regionais – passe a reprimir as infrações dos DPIs, as empresas precisarão estudar e definir qual a melhor maneira de concorrer num cenário em que não existe praticamente o guarda-chuva legal e no qual seus ativos de tecnologia e marcas registradas podem ser a qualquer momento fraudados. Além de montar coalizões – como a Aliança Internacional de Propriedade Intelectual, a Aliança Global de Dirigentes Empresariais contra a Falsificação, a Coalizão Internacional Antifalsificação e a Federação das Indústrias de Software – destinadas a exigir dos governos dos respectivos países que pressionem as autoridades chinesas, e de tentar esclarecer o público sobre os prejuízos gerais representados pelas infrações dos direitos de propriedade intelectual, cabe a cada indústria, isolada-

CAPÍTULO 5 ■ O ROLEX DE DOIS DÓLARES **123**

Categoria industrial	Melhor	Sem alteração	Pior	Muito pior
Produção de alimentos	14,29%	23,81%	40,47%	21,43%
Vestuário, têxteis e calçados	12,29%	23,81%	40,47%	21,43%
Produtos de uso diário	0,0%	11,76%	41,18%	47,06%
Máquinas agrícolas	20,0%	0,0%	60,0%	20,0%
Equipamentos de transporte	28,57%	0,0%	28,57%	42,86%
Máquinas comuns	0,0%	0,0%	31,35%	68,75%
Elétricos e eletrônicos	13,04%	17,39%	39,13%	30,44%
Geral	9,79%	16,08%	42,66%	31,47%

FIGURA 5.2 Perspectivas de melhoria da situação chinesa em matéria de pirataria.
Fonte: Conselho Estatal de Pesquisas e Desenvolvimento da RPC, dados citados em D.C.K. Chow, *A Primer on Foreign Investment Enterprises and Protection of Intellectual Property in China*. The Hague: Kluwer, 2002. Os valores mostrados representam o percentual de empresas em cada categoria industrial.

mente, e aos respectivos setores industriais, em conjunto, a programação e montagem das iniciativas e defesas mais eficientes dos seus ativos nesta área.

Há instâncias em que as violações dos DPIs podem destruir o modelo de negócio de uma empresa. Foi, por exemplo, o que a rede de locadoras Blockbuster identificou, ao chegar à conclusão de que seus clientes não teriam motivo algum para alugar uma fita de vídeo ou um DVD se pudessem comprar uma cópia pirata de boa qualidade por preço inferior ao da locação. Esta possibilidade, aliada aos altos custos operacionais, foi o fator principal da decisão da Blockbuster de abandonar o mercado de Hong Kong.[13] Outros setores precisaram reformular seu modelo de negócio a fim de conseguir se ajustar às realidades das falsificações: os produtores cinematográficos e as grandes editoras optam cada vez mais por lançamentos globais, reduzindo assim o tempo de "exclusividade" dos falsificadores em mercados mais distantes (embora isso não seja de grande valia quando a versão pirata é disponibilizada antes do lançamento oficial da obra).

Outras firmas estão aprendendo a proteger da melhor forma possível sua tecnologia e *know-how*. Para algumas, isto significa o desenvolvimento de um microprocessador inteligente que os montadores não consigam acessar ou decodificar. Para outras, basta fazer imprimir indelevelmente o logotipo da empresa em todos os componentes do produto. Há ainda as empresas que confiam em sua capacidade de desenvolver novas tecnologias a um ritmo muito mais veloz que o de qualquer imitador. E existem também aquelas que procuram se proteger pelo fato de se tornarem "montadoras" que fornecem o grosso da produção às parceiras autorizadas na China mas mantêm a tecnologia central do produto no país de origem. Essa estratégia também não é à prova de violação, à medida que muitas vezes subestima as redes informais chinesas, que servem como condutos de transferência de conhecimento e tecnologia.

Por fim, não é o fato de evitar a participação chinesa que irá prevenir a pirataria e a falsificação. Como observou o já citado ministro conselheiro Boam, o primeiro ponto que o investidor precisa aprender sobre a China é que "tudo que puder ser copiado será realmente copiado". A presença física torna mais fácil a imitação de um processo complexo – especialmente quando envolve fornecedores locais que podem disseminar o conhecimento. É preciso, porém, levar em conta que a empresa estrangeira atuante na China tem melhores condições de monitorar seus produtos e uma situação mais vantajosa para exercer, quando necessário, pressão sobre as autoridades locais para que combatam os falsificadores. Empresas como a Gillette assumem cada vez mais o fardo da fiscalização e chegam a promover operações próprias em tal sentido. Optar por uma subsidiária que seja de propriedade integral da matriz em geral reduz a extensão dos vazamentos de tecnologia, pois os empreendimentos em sociedade é que constituem os melhores veículos para a transferência de tecnologia, especialmente quando o sócio chinês tem sólidas condições de aprendizagem.

Além disso, como destaca outra vez Boam, a proteção dos direitos de propriedade intelectual deveria ser parte integral dos projetos de negócios de qualquer empresa candidata a fazer investimentos na China. Isto normalmente exige uma abordagem diferente daquela empreendida no país de origem ou em outros mercados. A Universal Music divulgou recentemente a adoção de um modelo de negócios destinado a reduzir sua vulnerabilidade em relação aos DPIs. Em colaboração com o Shanghai Media Group, a Universal passaria a distribuir não apenas sua música, mas a diversificar, a partir do apoio a artistas locais e da utilização de mídias de mais fácil monitoração, como os telefones celulares.[14]

O desafio econômico 6

A marca da China já se faz sentir em todos os setores da economia mundial. Quem trabalha com uma indústria de mão-de-obra intensiva, como têxteis, vestuário, calçados ou malas, pode ter sido obrigado a abandonar o ramo em função da concorrência chinesa. Quem se voltou para o mercado de maior poder aquisitivo, uma decisão tomada na quase certeza de que ali não seria alcançado outra vez pelos produtos chineses de baixos preços, talvez tenha descoberto, já estabelecido no novo patamar, que esse segmento já não é mais imunizado contra os efeitos da concorrência de artigos chineses e de outros países que também tentam deixar de depender dos mercados de menor margem de lucro. Tratando-se de produtor de eletrodomésticos, é possível que ainda esteja no mercado tão-somente graças à terceirização da produção chinesa, não fazendo muito além de colar seu rótulo em algum produto verdadeiramente *Made in China*. Quem não tiver ainda qualquer conexão com a China, talvez comece a pensar na possibilidade ao mesmo tempo em que avança na leitura destas páginas. Sendo um fornecedor, a pergunta que geralmente se faz é se o que o futuro reserva não será a possibilidade de deslocamento do mercado por algum concorrente chinês; sendo comprador, o que vem à mente de imediato é até que ponto será prudente manter algumas de suas fontes de abastecimento nacionais ou em países vizinhos, como uma espécie de apólice de seguro contra uma eventual interrupção abrupta do fornecimento pelos chineses.

O "primeiro impacto" da ascensão chinesa faz-se evidente com intensidade variável conforme o país por ele atingido (por exemplo, é maior nos EUA, menor na União Européia), sendo sempre bem mais forte sobre setores de mão-de-obra intensiva e escassa tecnologia, e quase inexistente, ainda, sobre setores de alta tecnologia. Nos EUA, a China supera a concorrência em setores como calçados, brinquedos e móveis domésticos em madeira, e, com o fim do prazo do Acordo Multifibras e a admissão da China na Organização Mundial do Comércio (OMC), está igualmente prestes a assumir a liderança nos setores de têxteis e vestuário. Quando as quotas sobre malas fabricadas com fibras sintéticas foram eliminadas, o preço unitário do produto chinês baixou em 50% e a fatia chinesa no mercado mundial aumentou cinco vezes. Isso tudo levou três anos, período em que as importações de malas mexicanas pelos EUA caíram em 50%, provocando o fechamento de várias fábricas do setor no país vizinho dos norte-americanos. As exportações da Tailândia e Filipinas nesse setor também sofreram uma violenta redução.[1]

O avanço chinês nas categorias de mão-de-obra intensiva não provocará grande impacto nos EUA, que abandonaram a produção de muitos dos produtos desse setor já há alguns anos. Por exemplo, pesquisa conduzida pela Associação de Produtores Americanos de Calçados de Plástico e de Borracha (American Rubber & Plastics Footwear Manufacturers Association – RPFMA) constatou que apenas 17 tipos de borrachas e plásticos para calçados, que representam somente 5% dos calçados vendidos nos EUA, ainda são produzidos no país. O impacto será bem maior nos países industrializados que adotaram medidas protecionistas – um misto de subsídios e barreiras às importações – para os seus produtores, e especialmente nas nações em desenvolvimento dependentes dos baixos salários e da proximidade com os mercados para a manutenção da competitividade. As dificuldades que assolarão essas economias em desenvolvimento repercutirão sobre as nações industrializadas que são responsáveis por boa parte do valor agregado na sua cadeia de produção, fornecem assistência às economias em dificuldades e acolhem seus emigrantes. À medida que o centro das indústrias e linhas de produtos afetadas se expandir para cobrir um conjunto bem maior de produtos, as nações industrializadas serão cada vez mais atraídas para o "debate chinês", com todas as suas ramificações políticas e sociais.

Nos negócios, o avanço cada vez mais sentido da China jogará por terra idéias estabelecidas sobre a natureza da competitividade de nações e empresas, o valor da proximidade geográfica e o custo de entrada e saída dos mercados. As vantagens derivadas da localização dos empreendimentos, que constituíram a base do crescimento e prosperidade das empresas durante décadas – e às vezes durante séculos – passarão a ser questionadas, e a mobilidade global dos fatores de produção sofrerá grande aceleração em decorrência do surgimento e crescimento da cadeia de suprimentos global. Como ocorreu em anteriores mudanças dramáticas na economia, as mudanças que se aproximam irão colocar em teste alianças tanto internas quanto internacionais. Os protagonistas estarão jogando o jogo da economia conforme regras novas, que produzirão novos vencedores e novos vencidos.

De que forma empresas e setores econômicos deveriam preparar-se para bem enfrentar o Século da China? A preparação começa pelo entendimento da natureza das mudanças em andamento e da avaliação de seu impacto sobre o setor, empresas e funcionários de cada área econômica. E a preparação continua desde que baseada em uma real disposição de reavaliar a própria razão de ser das organizações afetadas, questionando-se não apenas práticas e rotinas mas igualmente as próprias bases de sustentação do modelo de negócios. Essa reavaliação irá muitas vezes questionar soluções que deram bons resultados no passado, mas que, no momento atual, não têm a menor possibilidade de sucesso. A título de ilustração: uma consultoria preparada para o Departamento (Ministério) do Comércio dos EUA constatou que os poucos curtumes norte-americanos que sobreviveram foram aqueles que passaram a trabalhar tendo em vista o mercado dos automóveis de luxo (forração interna) e dos móveis estofados; contudo, o avanço chinês inclusive nesse setor se dá com tamanho alcance e agilidade que essa estratégia dos curtumes já vem sendo posta em dúvida. A verdade é que, no conjunto da economia, não haverá possibilidade de sucesso para as soluções corriqueiras. As empresas precisarão repensar toda a sua cadeia de valor, o que irá provavelmente levar a um novo modelo de negócios – ou a uma quebradeira generalizada.

HISTÓRIAS DA INDÚSTRIA

O setor de vestuário nos EUA

Na década de 1840, ficou famoso o autor britânico que imaginou: "Se alguém conseguisse convencer todos os chineses a encompridar suas camisas em um pé (30,48 cm), poderíamos manter as tecelagens de Lancashire trabalhando 24 horas por dia".[2] Cento e sessenta anos depois, esta avaliação do impacto chinês no setor de têxteis e vestuário está prestes a se tornar realidade, com a diferença de que as tecelagens que fazem horas extras não estão mais em Lancashire nem na Carolina do Norte, mas em Zhejiang e Jiangsu. Quanto aos clientes, espalham-se pelo mundo inteiro. Entre 1989 e 1999, a participação chinesa no mercado de vestuário dos países do G-7 dobrou, chegando a 20%, de acordo com os dados da Organização para a Cooperação e o Desenvolvimento Econômicos (OCDE). As exportações chinesas de roupas crescem continuamente desde 1999, tendo superado a marca dos US$ 70 bilhões em 2002. A China é atualmente a principal fornecedora de vestuário estrangeiro vendido nos EUA. A estimativa de 12% de sua fatia deste mercado é certamente irreal, pois não contabiliza os 4% de Hong Kong (produtos que são no mínimo parcialmente confeccionados na China continental), nem os US$ 160 milhões em contrabando de roupas chinesas apreendidos pela alfândega norte-americana.[3] A China, segundo a Comissão de Comércio Internacional (CCI), "está prestes a se tornar a 'fornecedora preferencial' da maioria dos importadores dos EUA". O Instituto dos Produtores Americanos de Têxteis (American Textile Manufacturers Institute – ATMI) estima que, por volta de 2006, a China controlará mais de 70% das importações norte-americanas (Figura 6.1). O Instituto faz esta previsão com base em 29 categorias de artigos de vestuário que tiveram suas quotas abolidas em 1º de janeiro de 2002, o que resultou num salto da fatia chinesa do mercado norte-americano de 9% em 2001 para 45% no final do primeiro trimestre de 2003. O único fator capaz de evitar que a China venha a assumir o controle total desse mercado, conforme a ATMI e outros produtores e varejistas norte-americanos, é que os compradores ainda não concordam em se tornar totalmente dependentes de uma única fonte de abastecimento.

O mercado norte-americano não será o único dos afetados pelo avanço chinês. Previsão do Banco Mundial indica que a fatia chinesa do mercado global de roupas aumentará dos atuais 17% para 45% na segunda metade da década. Um estudo chinês estimou que como resultado do acesso da China à OMC, a produção da indústria do vestuário crescerá em 40%, e a do setor têxtil terá um aumento de 25%.[4] As firmas chinesas estão preparadas para dar conta desse aumento. Dados da Federação Internacional de Produtores Têxteis (International Textile Manufacturers Federation – IMF) mostram que a China fez 57,5% de todas as novas encomendas de teares durante o período de 2000-2001. Tailândia e Hong Kong em conjunto apresentaram 9,9% dessas encomendas, enquanto os EUA, a União Européia e o Canadá, juntos, totalizaram 13,6% dos pedidos de teares.

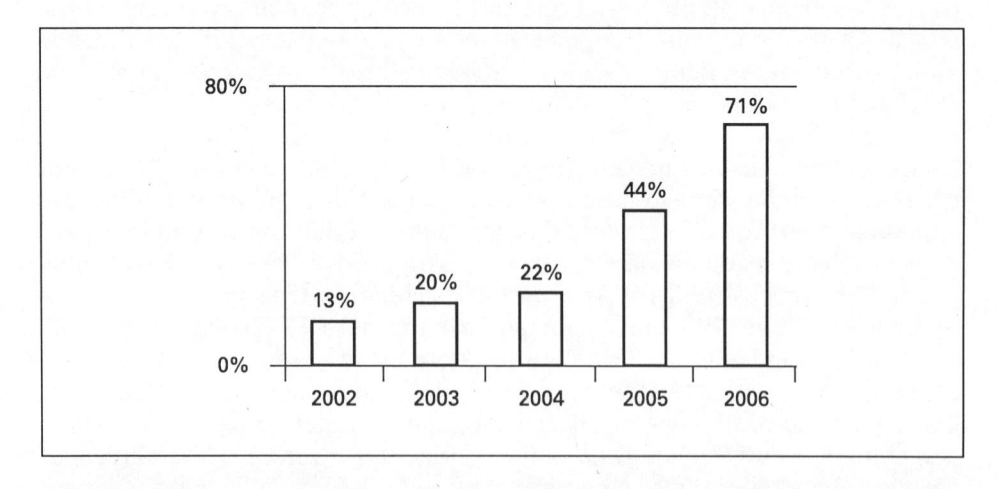

FIGURA 6.1 Projeção do controle do mercado importador de têxteis e vestuário dos EUA pela China.
Fonte: The American Textile Manufacturers Institute, 2003.

A fórmula do sucesso chinês não reside apenas nos baixos salários pagos aos seus trabalhadores.

De acordo com o que destacou a Comissão de Comércio Internacional (CCI), a China não paga os menores salários neste setor, mas apresenta o menor custo unitário em função da sua alta produtividade e das economias de escala. O país conta com as indústrias de base que agilizam a produção; por exemplo, a China é o maior produtor de fibras sintéticas. A integração vertical de grandes fábricas permite reação rápida a demandas inesperadas e mantém os estrangeiros fora da cadeia de valor. Os produtores de artigos de vestuário chineses têm igualmente melhor capitalização que os concorrentes nos países em desenvolvimento, o que lhes permite contar com o melhor das mais modernas tecnologias. O resultado é uma agilidade inatingível em qualquer outro país. A China se tornará o fornecedor preferencial, explica o relatório da CCI, "devido à sua capacidade de produzir quase todos os tipos de têxteis e peças de vestuário com preço competititivo em todos os níveis de qualidade". O que ainda falta aos chineses é a criatividade – especialmente no *design* –, mas isso eles conseguirão à sua maneira tradicional, imitando *designs* estrangeiros, algo que é muito difícil detectar em qualquer tipo de produto, especialmente os dos chineses, que são mestres na imitação.

O avanço da China se dará às custas de outros protagonistas industriais. Um relatório do Fundo Monetário Internacional estimou que todos os demais exportadores de roupas sofrerão significativas perdas de mercado, variando de 14,4% para as nações industrializadas a 32,2% para a América Latina e 32,4% para a África.[5] O impacto mais pesado não se fará sentir nas nações desenvolvidas, que conseguem realocar seus investimentos nos setores em que continuam líderes em competitividade e que apresentam elevadas margens, mas, sim, sobre os países em desenvolvimento, especialmente os mais pobres dentre eles, que ficarão assoberbados pela urgência de encontrar alternativas de crescimento e de emprego. Os dados da CCI mostram que os têxteis e artigos de vestuário constituem 86% das mercadorias exportadas por Bangladesh, 83% das exportações do Haiti e 63% das de Honduras. Para o Lesoto, na África, as categorias de têxteis e vestuário representam 94% do total das exportações. A região subsaariana da África já vem apresentando um dramático declínio nas exportações de roupas de cama (uma categoria em que a região compete com a China no mercado norte-americano), tendo caído de 98.000 dúzias em 2001 para menos de 30 mil dúzias em 2003. Em face da ausência de alternativas, nações como o Lesoto deparam com perspectivas sombrias que irão agravar uma situação econômica que já é dramática, juntamente com todas as ramificações sociais e políticas disso decorrentes.

As economias em desenvolvimento estão realmente na linha de fogo resultante da concorrência chinesa, mas os países desenvolvidos não escaparão das conseqüências. Nações que se protegeram contra as investidas de concorrentes anteriores como a Tailândia e a Coréia do Sul pelo recurso aos mercados de alta tecnologia e de alto poder aquisitivo, desta vez não ficarão imunes aos efeitos do século chinês. A ATMI projeta prejuízos de cerca de US$ 2,5 bilhões nas exportações da União Européia para os EUA. A Itália deve perder mais de US$ 1,2 bilhão em exportações para o mercado norte-americano, e mesmo empresas tradicionais com presença em mercados de produtos topo-de-linha estão agora ameaçadas.[6] Inclusive o Canadá terá uma queda de US$ 2 bilhões em suas exportações de artigos de vestuário para os EUA. As regiões cuja economia depende dos têxteis e vestuário nos EUA (como a Carolina do Norte) perderão grande parte de seu mercado nacional, e também dos mercados internacionais que ainda dominam como exportadores e como fornecedores de tecidos ou fios (a região do Caribe, por exemplo). A ATMI prevê o fechamento de 1.300 plantas industriais de têxteis nos EUA em um período de três anos – aproximadamente uma por dia – mesmo que a entrada em vigor do Acordo de Livre Comércio Centro-Americano (Central American Free Trade Agreement) possa protelar esse colapso para empresas dos EUA e da América Central. Os EUA e outras nações ricas precisarão encontrar uma alternativa para a quebra das receitas das exportações sofrida pelo Haiti e Honduras. A França terá de fazer algo semelhante em relação às suas antigas colônias na África do Norte e África ocidental, ampliando a interdependência regional. A eles irá se juntar uma China mais impositiva, disposta a marcar pontos políticos junto aos vizinhos mais próximos dos EUA e das nações da União Européia oferecendo-lhes pedaços e retalhos daquilo que se transformará numa cadeia de suprimentos global cujo "coração" (projetos, logística, finanças e correlatos) estará na China.

Móveis que vêm de longe

Em 1993, as importações representavam cerca de 25% do mobiliário doméstico de madeira vendido nos EUA; em 2002, já eram quase a metade. A diferença pode ser facilmente contabilizada: entre 1996 e 2002, as importações norte-americanas de mobiliário doméstico *Made in China* cresceram seis vezes, saltando de US$ 741 milhões para US$ 4,8 bilhões. As importações norte-americanas da China, já então líder mundial na produção e exportação de móveis de madeira, cresceram 75% no período de 2000 a 2002.[7] Nessa mesma época, a produção total de mobiliário de madeira nos EUA, incluindo os produtos feitos com componentes importados, baixou de US$ 12,12 bilhões para US$ 10,67 bilhões.[8] A indústria do mobiliário apresenta uma tendência à redução do número de empregos, tendo cortado 50% dos seus antigos 150 mil empregos nas décadas de 1980 e 1990, um resultado mais da automação e dos aperfeiçoamentos da produtividade do que da concorrência estrangeira. A incursão chinesa, porém, aumentou bastante esse ritmo, com a indústria norte-americana eliminando outros 28% (cerca de 30 mil empregos) em apenas três anos (2000-2002), de acordo com dados do Departamento (ministério) do Trabalho de Washington.

Edward M. Tashjian, vice-presidente de *marketing* da Century Furniture, da Carolina do Norte, destacou, em depoimento na Comissão das Microempresas da Câmara dos Deputados, em Washington, em junho de 2003, que um dormitório de fabricação chinesa comparável ao mesmo produto pelo qual sua empresa cobrava US$ 22.755 era oferecido a US$ 7.070 – um preço 69% inferior ao do produto nacional. Ainda que a qualidade do dormitório chinês fosse inferior ao do produto norte-americano (o que não era uma certeza), semelhante diferença de preço dificilmente deixaria de ser notada pelo mais desatento dos prováveis compradores. A pressão que isso exerce sobre receitas e margens de lucro é evidente: numa petição apresentada em 31 de outubro de 2003, um grupo de 28 fabricantes norte-americanos de móveis argumentou que as vendas sofreram, entre 2000 e 2002, uma queda de 23%, e que a receita operacional teve uma redução paralela de 75%. A petição destacou: "Não é exagero algum afirmar que as importações procedentes da China colocaram nossa indústria num precipício tão profundo que essa queda poderá em breve se tornar irreversível." O grupo acusou os concorrentes chineses de operar com preços irreais no mercado norte-americano, apesar de se beneficiarem de subsídios do governo chinês e da manipulação das taxas de câmbio na relação iuan *versus* dólar.

A indústria norte-americana parece ter sido apanhada de surpresa. Dave Dyer, vice-presidente sênior de operações da Henredon Furniture Industries, Inc., declarou à Subcomissão de Comércio, Justiça e Assuntos Estaduais da Câmara dos Deputados, em 22 de maio de 2003: "Se alguém me tivesse sugerido, cinco anos atrás, que seríamos vulneráveis a uma tentativa de eliminação calcada na utilização de preços irreais de móveis e utensílios, eu não lhe daria o menor crédito." A sabedoria convencional de que o mercado de alto custo estaria sempre imunizado contra a concorrência de produtos de baixo preço foi destroçada pelos fabricantes chineses em sua investida concentrada precisamente nesse segmento de maior poder aquisitivo, em que as margens são maiores, e que proporciona as bases para a expansão em direção a outros segmentos do mesmo setor. Tashjian projetou que a importação de produtos baratos – especialmente da China – iria logo se propagar para produtos acolchoados, como sofás; Dyer, por sua vez, observou que as importações do segmento de acolchoados saltaram de US$ 20,4 milhões em 1996 para US$ 313 milhões em 2002. Os produtores nacionais consideravam-se, no passado, garantidos pelas especificidades da customização, mas o aperfeiçoamento das comunicações e da logística está reduzindo acentuadamente os prazos de entrega dos fabricantes chineses – e com isso destruindo a base da vantagem ostentada anteriormente pela produção local.

A história do mobiliário de madeira revela a intensidade dos sentimentos que permeia o debate sobre a China ("E por acaso Deus é americano?", perguntou um importador de móveis chineses[9]), bem como a dificuldade de consolidar uma coalizão de interesses capaz de colocar obstáculos efetivos no caminho das importações chinesas. Grandes varejistas de móveis dos EUA, muitos deles importadores de produtos chineses, não estão interessados com a crise dos produtores americanos, e os maiores fabricantes, como a Furniture Brands, de Missouri, e a Hooker, de Virginia, tornam-se cada vez mais dependentes da terceirização chinesa e não se animam a assumir posição contrária às importações.[10] Na arena política, os legisladores eleitos pelas regiões que dependem da indústria de móveis, como a Carolina do Norte, consideram difícil pedir o apoio de seus colegas da Virginia, Mississippi, Ohio, Tennessee, Nova York, Indiana e Illinois, estados em que os fabricantes de móveis representam um setor quase que insignificante da economia, isto para não falar da Califórnia e do Oregon, com presença ainda menor nesse setor industrial.

A GEOGRAFIA DO IMPACTO CHINÊS

O impacto dos negócios da China assume configurações das mais diversas, desde as pressões de preços sobre os produtores nacionais e estrangeiros até a disputa pelos investimentos estrangeiros. Dentre as nações industrializadas, os EUA têm sido, sem dúvida, a mais atingida por esse impacto. O país recebe o maior volume das exportações chinesas, mas não tem conseguido grande sucesso nos seus planos de aumentar as exportações para o mercado chinês em expansão. Ao mesmo tempo, tanto a União Européia quanto o Japão sentem o impacto da expansão chinesa, que coincide com a reestruturação interna dessas economias. Apesar de tudo isso, o peso maior da influência chinesa cai mesmo é sobre as nações em desenvolvimento, especialmente aquelas que não contam com os recursos e qualificações transferíveis para setores ainda não visados pelos chineses. Algumas destas nações poderão entender o crescimento da China como o impulso de que necessitavam para empreender reformas há muito tempo dadas como fundamentais, enquanto outras se contentarão em apelar aos países industrializados por ajuda em forma de acordos de preferências comerciais. O resultado de todo esse processo poderá ser uma dependência ainda maior de patrocinadores internacionais (entre os quais a própria China), com as conseqüências naturais desses arranjos em questões políticas, econômicas e sociais.

A União Européia cuida bem do que é seu

Embora a China já tenha o domínio dos mercados em várias categorias de produtos nos países da União Européia (por exemplo, fornos de microondas), o déficit comercial da Europa com esse país é um terço do norte-americano – o que não chega a ser preocupante para um bloco que, como um todo, tem superávit comercial. Conforme Thomas Boam, ministro conselheiro da embaixada norte-americana em Ottawa, Canadá, para assuntos comerciais, que anteriormente ocupou a mesma posição na embaixada dos EUA em Pequim, existem bons motivos para o desempenho comercial superior da União Européia no mercado chinês.

Como primeiro aspecto, Boam argumenta que os europeus acreditam nas suas organizações governamentais e não-governamentais (ONGs) mais do que os norte-americanos e utilizam a ajuda destas instituições para reduzir a taxa de erro. Em segundo lugar, os europeus subsidiam pesadamente as vendas utilizando um *mix* de créditos e donativos. (Os europeus afirmam que os EUA oferecem seus próprios subsídios). Boam relembra o caso da Cummins Diesel, empresa que perdeu um acordo de motores de ônibus para a Iveco depois que a firma italiana surgiu com subsídios governamentais que totalizavam 70% do preço de compra. As firmas norte-americanas carecem de acesso a créditos subsidiados como parte de programas como US AID, suspenso, em relação aos chineses, desde o massacre da Praça Tiananmen. Em terceiro lugar, as empresas européias são vocacionadas para exportações, ao contrário das pequenas empresas norte-americanas que percebem o mercado internacional como mera alternativa que pode prestar algum serviço nos períodos de quebra do mercado interno. Em quarto lugar, as firmas européias não têm dificuldades em pagar propinas (os europeus discordam, mas até recentemente, a propina, desde que fosse no exterior – podendo até mesmo ser incluída entre os gastos dedutíveis do imposto a pagar – era legal, conforme as normas vigentes, por exemplo, na Alemanha.

A quinta questão é que os líderes políticos europeus intervêm a favor das suas empresas, enquanto os líderes políticos dos EUA gostam mesmo é de censurar a China pelas violações dos direitos humanos. "Os nossos líderes podem estar certos, mas são os europeus que fecham os contratos", observa Boam. Outro ponto é que as empresas norte-americanas sofrem os efeitos do *status* de superpotência atingido pelo país. O governo chinês sempre teme a possibilidade da imposição de sanções pelos norte-americanos em face de situações políticas, e, por isso, procura dar preferência a outros: podem comprar equipamento norte-americano, mas não sistemas, que ficariam sujeitos às conseqüências de tais sanções. De qualquer forma, eles sabem que os europeus "jamais permitem que algum obstáculo se interponha no caminho de um acordo". A penúltima questão é que os europeus protegem seu mercado doméstico das importações chinesas, mas os EUA, não. Por último, devido ao déficit dos EUA, os chineses têm elevadas reservas em dólares norte-americanos que não conseguem gastar nos EUA e, então, gastam na compra de produtos japoneses e europeus. Em outras palavras, os chineses têm a capacidade de equilibrar seu comércio com a Europa devido ao déficit comercial dos EUA.

Existem ainda outras explicações: a União Européia tem a Europa Oriental como uma base de baixo custo no seu território; os EUA têm o México, mas o ambiente não oferece as mesmas vantagens. Os mercados europeus são mais fechados e fragmentados, tornando mais difícil para as empresas chinesas recém chegadas penetrar neste mercado. A rigidez estrutural na UE aumenta o custo do encerramento de operações e sua transferência para o exterior. Finalmente, a Europa não tem a bagagem histórica da Guerra Fria e atritos relacionados a questões delicadas, como a emissão de vistos de entrada. A UE também tem sido menos restritiva em termos de transferência de tecnologia, embora isto possa voltar a assombrá-la com os chineses tornando-se competidores diretos. Até agora, a UE procurou agir sempre coordenadamente em matéria de acordos de negócios com a China, mas isto só disfarça os interesses divergentes dos países que têm um substancial déficit comercial com a China (como o Reino Unido e a Nova Zelândia) e daqueles que apresentam somente um pequeno déficit (como a Alemanha).

A invasão do Japão

No mercado japonês, o impacto da invasão chinesa foi controlado pela indiferença em relação aos preços, pela fidelização à marca e por uma rede de varejo e distribuição fragmentada, estratificada e nepotista. Só a partir da introdução de mudanças fundamentais no cenário de negócios e varejo japoneses (como o crescimento das grandes cadeias de supermercados) e o crescente custo das pressões de uma economia em deflação, os produtos chineses passaram a ter penetração no mercado. A primeira onda foi liderada por grifes japonesas *Made in China* tais como National/Panasonic (marcas de propriedade da Matsushita Corporation) e Toshiba, mas agora os japoneses já encontram à venda eletrodomésticos Haier e outros equipamentos de marcas chinesas, sempre a preços consideravelmente inferiores aos dos produtos nacionais. As importações de artigos de vestuário e correlatos aumentaram em 50% nos últimos cinco anos, e todas as projeções apontam para a continuidade desta expansão. A China já a principal exportadora de produtos para o Japão, ultrapassando os EUA, que ocuparam essa liderança durante meio século. Atribui-se às importações de produtos chineses a principal causa da deflação japonesa (a bem da verdade, elas são no máximo um fator que contribuiu para tanto, possivelmente um elemento incentivador da demanda do mercado) e também pelo "buraco negro" em que mergulharam as principais indústrias nacionais, uma crítica que começa a ganhar corpo também nos Estados Unidos.

Algumas empresas japonesas foram apanhadas de surpresa. A divisão de eletroeletrônicos da Sanyo, por exemplo, enfrenta sérios prejuízos. Outras empresas enfrentaram a crise transferindo suas operações para a China, onde encontram aquilo de que não mais dispõem no Japão: baixos salários e benefícios (em comparação com a população crescentemente idosa do Japão e os gastos para manter suas aposentadorias), uma moeda estável (o iene japonês é bem aceito pelos chineses) e razoáveis custos de instalações (para a localização de novas fábricas). A China proporciona ainda aos industriais japoneses a oportunidade de construir novas fábricas não só mais modernas como ainda livres dos projetos e maquinaria obsoletos, de atender a um mercado em grande crescimento e de abrir as portas para uma futura fonte de inovação. Esses investidores japoneses se preparam para o século da China aprimorando suas capacidades em P&D e montando a cadeia de suprimentos necessária para a produção com base em território chinês, o que inclui a construção de um novo aeroporto internacional perto de Nagóia, no qual operarão quase todos os vôos de e para a China.

O México arruinado

Durante muitos anos, o México desfrutou de uma dupla vantagem em relação aos outros países que pretendessem concorrer no mercado norte-americano: a proximidade geográfica e o acesso isento de impostos proporcionado pelo Acordo de Livre Comércio da América do Norte (Nafta). O valor dessa proximidade geográfica vem sendo gradativamente corroído (embora ainda seja vital para determinadas linhas de produtos). Ricardo Haneine, diretor da sucursal mexicana da consultoria econômica A.T. Kearny, calcula que essa proximidade rende não mais de cinco centavos por dólar para os produtores mexicanos em comparação com seus concorrentes chineses.[11] Em algumas categorias, como vestuário e ornamentos, em que o México concorre com a China, as operações localizam-se no interior do país, reduzindo a vantagem decorrente da proximidade. E, com a China prestes a passar a desfrutar de acesso bem maior ao mercado norte-americano, as vantagens decorrentes do Nafta e seus dispositivos em matéria de taxas vão igualmente se dissipando. O México ainda é competitivo em áreas como a da produção automotiva, em que a proximidade e a sólida integração são especialmente importantes e em que as fábricas locais deram saltos em qualidade e produtividade, e na de equipamentos para computadores, em que a mão-de-obra representa parcela relativamente modesta do custo do produto. Mas o México está perdendo terreno em áreas como as de equipamentos telefônicos, eletrodomésticos e montagem de componentes de eletricidade, como transformadores.[12] O resultado dessas perdas é perturbador: entre 1980 e 1999, de acordo com os dados do FMI, o México teve US$ 121 bilhões em ganhos com exportações, contra US$ 177 bilhões da China; de 1999 a 2002, a China obteve US$ 188 nessa mesma rubrica, enquanto que os ganhos do México despencaram para meros US$ 13 bilhões.[13]

Em produtos têxteis e vestuário e ornamentos, que representam 6% das exportações industriais do México, o impacto chinês vem sendo devastador. Durante muito anos, as exportações mexicanas de vestuário e ornamentos aumentaram em paralelo com as da China. Em 1978, os mexicanos tinham uma participação de 0,6% do mercado global em vestuários e têxteis; já em 1999, essa fatia havia aumentado para 4,5% Durante o mesmo período, a participação chinesa aumentou de 2,4% para 15,4%.[14] No ano 2000, de acordo com cifras do Departamento de Comércio dos EUA, o volume das importações norte-americanas de têxteis e ornamentos mexicanos era mais do que o dobro das importações chinesas, mas em 2002 os chineses estavam na liderança. Nas categorias em que a China faz concorrência direta ao México, como a de produtos integrados, o avanço chinês mais do que triplicou entre 2001 e 2002, segundo dados da CCI. A tendência é que a situação piore para o México: conforme a ATMI, a fatia de mercado norte-americano dos sutiãs produzidos no México tinha projeções de queda de 47% em 2001 para 6% em 2004; já a fatia chinesa nesse mesmo mercado aumentaria de 5% para 67%. De acordo com o *Wall Street Journal*, 325 das 1.112 "maquiladoras" mexicanas de vestuário fecharam as portas desde janeiro de 2001.[15] Tudo somado, indicam as projeções da ATMI, a indústria mexicana de roupas perderá US$ 5,4 bilhões em decorrência direta da invasão chinesa no mercado norte-americano e mundial. Um estudo da CCI destaca que as fabricantes e grandes varejistas de adornos já reduziram seus fornecedores no México e é cada vez maior o número de outras empresas do setor que projetam fazer a mesma coisa quando expirar o regime de quotas previsto no Nafta. Os consultados nesse estudo destacaram como problemas mexicanos os crescentes custos trabalhistas, a qualidade oscilante, reduzida confiabilidade, perdas de mercadorias no transporte, reduzida disponibilidade de pacotes completos de serviços e a incapacidade dos fornecedores de diversificarem a produção para *jeans denim*, um produto com maior margem de lucro.

Em agosto de 2002, conforme o Departamento de Censos, as importações gerais norte-americanas da China superaram as compras procedentes do México pela primeira vez na história. Os dois países passaram a se alternar, durante vários meses, no segundo e terceiro lugares do *ranking* de principais fornecedores dos EUA (depois do Canadá), mas, a partir de maio de 2003, a

China assumiu a dianteira e não deu mais oportunidade ao México. Embora os números das importações do México possam apresentar uma recuperação temporária, como reflexo do aumento dos preços do petróleo, a tendência macro é seguramente inalterável. A dependência mexicana do mercado norte-americano como maior comprador significa que o destino de sua economia está intimamente ligado às oscilações registradas na economia dos EUA. Por exemplo, a pesada redução das exportações de máquinas do México para os EUA em 2001 pode ser explicada pela queda de 10% sofrida pela produção, nesse mesmo ano, da indústria automotiva norte-americana, que diminuiu suas compras de equipamentos elétricos do México na mesma proporção. Isso também é verdadeiro no setor dos eletroeletrônicos domésticos, em que as importações norte-americanas tanto da China quanto do México estão aumentando.[16]

Outros problemas são de responsabilidade exclusiva do México, e têm suas proporções aumentadas exatamente em virtude dessa concorrência. A Cofose, uma organização de promoção de comércio exterior, organizou uma viagem de estudos à China para que os empresários pudessem comparar os níveis de competitividade dos dois países. Os visitantes mexicanos colocaram a China em patamares superiores em todos os itens observados. A China, conforme observaram, ostentava visão nacional mais forte e definida, planejamento de longo prazo efetivo, um clima mais favorável aos investimentos (regulamentações claras, incentivos fiscais, ordem e segurança), mão-de-obra mais barata e produtiva, e custo menor dos insumos.[17] Um estudo da GE apresenta uma avaliação mais favorável aos mexicanos, destacando que, embora o México perca em matéria de custo do trabalho, custos da eletricidade e base de suprimentos, está em posição melhor (o que não é nenhuma surpresa) em matéria de custos de transporte e acordos de livre comércio, e também em produtividade, custo das telecomunicações internacionais, exigências de transferência de tecnologia e transparência positiva, observando que enquanto o México está em uma posição inferior a da China em termos de custo da mão-de-obra, custo de eletricidade e base de fornecimento, está melhor (o que não é surpreendente) em custos de transporte e acordos de livre comércio, e também em produtividade, custos internacionais de telecomunicações, exigências de transferência de tecnologia, garantia dos direitos de propriedade intelectual (DPIs), flexibilidade gerencial e transparência nas leis e decretos regulamentadores.[18] O governo mexicano adotou medidas destinadas a diminuir os custos da produção, reduzindo os impostos sobre empreendimentos e oferecendo espaços físicos para novas instalações de baixo custo, além de outros subsídios correlatos; resta comprovar, porém, se isto será o suficiente para conter a maré de empresas que buscam transferir suas instalações para a China, e se as empresas mexicanas serão capazes de se equiparar às da China enquanto mercado ou na condição de produtores secundários.

Amigos e rivais: a Asean e outros

A maioria dos membros da Associação das Nações do Sudeste Asiático (Asean) tem superávit comercial com a China, a quem vendem todos os tipos imagináveis de produtos, desde alimentos até matérias-primas e insumos semi-acabados. A China, enquanto isto, vai se infiltrando em um território tradicionalmente dominado pela Asean, o da montagem eletrônica: paralelamente ao crescimento da fatia chinesa do mercado global de produtos eletrônicos de 9,5% em 1992 para 21,8% em 1999, a fatia de Cingapura baixou de 21,8% para 13,4%. Enquanto a produção de computadores pessoais expandiu-se, na China, de 4% do total global em 1996 para 21% em 2000, a fatia de mercado da Asean caiu de 17% para 6%.[19] O superávit comercial da Asean tem servido como anteparo ao impacto chinês, mas ninguém garante que isso possa continuar ocorrendo no futuro. A adesão da China à OMC é como capaz de proporcionar oportunidades mais para as nações desenvolvidas, que negociaram concessões para seus principais interesses (como o setor de serviços para os EUA), do que para os países em desenvolvimento. As nações da ASEAN que fornecem insumos intermediários para a rápida expansão da indústria da China estarão em melhor situação que os países em desenvolvimento na América Latina e África, dependentes do setor que exige mão-de-obra intensivo, agora dominado pela China. Com o progresso da China será menor a necessidade de importar componentes de média tecnologia, pois os produtores chineses começam a aparecer no mercado. Ao mesmo tempo, empresas da Asean que vão sendo expurgadas dos lucrativos mercados de produtos acabados nas nações industrializadas irão perdendo não apenas receitas, mas igualmente nos fatores como aprendizado e reputação que acompanham a presença em tais mercados. Elas se tornarão cada vez mais dependentes da China – uma dependência que procuram reduzir mediante o estabelecimento de alianças com outras nações e pela retenção de fontes alternativas de abastecimento.

Além da ASEAN, países da América Latina, do subcontinente indiano, Europa Oriental e antigas repúblicas soviéticas, África, Oriente Médio e Ásia Central importam grandes quantidades de produtos chineses. Alguns deles têm algo a oferecer em termos de intercâmbio – em especial, petróleo e minerais para alimentar a insaciável economia chinesa (casos da Rússia e do Oriente Médio), ou, em outras instâncias, tecnologia (Israel e Índia, principalmente). Como indica um relatório do FMI, as importações de *commodities* explicam o elevado e equilibrado intercâmbio comercial da China com muitos dos países do "Clube dos 48" – as economias menos desenvolvidas do mundo. Nações menos desenvolvidas sem *commodities* que possam interessar à China pouco terão a oferecer a Pequim, exceto um ocasional voto de apoio nas Nações Unidas; mesmo assim, elas ajudarão a China a se recolocar como líder do Terceiro Mundo ao mesmo tempo em que Pequim procura chegar ao *status* de superpotência.

CAPÍTULO 6 ■ O DESAFIO ECONÔMICO **141**

O QUE VEM POR AÍ

Como mostra a Figura 6.2, a indústria chinesa vem avançando a partir da situação privilegiada em bens primários e produtos básicos em direção aos segmentos mais sofisticados da produção. Em 2002, de acordo com o Ministério de Comércio da China, eletrônicos e máquinas constituíam cerca de metade do total das exportações do país. A fatia chinesa no mercado global de eletrônicos mais do que dobrou em uma década, e agora já passa de 20% do total. Sua parcela do mercado de computadores pessoais quintuplicou em cinco anos! A maioria dos aparelhos de TV, gravadores de vídeo, DVDs e telefones

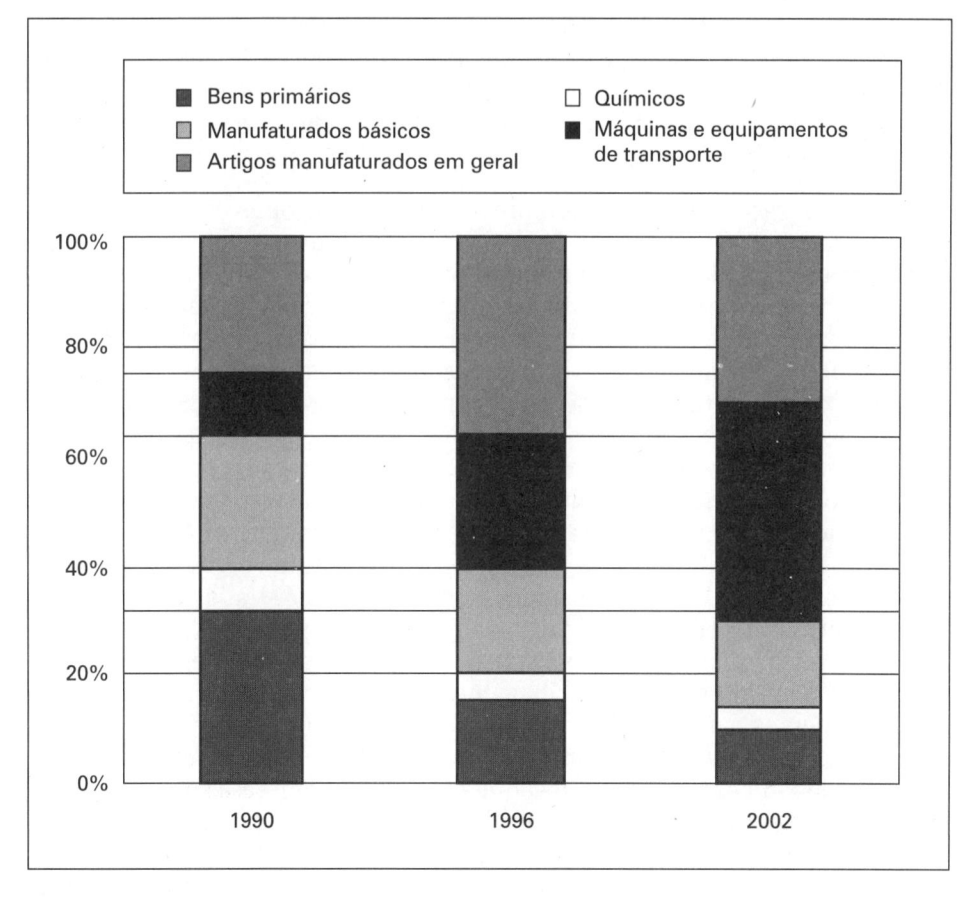

FIGURA 6.2 Composição das exportações da China.
Fonte: Anuário Estatístico Chinês – 2003.

celulares ou é *Made in China* ou inclui componentes chineses. A vantagem chinesa em termos de custos decorre cada vez mais da alta produtividade, economias de escala, indústrias de apoio e tecnologias avançadas de fabricação, e não simplesmente da vantagem da mão-de-obra intensiva e barata.

Na indústria automotiva, a China torna-se velozmente um núcleo de terceirização de componentes e emerge como exportador viável. A Volkswagen (VW) já começou a exportar seus carros feitos na China e projeta um aumento substancial do volume nos próximos anos. A Honda instalou sua primeira fábrica exclusivamente para carros de exportação. Quando o mercado automotivo chinês reduzir um pouco seu acelerado crescimento (o que, segundo se prevê, ocorrerá em um futuro ainda não previsível), a pressão para aumentar as exportações se intensificará à medida que os fabricantes – tanto estrangeiros quanto os "líderes nacionais" – tiverem algum motivo para se preocupar com a utilidade da enorme capacidade de produção que estão instalando. Considerando-se a superprodução que a indústria em geral apresenta e o avanço tecnológico das novas fábricas chinesas, é difícil deixar de ver que isso irá se refletir negativamente sobre mercados produtores de automóveis em países desenvolvidos como os Estados Unidos e várias nações da Europa.

Uma nova geração de grandes empreendimentos nacionais lidera a ofensiva chinesa no setor de tecnologia intensiva. A TCL está concluindo uma fusão com uma unidade da Thomson francesa que será o maior fabricantes mundial de aparelhos de televisão. A Haier detém 6% do mercado global de refrigeradores e produz também nos EUA; a concorrente chinesa da Haier, a Kelon, não fica assim tão distante. A Lenovo (ex-Legend) em computadores, servidores e telefones celulares (e crescendo igualmente no setor de serviços), a Huawei Technologies nas telecomunicações; a China Netcom em serviços telefônicos e a Pearl River em pianos estão dando os primeiros passos na consolidação de marcas com reconhecimento global. Tendo enfrentado em seu país a dura concorrência tanto de empresas nacionais quanto estrangeiras (a maioria das indústrias chinesas tem baixos índices de concentração, o que significa que seus principais produtores controlam somente pequenas fatias de mercado), essas empresas desenvolveram capacidades competitivas, entre elas a possibilidade de reagir rapidamente às variações na demanda. Empresas que trabalharam como fabricantes de equipamentos originais (FEOs) ou fornecedoras de componentes para os conglomerados ocidentais aprenderam toda a importância de cada minuto de redução no processo de produção ou de cada centavo poupado em custos materiais. O que falta a essas empresas em tecnologia, *marketing* e logística é compensado pela contratação de pessoal local – especialmente chineses que trabalharam para multinacionais estrangeiras, mas também retornados e expatriados. As empresas chinesas estão igualmente sempre atentas às oportunidades de aquisições no exterior. Duas empresas chinesas, uma delas inteiramente carente de tecnologia automotiva, chegaram na frente das demais para adquirir a Sanyong Motors, uma unidade de um chaebol (grandes conglomerados industriais) sul-coreano, aquisição essa que daria ao ganhador da concorrência imediato acessso a tecnologia avançada e a uma cadeia de suprimentos global.

Estes avanços ampliarão ainda mais o raio de influência da China. Os emergentes conglomerados chineses, que já ostentam condições de enfrentar de igual para igual as multinacionais estabelecidas no mercado nacional, têm como objetivo maior os grandes mercados internacionais. Dentro de alguns anos, fabricantes chineses de produtos de consumo (como a Nice, que já supera no plano nacional as vendas da Unilever e da P&G na categoria de detergentes domésticos) estarão se lançando em empreendimentos no exterior, em busca de novos cenários de concorrência. E, embora os provedores chineses de serviços ainda tenham décadas de atraso a recuperar, poderão recorrer às capacidades financeiras de Taiwan, Hong Kong e da Diáspora chinesa para consolidar sua posição em navegação marítima (setor no qual a China já ocupa posição de destaque) e aviação, serviços de engenharia, e, dentro de alguns anos, de pesquisa e desenvolvimento.

A PREPARAÇÃO PARA O SÉCULO DA CHINA

A reação do mundo empresarial ao desafio chinês é, até agora, diversificada. Muitos setores industriais e empresas foram, sem dúvida, apanhadas de surpresa, despreparadas para essa competição e sem conseguir entender a ameaça ao seu atual modelo de negócios ou a repentina aceleração das mudanças estruturais que, no passado, levaram décadas para se consumar. Algumas ficaram a tal ponto ofuscadas pelas perspectivas vistas no mercado chinês que acabaram deixando de lado qualquer providência para defender seu próprio quintal; outras desistiram, depressa demais, da possibilidade de tirar proveito da prosperidade chinesa, perdendo oportunidades para protagonistas mais agressivos. Outras, ainda, foram desviadas do foco maior da questão pelas gastas e já obsoletas reações dos sindicatos norte-americanos, há muito tempo empenhados em denunciar os comprovados índices de violações dos direitos humanos na China, sem conseguir apresentar, como solução do problema, qualquer proposta mais prática e produtiva do que um mal disfarçado protecionismo.

Alguns setores industriais depositam suas esperanças na pressão política, alentados com o ultimamente demonstrado interesse dos políticos pela questão do emprego; mas com isso estão, no máximo, ganhando tempo. (Os produtores de têxteis e vestuário já ganharam algum alívio em matéria de quotas, mas, à medida que essas salvaguardas forem expirando já no final de 2008, essa tática será também uma possibilidade esgotada de garantir o futuro desses setores.) Há quem acredite que ajustes cambiais poderão dar conta do problema; convém, porém, não esquecer o que aconteceu em meados da década de 1980, quando a valorização do iene japonês em função do Acordo do Plaza proporcionou, no máximo, uma contenção temporária do *crescimento* do déficit comercial norte-americano. Mesmo em um eventual cenário de radicais 30/40% de aumento no valor do iuan – a moeda chinesa –, os produtos chineses de baixo custo devido aos baixos salários pagos aos trabalhadores dos setores de produção continuariam a desfrutar de uma enorme vantagem em preços, embora algumas categorias, como a dos *chips* eletrônicos, possam ser realmente beneficiadas. Em resumos, os setores da produção e comércio não deveriam contar com o governo para garantir sua sobrevivência, mas, sim, preparar-se intensivamente para as novas realidades que surgem no horizonte econômico.

Um novo esquema de jogo

Para as empresas que operam nos setores de mão-de-obra intensiva, o fim está próximo. Para muitas empresas de países desenvolvidos, especialmente as que não contam com a capacidade de ditar preços a partir da força da marca ou de qualidades exclusivas, a melhor opção é simplesmente abandonar o mercado. Trata-se, evidentemente, de um remédio brutal com terríveis conseqüências para funcionários e comunidades inteiras, mas que ainda assim seria alternativa melhor que uma prolongada agonia, ao possibilitar uma realocação, em vez do esgotamento, do capital e dos recursos humanos. As empresas dos países em desenvolvimento têm melhores oportunidades de sobreviver a este confronto, porque as melhorias que precisam fazer no setor de mão-de-obra intensiva são bem mais modestas do que as exigidas dos concorrentes nos países industrializados, embora assim mesmo venham a necessitar obter o indispensável *know-how*. Na verdade, a aliança entre o produtor de um país desenvolvido que tenha os adequados processos e a tecnologia, e um produtor num país menos desenvolvido com uma base de custo mais reduzida é uma das maneiras de enfrentar e resistir ao avanço dos chineses.

A empresa que não quiser abandonar o mercado precisará em primeiro lugar desenvolver de imediato um novo esquema de jogo, capaz de mostrar como pretende agir para jamais se tornar a "fábrica do dia" na relação dos fechamentos. Uma alternativa seria a exploração de linhas de produtos em que as qualificações especiais e o trabalho representem uma parte relativamente pequena do custo total. Isoladamente, a automação não é uma garantia plena de sucesso do empreendimento. Os chineses também estão automatizando tudo o que podem, principalmente aquilo que faz sentido automatizar, e não se deve esquecer que a vantagem deles em custo do trabalho muitas vezes mais do que compensa um índice reduzido de automação. Em um cenário de altos custos, atingir o ponto em que as melhorias em produtividade superam as vantagens do custo do trabalho exige mudanças de alta intensidade, como aquelas implementadas pela American Axle, que reduziu o tempo necessário para gerar US$ 1.000 em receita de dez horas em 1994 para 3,8 horas em 2003, aumentando paralelamente a qualidade.[20]

Uma solução é empregar a capacitação tecnológica em áreas relacionadas não apenas à manufatura, mas também em serviços de acelerado crescimento. A SRC Holdings, por exemplo, diversificou em áreas de maior margem como logística e *software* comercial, publicidade, bancária e negócio de spa para sustentar suas operações principais de manufatura. A Malden Industries foi mais longe ao utilizar parte de suas terras em Lawrence, Massachusetts, em projetos imobiliários, enquanto intensificava os avanços em pesquisa e desenvolvimento para manter sua posição de mercado contra a concorrência dos chineses.[24] A customização, um tradicional instrumento de sobrevivência para inúmeras pequenas e médias empresas dos EUA, é uma estratégia viável nos casos de produtos de pequenos lotes, caros, de difícil transporte, ou que exijam prazos de finalização mais reduzidos que os ciclos de produção e transporte (normalmente de três semanas) já garantidos pelos chineses.

Procurar nichos superiores de mercado é uma estratégia que já deixou de ser garantia de sobrevivência. Como comprova a Henredon Industries, as empresas chinesas estão ganhando espaço também nesse segmento, acompanhados por concorrentes de outros países, todos buscando fugir da mesma condenação imposta pelas baixas margens de lucros. A grife é um componente fundamental nessa estratégia, mas, com o aumento do número dos produtores de países desenvolvidos que abandonam seus mercados, as empresas chinesas têm conseguido comprar também marcas tradicionais, com isso eliminando o efeito da grife. Isso deixa o desenvolvimento tecnológico e inovação, ainda o calcanhar de Aquiles dos chineses, como uma solução – desde que a empresa que a eles recorrer tenha condições de garantir seus direitos a tudo que fizer no setor. O ponto de partida da empresa deveria ser o entendimento de que tanto sua tecnologia quanto o *know-how* são vulneráveis, com ou sem a presença da China. Como observa o ministro conselheiro (especialista em questões comerciais chinesas) Thomas Boam, "se algo pode ser copiado, será copiado". Estar fisicamente presente na China acabará expondo o processo produtivo de uma empresa em todas as suas complexidades, mas também lhe proporcionará um ganho em poder de pressão sobre as autoridades chinesas para que persigam e punam os infratores. Existem medidas óbvias que uma empresa deve adotar para reduzir seus riscos, desde soluções tecnológicas (como o uso de *chips inteligentes*) até procedimentos operacionais (a empresa deve pensar como uma organização de inteligência – enquanto coleta e análise de informações –, compartilhando tecnologia e *know-how* no nível mínimo indispensável) e de governança (a empresa deve optar pela total propriedade de filiais no exterior, exceto quando surgir um sócio chinês em condições de assegurar vantagens fundamentais não disponíveis em parte alguma do resto do mundo, ou quando tiver motivos plausíveis para acreditar que o sócio jamais irá copiar ou transferir para um concorrente a sua tecnologia patenteada).

Se não é possível bater o concorrente...

Com a provável intensificação das pressões em todos os setores do mercado – exceção para os mais exclusivos –, a terceirização pode surgir como componente vital de qualquer plano de sobrevivência da empresa. A Furniture Brands, maior empresa de móveis residenciais nos EUA, fechou 17 plantas no país como parte de um projeto de transferência da produção para a China. A Henredon Furniture abastece quase um terço de suas linhas de produtos em economias de baixo custo, inclusive a da China. A GE planeja fazer o mesmo com a sua linha de refrigeradores, enquanto a Maytag passou a importar componentes chineses a fim de baixar o preço de suas máquinas de lavar louça. A terceirização permite a redução de custos sem sacrificar a presença no mercado e, sempre que conjugada com controles de qualidade apropriados, a imagem da marca. A estratégia não deixa de apresentar seus problemas, entre eles o cultivo de futuros concorrentes, algo que pode ser parcialmente limitado mediante a manutenção da exclusividade de alguns componentes vitais. Algumas empresas, como a Cutting Edge, uma pequena divisão da CB Manufacturing no estado de Ohio, procura consolidar a terceirização de atividades na China com a oferta de serviços semelhantes a pequenas e médias empresas nos Estados Unidos.[22]

A terceirização nem sempre é suficiente para a otimização da produção, mesmo quando acompanhada por outras medidas do gênero. O *Wall Street Journal* acompanhou e divulgou todo o esforço da última fábrica da Furniture Brands na Carolina do Norte para continuar operando mediante a melhoria da qualidade, ajustamentos no leiaute, aproveitamento das sugestões dos empregados e a utilização de alguns insumos chineses, sem ter ainda concluído se isso tudo será o bastante para impedir o fechamento dessa fábrica.[23] Há também o caso da Nippert, de Ohio, fornecedora de hastes e fiação de cobre do setor automotivo que se viu pressionada a reduzir seus custos em no mínimo 5% ao ano para concorrer com fornecedores estrangeiros. Obrigada a alcançar padrões indispensáveis para obter a certificação ISO (International Organization of Standardization) e submeter-se a controles de poluição com os quais seus concorrentes asiáticos não precisam preocupar-se, e não tendo controle sobre o preço do metal (um dos principais componentes dos custos), a Nippert recorreu a todas as eficiências imagináveis e então começou a terceirizar em Taiwan, economizando assim cerca de 70% em custos de maquinário. Ainda assim, a concorrência chinesa continuou a corroer sua base de clientes. Ao perder o maior destes, que ficou sem condições de concorrer com outro fabricante que havia decidido, em tempo hábil, transferir a produção para a China, a Nippert vendeu seu negócio de montagem e passou a concentrar-se na capacidade maior: a fabricação de moldes de cobre. (A moldagem final passou a ser feita na China.) Com a China monopolizando o mercado de refugos de metal, os preços para os produtores nacionais aumentaram, fragilizando ainda mais a posição da Nippert. Ela começou a demitir pessoal, a qualidade baixou, e, com a redução do capital disponível para P&D e novos equipamentos, as possibilidades de uma reação tornaram-se mínimas.[24]

Embora a alvorada chinesa acelere as atribulações de produtores como a Nippert, a verdade é que também abre novas portas. A terceirização na China não é apenas uma estratégia de sobrevivência em um mercado cruel: ela representa igualmente inéditas oportunidades para o surgimento de novas empresas. Veja-se o caso de Dan Zubic, que também se tornou assunto de destaque nas páginas do *Wall Street Journal*. Um norte-americano que havia sido demitido da divisão de televisores da NEC, Zubic fez uma parceria com um dos fabricantes de TVs de Taiwan (a maioria dos quais produz mesmo é na China continental) para criar uma nova empresa,[25] algo a que ele jamais se atreveria quando a GE, RCA, Motorola e mais tarde a Sony, a Matsushita e a Samsung dominavam esse mercado.

Por fim, o fluxo comercial quase equilibrado da China prova que não é impossível vender nesse mercado, que é o de mais acelerado crescimento no mundo inteiro. A maioria das grandes corporações multinacionais – Goodyear, Toshiba e Nestlé, entre tantas outras – expande suas operações na China, o que garante que irão continuar procurando parceiros e fornecedores com os quais possam trabalhar globalmente. A companhia que optar por não levar em consideração a possibilidade de atender ao mercado chinês pode ter uma certeza: a de que outra empresa – muito provavelmente chinesa – entrará nesse mercado. Não se está dizendo aqui que fazer negócios na China é garantia plena de sucesso. Para citar novamente o ministro conselheiro Thomas Boam, "existem apenas dois tipos de empresas estrangeiras na China: as que estão obtendo lucros fabulosos e aquelas que estão perdendo até a roupa do corpo. O segundo grupo é não apenas considerável, mas está aumentando". Para figurar no primeiro grupo, uma empresa precisa acima de tudo fazer o "tema de casa": entender como funciona o cenário chinês, e determinar a melhor maneira de desenvolver e proteger uma vantagem competitiva sob regras do jogo que estão sempre mudando. A mesma fórmula se aplica ao jogo da China como um todo.

7
Rumo ao Oriente, sempre o Oriente, cada vez mais longe: lá está o emprego

A migração de empregos para destinos que antes não figuravam no mapa econômico do mundo, entre eles a China, está no centro de intenso debate em andamento nos Estados Unidos e em outros países com interesses semelhantes, principalmente os do mundo industrializado. Essa migração é responsabilizada pelo "retorno do desemprego" nos EUA, onde o índice de criação de empregos perde para o da recuperação econômica em proporções superiores às registradas em qualquer outro momento desde a recessão pós-II Guerra Mundial, assim como pelo crescimento zero do número de empregos no México e em outras economias em desenvolvimento. Na verdade, a migração de empregos não é o fator único nem o principal das demissões em andamento: ganhos de produtividade decorrentes de novas tecnologias (por exemplo, a automação), investimentos em capitais, aperfeiçoamento de processos e aumento das capacidades também o são; e não é só isso, pois mudanças estruturais cíclicas não relacionadas com intercâmbio comercial, empregos alternativos no setor de serviços e o peso das regulamentações e da carga tributária são igualmente elementos de peso no cenário dos empregos. Ainda assim, a migração, em suas várias formas, é responsável por uma significativa parcela dos empregos perdidos nos EUA, e em outras economias, e o impacto que isso provoca deve continuar a ser sentido em grande escala nos próximos anos.

Com base em dados do Trade Adjustment Assistance (TAA – um programa do Departamento do Comércio), os EUA perderam 6,4 milhões de empregos para concorrentes estrangeiros entre 1979 e 1990, o que representa um terço dos 17 milhões de empregos industriais eliminados nesse período, conforme Lory Kletzer, economista da Universidade da Califórnia/Santa Cruz.[1] Analisando dados fornecidos pelo Departamento do Trabalho, Barhan e Kroll constataram que, entre 2001 e 2003, o setor manufatureiro eliminou 12,8% dos empregos (em contraste com aumento de 1,4% no setor dos serviços), e as indústrias sob risco de terceirização foram as que mais perderam, com as de produtos eletrônicos e componentes eletrônicos e semicondutores (setores nos quais as importações da China assumem vulto crescente) ficando, respectivamente, 24% e 22,9% abaixo de seus níveis anteriores de empregos.[2] A consultoria Goldman Sachs estima que 20% dos empregos no setor manufatureiro dos EUA, representando meio milhão de colocações e incluindo setores que exigem qualificações em projeto e tecnologia, foram transferidos para outras nações.[3]

A China não é a responsável isolada pela perda de empregos para concorrentes estrangeiros, e, no setor de serviços, não chega sequer a ocupar o primeiro lugar nessa relação nefasta para os norte-americanos. Trabalhadores norte-americanos que perderam seus empregos nas áreas da tecnologia da informação ou dos *call centers* podem lançar olhares acusadores para a Índia, cuja responsabilidade pelos seus problemas é maior do que a China. Processadores de indenizações no ramo dos seguros podem ser substituídos por irlandeses em busca de trabalho, mesmo que estes corram também o risco de perdê-los em seguida para trabalhadores poloneses recém-chegados a esse mercado. Quanto aos projetistas de aviões, melhor é que comecem a tomar cuidado com a concorrência dos russos. A China não chega a ser sequer protagonista de destaque no setor de serviços, embora já se esteja configurando como provável destino para *softwares* adaptados e aplicativos contábeis de suporte para empresas financeiras, além de estar concorrendo com empresas japonesas e sul-coreanas em matéria de *call centers*.[4] Dados compilados pelo McKinsey Global Institute mostram a China como o destino de apenas US$ 1,1 bilhão em serviços, em comparação com os US$ 7,7 bilhões destinados para a Índia e US$ 8,3 bilhões para a Irlanda (embora os dados da China ainda sejam mais sólidos que os da Austrália e da Rússia, entre outros concorrentes).[5]

Contudo, trabalhadores do setor de manufatura ou de alguns dos seus vários segmentos de suporte, tanto direto (projeto de produtos, por exemplo) quanto indireto (serviços de engenharia e consultoria, entre outros), certamente não deixarão de dar importância a uma força de trabalho de 750 milhões de chineses, à espera de oportunidades numa economia globalizada em que os fatores de produção são crescentemente deslocáveis. Historicamente mais suscetível às transferências de ocupações (a produtividade na indústria, por exemplo, cresceu bem mais do que nos serviços), a manufatura deu cabo de quase três milhões de empregos nos EUA num período de apenas três anos. Boa parte destas perdas pouco tem a ver com a concorrência estrangeira, nem se situa em setores com um contínuo declínio do nível de empregos ao longo dos últimos anos. Ainda assim, as perdas de empregos atribuídas às economias em desenvolvimento de modo geral, e à China em particular, estão no centro de acirrados debates políticos tanto nos EUA quanto na União Européia e no

CAPÍTULO 7 ■ RUMO AO ORIENTE, SEMPRE O ORIENTE, CADA VEZ MAIS LONGE: LÁ ESTÁ O EMPREGO   **151**

Japão. A China tem levado igualmente a culpa pela queda do nível de emprego em países em desenvolvimento – como o México, que atribui aos chineses a responsabilidade pela fuga de investidores estrangeiros e pela continuada queda da fatia mexicana no lucrativo mercado das exportações.

MIGRAÇÃO DE EMPREGOS: MITO OU REALIDADE?

O vocabulário criado em torno da questão da migração de empregos chega a ser confuso, de tão variado e tão freqüente atualização. Terceirização, por exemplo, é encarregar outras empresas, divisões ou filiais da concretização de parte da cadeia de valor (um motor de eletrodoméstico, por exemplo) de uma empresa. Terceirização no exterior, ou *off-shoring* (um termo que tanto pode ter conotação virtual como envolver a movimentação física de elementos da cadeia de valor), é o mesmo que terceirização simples, com a diferença de que o trabalhado encomendado será realizado em outro país. Deslocamento de comércio é a perda de empregos causada pela importação em grande escala que acaba tirando os produtores nacionais de um determinado mercado. Ele é definido e mensurado em termos de concorrência entre importações num mercado determinado, mas os trabalhadores nacionais também saem perdendo quando ocorrem crises nos mercados estrangeiros aos quais se destinam as exportações dos setores em que eles operam; além disso, eles têm prejuízos em termos de demanda futura, nacional e no estrangeiro. Investimentos voltados para o exterior, outra fonte de redução de empregos, ocorrem quando os produtores nacionais transferem a produção para fábricas no estrangeiro, ou quando a construção de uma nova fábrica no exterior não se traduz em contratação de mão-de-obra do local de origem do financiamento e/ou transferência.

Não existem estatísticas abrangentes sobre migração de empregos. Os números divulgados na mídia dão conta normalmente de um único tipo de migração (como a de *off-shoring* ou de deslocamento de comércio, o que tende a reduzir o impacto total da migração de empregos). Por exemplo, os defensores da terceirização no exterior argumentam que o fenômeno representa apenas pequena parte da perda total de empregos, mas raramente mencionam tratar-se de somente um dos aspectos da concorrência por empregos no exterior. Além disso, algumas das estimativas mais freqüentemente citadas transmitem nítida tendência à redução. Por exemplo, as estatísticas do TAA baseiam-se no programa do governo federal Trade Adjustment Assistance, que, como destaca Jon Honeck, da ONG Policy Matters, de Ohio, reduz consideravelmente os números dos empregos perdidos – para poder fazer parte das cifras do programa, é preciso estar cadastrado, mas são incontáveis os trabalhadores que sequer conhecem a existência do programa; além disso, o TAA não cobre provedores de serviços (mesmo quando relacionados com a manufatura), nem fornecedores externos ou internos, ou (até recentemente) empregos realocados para outros países que não o México ou Canadá.[6] Quanto aos investimentos direcionados para o exterior, pelo fato de ser muito difícil avaliar corretamente o seu impacto, dificilmente são incluídos nas estimativas de empregos perdidos; em contrapartida, investimentos estrangeiros no país freqüentemente entram nessas estimativas, o que aumenta a incorreção das cifras. A confusão em torno dos números torna-os presa fácil de apropriação indébita para fins políticos, tanto por parte dos defensores quanto dos detratores da migração de empregos.

Migração e perda de empregos

Se existe alguma coisa sobre a qual ninguém tem dúvida é a clara ascensão dos fluxos de produção presentes nas várias modalidades de migração de empregos. De 1987 até 1997, a fatia dos insumos estrangeiros na manufatura norte-americana (uma medida da terceirização) cresceu de 10,5% para 16,2%, e de 26% para 38% nos setores de alta tecnologia.[7] Existe um consenso de que os EUA lideram em terceirização no exterior, com mais de dois terços do mercado global, e de que esse fluxo só tende a aumentar; recente estudo envolvendo diretores financeiros de empresas norte-americanas constatou que 27% dessas firmas estavam planejando terceirizar no exterior, e que 61% das empresas já engajadas nessa prática preparavam expandir e ampliar essa modalidade. Em 2004, 86% das empresas que responderam a uma enquete da DiamondCluster International (uma consultoria internacional sobre elaboração e implementação de estratégias em tecnologia) pretendiam aumentar a terceirização de tecnologia estrangeira, em comparação com 32% que haviam respondido da mesma forma em estudo realizado apenas dois anos antes.

Levando-se em consideração as tendências acima descritas, o impacto sobre os empregos não poderia ficar para trás. A Forrester Research tem projeções segundo as quais até 2015 a terceirização exterior terá provocado a eliminação de 3,3 milhões de empregos nos EUA, especialmente no setor de serviços, representando mais de US$ 130 bilhões em salários (é importante observar que grande parte desse impacto está previsto para os últimos anos desse prazo, e que a perda anual parece ínfima num mercado de trabalho de 130 milhões de participantes). O McKinsey Global Institute prevê a perda de 200 mil empregos por ano por conta da terceirização no exterior, enquanto o site *Economy.com* estima que a perda de 300 mil empregos por ano observada em nossos tempos dobrará até o final desta década.[8] No ano de 2010, 277 mil empregos na área da ciência da computação, 162 mil na área de operações de negócios e 83 mil na arquitetura terão se transferido dos EUA para países de salários mais baixos, como a Índia e a China.[9] O deslocamento comercial – um tanto deixado de lado em conseqüência do alarido provocado pela terceirização no exterior – continua a contribuir significativamente para a eliminação de empregos, com a média anual de 270 mil entre 1989 e 2000, de acordo com estatísticas do Departamento do Trabalho do governo federal.[10] Um estudo da ONG Policy Matters, de Ohio, calculou que os déficits comerciais dos EUA entre 1994 e 2000 eliminaram 135 mil empregos (entre existentes e projetados) somente no estado de Ohio, 100 mil dos quais no setor manufatureiro. Por fim, os EUA têm o maior estoque de investimento direto estrangeiro e suas filiais estrangeiras – como aquelas de outras nações – competem com os empregos domésticos de duas formas: a primeira, pela transferência de empregos que, de acordo com o plano original, seriam nacionais: a segunda, exportando para os próprios EUA e assim deslocando trabalhadores norte-americanos empregados por seus concorrentes nacionais.[11]

O contexto

Para fazer uma análise equilibrada, é preciso lembrar que a economia elimina e cria inúmeros empregos, sejam quais forem as situações de intercâmbio comercial; isto ocorre sobretudo nos EUA, com sua economia bem mais flexível do que quase todas as demais. Todos os anos, milhões de norte-americanos se afastam dos seus postos de trabalho – por decisão própria ou outros motivos – e milhões de empregos se perdem (muitos deles, para sempre, como no caso dos datilógrafos), enquanto milhões de novos empregos são criados no chamado processo de "criação destrutiva". A migração de empregos em si não é uma via de mão única; o que para um país é terceirização, para outro é contratação. Os EUA enfrentam enorme déficit no intercâmbio comercial, que elimina empregos pelo deslocamento de comércio, mas desfrutam de um considerável superávit em serviços comerciais – uma forma de absorção pela economia norte-americana – como os de consultoria e engenharia. O Instituto de Investimentos Internacionais (Institute for International Investment) sustenta que, nos últimos 15 anos, os empregos gerados pela absorção de atividade econômica tiveram um aumento anual de 7,8%, enquanto os empregos terceirizados cresceram 3,8% ao ano no mesmo período. Em 2001, segundo dados do Departamento de Comércio, as empresas norte-americanas exportaram US$ 280 bilhões em serviços diretamente e outros US$ 432 bilhões por meio de filiais de suas empresas; ao mesmo tempo, empresas estrangeiras venderam aos EUA serviços no montante de US$ 202 bilhões e US$ 367 bilhões, respectivamente. As exportações norte-americanas de serviços privados, como consultoria, serviços bancários e de engenharia, superaram os US$ 130 bilhões em 2003, enquanto as importações ficaram em US$ 78 bilhões.[12]

Embora a terceirização elimine muitos empregos, ela também os cria. Isto se dá diretamente pela criação de demanda por emprego em setores associados à mobilidade dos insumos de produção e de produtos acabados (como logística, transporte e varejo), e indiretamente pelo aumento da competitividade da empresa local. A terceirização permite a uma empresa concentrar-se naquilo que faz melhor (por exemplo, projeto e desenvolvimento de novos produtos) e permite a distribuição de recursos dentro de áreas de vantagem comparativa que, ao menos nas economias desenvolvidas, produzem maior valor agregado e oferecerem os melhores salários. O diretor do Conselho de Assessores Econômicos do presidente George W. Bush falava dos benefícios deste processo ao considerar a terceirização um fator positivo para a economia dos EUA, embora tenha errado ao não considerar também seu potencial negativo e ao não mostrar qualquer indício de solidariedade para com os trabalhadores deslocados pela terceirização. Os trabalhadores transferidos para estabelecimentos terceirizados sentem-se mais motivados por funções vistas, no país-sede, como indignas de sua atenção.[13] A empresa de consultoria Global Insight argumenta que as atividades de terceirização no exterior reduzem os índices de inflação e aumentam a produtividade. Sustenta ainda que a terceirização no exterior criou um contingente líquido de 90 mil empregos até o final de 2003, e dará origem a mais de 300 mil novos empregos até o final de 2008, pelo fato de tornar os produtores norte-americanos mais competitivos e mais focados nas exportações.

As importações não resultam necessariamente na perda de empregos, se o produtor estrangeiro decide instalar suas fábricas no mercado hospedeiro. Mesmo tendo os EUA o maior estoque de investimentos estrangeiros, é também o principal destino de investimentos internos e foi o segundo maior receptor global de investimentos em 2003, perdendo apenas para a China. Cerca de 6,5 milhões de norte-americanos trabalham para filiais de empresas estrangeiras nos EUA e, como observou a Organização para o Investimento Internacional (Organization for International Investment), as firmas estrangeiras tendem a pagar mais – em média – do que as norte-americanas. Além disso, sem importações não haveria exportações, as quais de modo geral têm maior compensação média. Ainda assim, as exportações tendem a criar empregos, enquanto que a tendência das importações é pela sua eliminação, e o problema para os EUA é o seu colossal déficit comercial; em outros termos, o potencial de redução de empregos das importações pesa muito mais, em termos econômicos, do que o potencial de aumento de empregos das exportações.

Modelos econômicos como o do Instituto de Política Econômica (Economic Policy Institute – EPI), que analisa o impacto do emprego tanto das importações quanto das exportações, mostram uma perda de três milhões de empregos e oportunidades de emprego nos EUA entre 1994 e 2000 – a diferença entre os 2,77 milhões de empregos criados devido às exportações e os 5,8 milhões de empregos perdidos por causa das importações.[14] Como se não bastasse, os empregos criados não são necessariamente melhores que os eliminados. Era crença geral, não muito tempo atrás, que os EUA exportavam empregos simples, de baixos salários, e importavam empregos que exigiam alta qualificação. Nada disso continua valendo: é que os empregos intensivos em conhecimento também estão sendo eliminados. Finalmente, as pessoas que perdem e aquelas que ganham colocações como resultado da migração de empregos não são as mesmas, não trabalham nas mesmas indústrias e não vivem nas mesmas regiões. Assim, ainda se a migração de empregos fosse positiva em um nível macro, continuaria existindo o problema daqueles que acabam pagando o preço pelo presumido benefício geral.

QUEM SE BENEFICIA?

O McKinsey Global Institute argumenta que a terceirização no exterior cria uma rede adicional de valor para as exportações. De acordo com essa análise (que utiliza o processo de terceirização da produção para a Índia como exemplo), a cada dólar terceirizado, a economia dos EUA obtém entre US$ 1,12 e US$ 1,14, enquanto que o país hospedeiro fica com apenas 33 centavos de dólar. O lucro norte-americano procede da combinação de redução de custos (58 centavos), das compras de fornecedores norte-americanos (5 centavos) e da repatriação de receitas (4 centavos) que compõem um lucro retido diretamente de 67 centavos; entre 45 e 47 centavos mais, é o cálculo, procedem da realocação da força de trabalho para empregos de maior valor e com melhores salários

Como o relatório do McKinsey não fornece a análise factual em que baseia seus números (a instituição explica que eles estão baseados em uma interpretação conservadora dos padrões históricos), torna-se impossível garantir a validade destes números. Todavia, o relatório parece fazer razoável quantidade de previsões otimistas que talvez não venham a se materializar. Por exemplo, o componente "repatriação de lucro" da fórmula é suspeito não somente porque os contratos de investimentos estrangeiros nas economias em desenvolvimento freqüentemente limitam as remessas dos lucros, mas também porque as empresas preferem cada vez mais aplicar os lucros diretamente nos mercados de alto crescimento, como China e Índia, a fim de financiar sua própria expansão e presença nesses locais promissores. A análise do McKinsey também não consegue definir o valor das capacidades que os países receptores obtêm como resultado da terceirização e que, eventualmente, aumentarão suas qualificações para concorrer com os produtores dos países de origem. Este benefício do país receptor (que aparecerá finalmente contabilizado como deslocamento comercial) desafia o maior benefício do país de origem, nominalmente os ganhos obtidos para os investidores dos EUA e/ou consumidores. O cálculo do McKinsey não inclui os danos associados à perda do poder de compra decorrente da demissão de trabalhadores (inclusive o prejuízo geral causado pela queda de arrecadação do imposto de renda), possivelmente por estimar que a diferença será compensada, com sobras, pelos empregos de altos salários. Não há, no entanto, certeza de que esta compensação se concretize. E, se os produtores estrangeiros acabarem em uma posição de oligopólio (o que é bastante possível, dado o domínio exercido pela China em várias linhas de produção e à consolidação em fase adiantada de suas indústrias), os ganhos para os consumidores podem desaparecer. Finalmente, se de fato a maioria dos benefícios é repassada aos investidores e consumidores enquanto a maior parte dos custos é sustentada pelos empregados, torna-se possível a emergência de um alto custo social que não é devidamente valorizado na fórmula do McKinsey.

Macropromessa e microrealidade

Mesmo que o leitor – como ocorre com o presidente da Junta da Reserva Federal (ou Banco Central) dos EUA – acredite fielmente na vitalidade da economia norte-americana, resta espaço para algumas dúvidas sobre as perspectivas futuras da indústria, empresa e emprego. A realocação de recursos que pode ser benéfica no longo prazo para a população em geral apresenta desafios imediatos para determinadas categorias de indústrias e empregos e – como resultado – para os cidadãos, famílias e comunidades. Os que forem prejudicados pouco consolo encontrarão num benefício comum que não será por todos compartilhado, nem no fato de que (conforme as previsões dos especialistas em demografia) os EUA ainda chegarão a uma situação de escassez de trabalhadores à medida que sua população, como a de todos os demais países industrializados, continuar envelhecendo. Os prejudicados também pouco consolo encontrarão na constatação de que os EUA não serão o único país afetado, nem na crença de que tudo isso que acontece hoje já ocorreu anteriormente.

Pela perspectiva dos trabalhadores, a redistribuição é mais fácil de dizer do que de fazer. Como Ron Hira, do Institute of Electrical and Electronic Engineers (IEEE), pergunta, até que ponto é realista esperar que um engenheiro com 20 anos de profissão venha a conseguir emprego como enfermeiro? E quais empregos, e em que setores, os 32 mil trabalhadores dispensados pelas fábricas de móveis dos EUA em apenas últimos dois anos e meio – muitos deles altamente especializados – poderão conseguir? É verdade que as exportações criam empregos, mas os EUA ostentam há muito tempo um colossal déficit em sua balança comercial. Alguns dizem que este déficit não tem importância, mas outros – inclusive o autor deste livro – não concordam com tal entendimento. Além disso, como numerosos estudos têm comprovado, os empregos criados pelas exportações raramente são destinados àqueles trabalhadores deslocados devido às importações; cerca de um terço dos trabalhadores do setor de manufaturas deslocados pela concorrência estrangeira não conseguiram encontrar novos empregos. Dois terços dos que conseguiram novos empregos passaram a receber menos do que nas antigas funções, e, enquanto a perda salarial média atingiu 13%, 25% sofreram reduções superiores a 30%. Os que encontraram colocação no setor de serviços, em que o salário médio é apenas levemente superior à metade daquele da manufatura, e em que os novatos não têm *know-how* e experiência, sofreram uma queda salarial particularmente dura.[15]

Estados com elevada concentração de manufatura, entre eles o Ohio, são especialmente vulneráveis à perda de empregos. A já referida ONG de Ohio, Policy Matters, alimentou o modelo econômico do EPI, que analisa tanto as exportações quanto as importações, com dados do programa TAA e do Nafta. O estudo identificou mais de 45 mil empregos perdidos devido à concorrência no comércio entre janeiro de 1995 e outubro de 2003. Mais de 75% das perdas ocorreram no período 1999/2003, com os salários do setor manufatureiro no segundo trimestre de 2003 decrescendo US$ 1,21 bilhão em relação aos de três anos antes. Embora os deslocamentos comerciais gerados pela China (como os de qualquer outro país, exceto Canadá e México) não foram incluídos no estudo, a Reserva Federal em Chicago destaca que os setores-chave da economia do Meio-Oeste dos EUA (como a indústria automobilística) ficaram recentemente expostos à concorrência chinesa, com empresas como a *Nippert* (ver Capítulo 6, "O desafio empresarial") sofrendo pesados golpes. As perdas de empregos variam enormemente dentro do estado; são particularmente elevadas nas regiões urbanas, como Cuyahoga (5.460 empregos perdidos) e quase inexistentes em Geauga e Seneca (10 empregos perdidos em cada localidade). Ainda assim, somente três dos distritos eleitorais de Ohio tiveram menos de 1.000 empregos perdidos. Embora estes números devessem ser contrabalançados com os ganhos de empregos provenientes do comércio e investimentos, a comparação não é necessariamente consoladora: os dados do Departamento de Análise Econômica (Bureau of Economic Analysis) citados pela Organização para o Investimento Estrangeiro (Organization for International Investment) indicam que 242 mil cidadãos do estado de Ohio são empregados de filiais de empresas estrangeiras, número este que deve ser analisado em comparação com os investimentos de empresas locais no exterior, cujos resultados, em matéria de eliminação de empregos nacionais, não estão disponíveis. A consultoria *Global Insight* identifica um ganho de quase 4.000 empregos em Ohio devido à terceirização em 2003 e mais de 13.000 até 2008, mas isso é apenas uma moeda na carteira, considerando-se o total dos empregos eliminados no estado.

A ECONOMIA DA MIGRAÇÃO DE EMPREGOS

A migração de empregos é provocada em primeiro lugar (mas não exclusivamente) pela perspectiva da diminuição do custo dos insumos, o que ajuda as empresas a permanecerem competitivas, aumentando suas margens e proporcionando-lhes receitas e oportunidades adicionais que de outra forma seriam irrealizáveis.[16] O custo não tem nos salários seu componente único (em determinadas categorias de produtos, o trabalho representa menos de 10% do custo total), nem é o custo o critério decisivo quando o que está em jogo é a definição do local do investimento; impostos e regulamentos ambientais, proximidade dos consumidores e a disponibilidade de especialistas são igualmente fatores importantes quando da discussão desse local. Em resumo, as empresas levam em consideração três conjuntos de fatores: as condições do local de destino (como os incentivos aos investimentos, o regime de impostos); as condições no ponto de origem (como o custo unitário) e os custos de uma eventual suspensão da produção no ponto de origem (em caso de rompimento de contratos) e de sua transferência para o destino, inclusive as despesas compreendidas na coordenação do projeto, produção, distribuição e fluxos de vendas. Por exemplo, em comparação com outros países, é relativamente fácil fechar uma fábrica nos EUA. A legislação de garantia do emprego é uma das menos severas entre os países desenvolvidos, alcançando menos 0,2 no respectivo índice de 1999 da OCDE, perto da Nova Zelândia (0,4), do Reino Unido (0,5), Canadá (0,6) e Irlanda (0,9). A maioria dos países da União Européia tem índices mais elevados: o da Alemanha é de 2,5, o da França, 3,0, o da Itália, 3,3. Espanha e Portugal – dois países que estão em competição direta com a China em produtos de mão-de-obra intensiva, especialmente calçados – alcançaram, respectivamente, 3,1 e 3,7. O Japão e a Coréia do Sul ficaram com 2,4 e 2,6.[17] Assim, o fechamento de plantas de produção nestes países é muito mais caro e embaraçoso do que nos EUA, reduzindo o incentivo de transferir a manufatura (não se deve porém esquecer, a este respeito, que a maioria dos países da União Européia enfrenta índices de desemprego maiores que o dos EUA, parte disso como resultado direto desta inflexibilidade).

A Figura 7.1 mostra o salário médio, por hora, pago em 2001 em países escolhidos (custo para o empregador, incluindo gratificações e todos os pagamentos diretos e seguro obrigatório). Tendo de pagar 30 vezes (!) mais que o custo chinês, a opção chinesa só pode mesmo parecer suculenta para os produtores norte-americanos, especialmente aqueles das indústrias de mão-de-obra intensiva – realmente, o salário médico chinês era, conforme os dados do gráfico, cerca de 30 vezes inferior à remuneração paga nos EUA. Na verdade, transferir produção para a China pode ser atraente o bastante para esquecer as vantagens da automação ou da elevada produtividade. A diferença também é atraente levando-se em consideração os custos do trabalho em outros países

EUA	US$ 21,33
Europa[b]	US$ 20,18
Japão	US$ 18,83
Coréia do Sul	US$ 9,16
Cingapura	US$ 7,27
Taiwan	US$ 5,41
Brasil	US$ 2,57
México	US$ 2,35
China	US$ 0,69

[a] Custo do emprego incluindo gratificações e seguro
[b] Média da Áustria, Bélgica, Dinamarca, Finlândia, França, Alemanha, Grécia, Irlanda, Itália, Luxemburgo, Holanda, Noruega, Portugal, Espanha, Suécia, Suíça e Reino Unido.

FIGURA 7.1 Valor pago pela hora trabalhada na manufatura – 2002[a].
Fonte: Departamento de Estatísticas do Trabalho; Anuário de Estatísticas da China.

em desenvolvimento (como o Brasil), mesmo naqueles que tiram proveito da proximidade do mercado norte-americano (caso do México). Mas, será esta diferença um atrativo suficiente nas indústrias em que o trabalho não é o principal componente do custo? De acordo com a Comissão de Comércio Internacional, o trabalho direto constitui apenas US$ 22 do custo total – US$ 469 – da produção de um receptor de TV nos EUA, sendo que a matéria-prima (também muito mais barata na China) constitui o gasto principal – US$ 392. De qualquer forma, quando se acrescenta um custo geral de US$ 55 (o qual também tem um componente de custo de trabalho) ao custo direto do trabalho, o montante combinado do dólar representa mais de 15% do custo final de produção (excluídas as despesas com distribuição e venda). Dadas as enormes diferenças salariais entre China e EUA, o impacto deste custo é significativo, embora um pouco menos quando se compara México e China – o que, em conjunto com os custos do transporte, explica a causa da permanência de grandes fabricantes de eletroeletrônicos no México, ainda que se valendo de componentes importados da China em proporção cada vez maior.

A magnitude das diferenças entre salários sugere que uma recomposição do valor das moedas nacionais – mesmo se chegasse ao extremo de uma valorização de 40% do iuan chinês – pouco mudará a equação para as indústrias de mão-de-obra intensiva no mundo em industrialização, embora possa causar diferença em setores de alta tecnologia e em economias em desenvolvimento.

Embora a produtividade do setor manufatureiro norte-americano seja cinco vezes maior que aquela registrada na China, essa diferença não é suficiente para compensar a diferença salarial entre os dois países – a média norte-americana é 30 vezes o valor da média chinesa. Além disso, a brecha em produtividade tende a se reduzir à medida que aumenta o número de multinacionais estrangeiras em operação na China, e à medida que empresas chinesas investem em equipamento e no aperfeiçoamento das qualificações de seus funcionários (falando em termos gerais, é bem mais fácil concretizar aumentos de produtividade no menor nível porque envolvem maquinaria existente e técnicas já experimentadas.)

As vantagens chinesas em matéria de baixos salários registram-se também nos empregos dos setores de conhecimento intensivo. Em 2002, a média salarial anual para um engenheiro chinês era de somente US$ 8.135 – um aumento de 16% em relação a 2001, mas, ainda assim, oito vezes inferior em relação à média do setor nos EUA. O *Wall Street Journal* citou documentos internos da IBM mostrando o custo total por hora (incluindo benefícios) de US$ 12,50 para um programador chinês de nível inicial, *versus* US$ 56 de um empregado de mesmo nível nos EUA, ou US$ 24 *versus* US$ 81 para um gerente de projeto (os dados refletem os cálculos internos das empresas e não os preços de mercado, mas são indicativos da percepção pelas empresas da brecha existente, a qual normalmente leva em consideração as diferenças de produtividade e os custos de transação).[18] Embora os salários para engenheiros de reconhecida qualificação tenham aumentado na China em função da intensa requisição dos seus talentos, a tendência é que se estabilizem em função do aumento da disponibilidade de novos engenheiros (formam-se quase 500 mil por ano) e do continuado fluxo de técnicos qualificados do campo para as cidades. A concorrência chinesa inclusive exerce pressão negativa sobre os salários nos países vizinhos: entre 2001 e 2002, a média salarial dos engenheiros na Ásia baixou em US$ 200. Nos EUA, o IEEE culpa a competição exterior pelo índice sem precedente – 7% – de desemprego registrada entre os engenheiros elétricos e eletrônicos no primeiro trimestre de 2003.

E VAMOS TENTAR NOVAMENTE?

A maioria dos economistas considera a migração dos empregos como um fator natural do progresso que envolve a redistribuição de recursos, ativos e capacidades, uma progressão que seria benéfica para todas as economias. Durante séculos as nações competiram em torno de eficiências geradas pelos progressos em maquinaria e técnicas de produção, por um lado, e mão-de-obra barata do outro lado (muitas vezes em função das ondas de migração). "A perda de empregos na manufatura é somente outro capítulo do progresso tecnológico na nossa economia", disse Christopher Meyer, diretor do Centro para Inovação nos Negócios (Center for Business Innovation), na reunião da diretoria.[19] Os EUA (nesta perspectiva) estão simplesmente à frente na curva, testando transformações estruturais de uma economia industrial para uma economia de serviços, similar à transição da agricultura para a manufatura ocorrida há um século (ver Figura 7.2). De acordo com o Departamento de Estatísticas do Trabalho (Bureau of Labor Statistics), o número de norte-americanos empregados no setor industrial hoje é praticamente o mesmo de mais de meio século atrás – entretanto, o emprego na manufatura atualmente representa apenas 11%, contra mais de um terço dos empregos não agrícolas daquele período. Ao mesmo tempo, embora a fatia do setor manufatureiro na economia continue a se reduzir, seu valor real vem aumentando.

Em um estudo freqüentemente citado, Joseph Carson, da Alliance Capital Management, sugere que a perda de dois milhões de empregos no setor industrial dos EUA entre 1995 e 2002 é parte de uma tendência geral, e que outras nações sofreram perdas maiores. A China, por sua vez, perdeu 15% de seus empregos na manufatura durante o mesmo período.[20] Os números são precisos, mas não mostram toda a história. Primeiramente, como observado pela

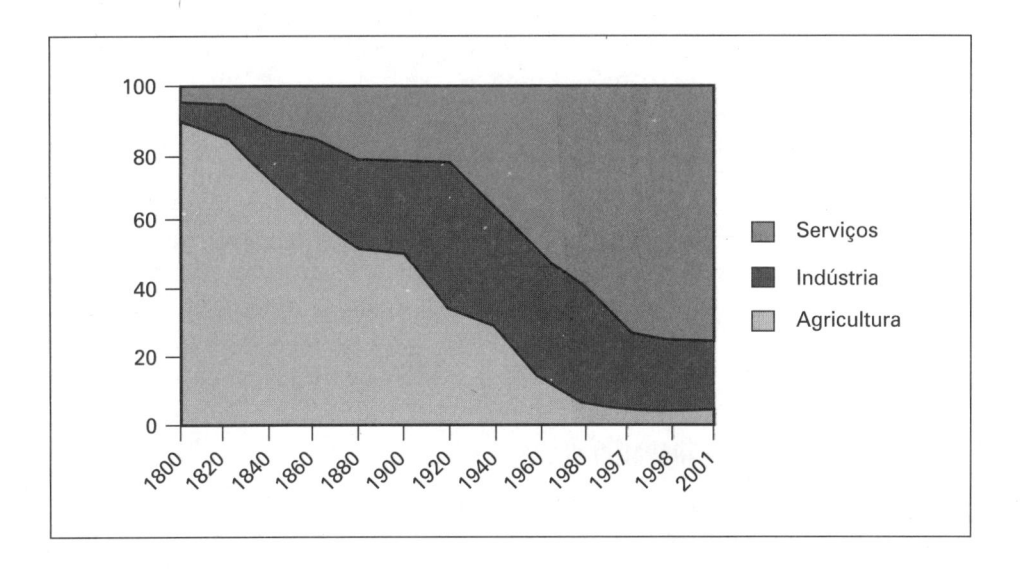

FIGURA 7.2 Mudanças no emprego por setor nos EUA (1800-2001).
Fonte: Historical Statistics of the United States: Colonial Times to 1970. Susan Carter, Scott Gartner, Michael R. Haines, Alan Olmstead, Richard Sutch, Gavin Wright, eds. Cambridge University Press (2001)

Associação Nacional de Produtores (National Association of Manufacturers – NAM), a China incrementou em 2,5 milhões os empregos na manufatura no período recente de 2000 a 2003. A segunda questão, como posteriormente reconheceu a Alliance Capital, é que as estatísticas da China mascaram duas tendências divergentes: perda de empregos no setor estatal manufatureiro ineficiente e não-competitivo, a qual tem se direcionado para um declínio (de uma parcela de 34% dos empregos em 1995 para um pouco acima de 20% em 1999, de acordo com dados chineses), e ganho de empregos nas empresas privadas mais eficientes e receptoras de investimentos estrangeiros, as quais são muito mais competitivas no mercado. A OCDE observa que a China, como um todo, tem uma proporção muito maior de pessoas empregadas na indústria do que nações em nível similar de desenvolvimento.

Erica Groshen e Simon Potter, do Federal Reserve Bank, de Nova York, observaram que "o fracasso do setor de empregos, que não conseguiu voltar aos níveis antigos durante a recuperação econômica de 2001, reflete uma concentração inusitadamente alta de mudanças estruturais resultando em transferências permanentes na distribuição dos trabalhadores por toda a economia". Entre as razões para as mudanças estruturais incluem-se uma superexpansão anterior, políticas monetária e fiscal que reduziram a mudança cíclica e novas estratégias de gestão focadas nos modelos de equipes de apoio. O comércio não está incluído como uma variável no estudo, ainda que Groshen acredite ser essa atividade a responsável por somente uma porção modesta da mudança estrutural.[21] Groshen considera os EUA um país inovador, o que explica as razões pelas quais vende mais produtos nos países desenvolvidos que nos países em desenvolvimento, como a China, e concorda que ter uma sólida base de manufatura é importante para manter a capacidade de inovação (ela acredita que os EUA tiveram perda ínfima desta base). Enquanto Groshen sustenta que significativas mudanças estruturais ocorreram, alguns economistas vão mais além. Por exemplo, Sung Won Sohn (economista-chefe do Wells Fargo) e Stephen Roach (economista-chefe do Morgan Stanley) entendem a globalização como uma "mudança de paradigma", uma mudança estrutural sem precedentes, e acreditam que é ainda muito difícil compreender todo o seu impacto.

A CHINA E O MERCADO DE TRABALHO GLOBAL

A América, na época uma jovem colônia com vantagens em matéria de custo do trabalho, criou empregos no setor têxtil principalmente devido ao então alto custo desse fator na Inglaterra. O Japão fez o mesmo no final do século XIX e início do século XX, e foi seguido – nos respectivos períodos – pela

Coréia do Sul, Taiwan, Cingapura e Hong Kong. Em seguida vieram a Malásia, Indonésia e Filipinas. Os países que perderam empregos no setor têxtil em geral passaram para coisas maiores e melhores, com alguns deles – os EUA incluídos – e apostando seus precoces ganhos econômicos e novas capacidades e qualificações em áreas mais avançadas. Apesar das sempre presentes exceções (por exemplo, a maquinaria têxtil deu à Inglaterra uma grande margem em relação à empobrecida Índia no século XIX), este tem sido, quase que de maneira geral, o grande padrão histórico. Há então algo de novo a respeito do Século da China? A resposta é indubitavelmente "sim, existe". A impressionante reserva de mão-de-obra chinesa, com salários radicalmente inferiores no interior do país quando comparados com os do litoral e das áreas urbanas (a renda média na área rural, onde vive mais da metade da população chinesa, não chega a US$ 25 por mês), dá a impressão de que existe um país dentro do outro. Assim, ao invés de o Vietnã ou Bangladesh substituírem a China como um paraíso da mão-de-obra barata, a província de Huan irá substituir a de Guangdong. Enquanto isto, existem cerca de 150 milhões de migrantes rurais em empregos temporários e pelo menos 30 milhões de trabalhadores estatais em subempregos cujo sustento vai sufocando outros setores da economia.

Em virtude do crescimento de sua população (a China recentemente moderou a imposição da política de "um filho por casal"), a nação precisa criar quase 15 milhões de novos empregos por ano apenas para manter o equilíbrio e impedir o espraiamento de um alto índice de desemprego. Apesar da demanda por talentos, metade dos universitários formados em 2003 continuava, no início de 2004, em busca de emprego. Por fim, o país, que chega ao estágio global numa época em que as comunicações e a logística progridem constantemente e em que a liberalização global dos mercados facilita a integração das redes de produção e das cadeias de suprimento em nível global, não pretende de forma alguma continuar desempenhando o papel de fornecedor de trabalho de baixo custo e do produto barato que os economistas norte-americanos durante tanto tempo a ele atribuíram. Isto significa que em breve a China estará competindo pelos empregos de altos salários anteriormente tidos como uma espécie de direito adquirido dos bem-nascidos do mundo industrializado.

O impacto da China no mercado de trabalho

O cálculo do impacto da China no mercado de trabalho dos EUA e de outros países é um exercício muito difícil. Além do subdimensionamento presente nos números do TAA e (até pouco tempo atrás) da ausência de identificação de países (exceção do México e Canadá), o estabelecimento de uma correlação entre comércio e ganho ou perda de empregos é muito tênue, pela impossibilidade de controlar todos os outros fatores que contribuem para o dimensionamento da questão. Conseqüentemente, as estimativas em torno do impacto da China no nível de emprego do setor manufatureiro dos EUA variam consideravelmente. Por exemplo, Lont Yongtu, um ex-vice-ministro de Comércio Exterior e Cooperação Econômica da China, sugeriu que apenas 10% do desemprego entre os norte-americanos poderiam ser debitados ao intercâmbio comercial.[22] Jonathan Andersen, economista-chefe sobre questões asiáticas na corretora de investimentos UBS, argumenta que a concorrência dos baixos salários da Ásia é responsável por não mais de um vigésimo das perdas do setor manufatureiro dos EUA e Japão.[23] Um grupo de desenvolvimento econômico do estado norte-americano de Minnesota considera a China responsável por uma significativa parcela dos mais de 38 mil empregos eliminados no setor manufatureiro local desde o ano 2000.[24]

Uma interpretação dos resultados de Lori Kletzer (publicados pelo conservador Instituto de Economia Internacional) em função das exportações chinesas para os EUA indica um impacto potencialmente pronunciado. Kletzer calcula um impacto de deslocamento ainda maior na manufatura – em que as exportações chinesas se concentram – do que nos serviços, especialmente quando acompanhado pelos baixos preços das importações (um símbolo do avanço chinês sobre os mercados globais). Os trabalhadores do setor manufatureiro demitidos das indústrias que concorriam com as importações chinesas justamente em setores nos quais estas importações crescem mais rapidamente – vestuário, têxteis e máquinas elétricas – terão maior dificuldade de encontrar outros empregos do que aqueles deslocados de outras linhas de manufatura. Kletzer também relata que a perda de receita é maior para os trabalhadores deslocados que não conseguem novos postos em firmas do mesmo setor de seu emprego anterior, um cenário de mais provável reprodução para aqueles que concorrem em áreas nas quais as importações chinesas estão rapidamente enquadrando o mercado – como roupas e artigos eletrônicos. Por fim, os empregados idosos, mulheres e os não especializados das indústrias já envolvidas em concorrência direta com a China (como as de têxteis, vestuário e artigos de couro), também são os mais vulneráveis em termos de possibilidade de reemprego e de nível salarial.

Uma avaliação particularmente sombria do impacto chinês sobre os empregos é a elaborada por Robert Scott, do Instituto de Política Econômica (Economic Policy Institute – EPI). Scott calculou o impacto total do comércio da China sobre os empregos nos EUA baseado no prognóstico de 80% de crescimento do déficit comercial dos EUA com a China entre 1999 e 2001 (uma hipótese conservadora em relação aos recentes dados de comércio), supondo que a China faça cumprir por inteiro a sua parte do Acordo Permanente de Relações Normais de Comércio (Permanent Normal Trade Relations Agreement) – uma suposição evidentemente otimista. A análise mostra uma perda líquida de quase 700 mil empregos de 1992 a 1999 e uma perda projetada de quase 900.000 empregos no período de 1999 a 2010; a perda total de empregos fica perto de 740.000 e 1.150.000, respectivamente (ver Figura 7.3).

Sem grande surpresa, Scott projeta que a manufatura arcará com a parte maior da eliminação de empregos produzida pelo impacto chinês, com um líquido de 740 mil vagas eliminadas no mercado de trabalho, 85% do total estimado. Nenhum setor projeta ganhos em empregos, embora protagonistas selecionados devam apresentar resultados positivos. Por exemplo, embora provavel-

Comércio dos EUA com a China, 1992-1999			Alterações de 1992-1999		
	1992	1999	Dólares	Percentual	Empregos perdidos ou ganhos
Exportações	$ 6.702	$ 11.329	$ 4.627	69%	56.129
Importações	23.219	70.075	46.856	202%	– 739.361
Balança comercial	– 16.516	– 58.746	– 42.228	256%	**– 683.231**

Comércio dos EUA com a China, 1999-2010			Alterações de 1999-2010		
	1992	1999	Dólares	Percentual	Empregos perdidos ou ganhos
Exportações	11.329	32.648	21.319	188%	276.221
Importações	70.075	138.651	68.575	98%	– 1.148.813
Balança comercial	– 58.746	– 106.002	– 47.256	80%	**– 872.091**

FIGURA 7.3 Total de empregos perdidos devido ao crescimento do déficit comercial dos EUA com a China – 1992-2010 (milhões de dólares em valores constantes de 1987 em unidades de 1.000).
Fonte: Scott, Robert. China and the States. Apresentação. *Economic Policy Institute* (2003).

mente exista uma redução do número de empregados no setor agrícola, Scott observa que os protagonistas do agronegócio serão beneficiados, pois eles ganham tanto com as exportações quanto com as importações de produtos agrícolas. O setor de mão-de-obra intensiva, já em declínio, sofrerá uma perda radical de empregos. Dados do Departamento do Trabalho mostram que os empregos no setor têxtil dos EUA diminuíram de 477.700 em janeiro de 1993 para 284 mil em dezembro de 2002. A revista *Business Week* noticiou a perda de cerca de 50 mil empregos nos setores de têxteis e vestuário dos EUA em

	Empregos ganhos pelo crescimento das exportações	Empregos perdidos pelo crescimento das importações	Perda líquida de empregos devido à mudança na balança comercial
Agricultura, silvicultura e pesca	23.631	– 28.726	– 5.095
Mineração	3.917	6.676	2.758
Construção	2.692	– 7.564	– 4.872
Manufatura	189.841	– 932.041	– 742.201
Transporte	11.486	31.709	– 20.223
Comunicação	1.800	– 5.748	– 3.948
Serviços públicos	2.737	– 7.208	– 4.471
Comércio	3.958	– 14.768	– 10.816
Finanças, seguros e imóveis	6.754	– 19.604	– 12.850
Serviços	26.725	– 85.116	– 58.391
Governo	2.687	– 9.153	– 6.467
Total	276.221	– 1.148.313	– 872.091
Parcela total da manufatura	68,7%	81,2%	85,1%

FIGURA 7.4 A perda de empregos na indústria relacionada com a proposta da China à Organização Mundial do Comércio (1999 a 2010).
Fonte: Scott, Robert. *China and the States. Economic Policy Institute* (2003).

2003, mas é provável que esse legítimo massacre de empregos assuma proporções ainda maiores. O Union of Needletrades, Industrial, and Textile Employees (Unite), o sindicato dos trabalhadores da indústria têxtil, projeta uma perca de meio milhão de empregos nos setores de têxteis e vestuário, depois do fim do Acordo Multifibras, ocorrido em 2004. O Instituto dos Fabricantes de Têxteis (Textile Manufacturers Institute) acredita que essa redução será de 630 mil empregos no período de 2004 a 2006. O Instituto projeta que, supondo-se uma penetração de 65% de produtos chineses no mercado, aproximadamente dois terços dos trabalhadores norte-americanos empregados no comércio de têxtil e suas indústrias de base venham a perder seus empregos.

Devido às correlações entre as indústrias, as perdas de empregos experimentarão também variações estado por estado. Como mostrado na Figura 7.5, as perdas futuras serão radicalmente maiores em estados dependentes do setor

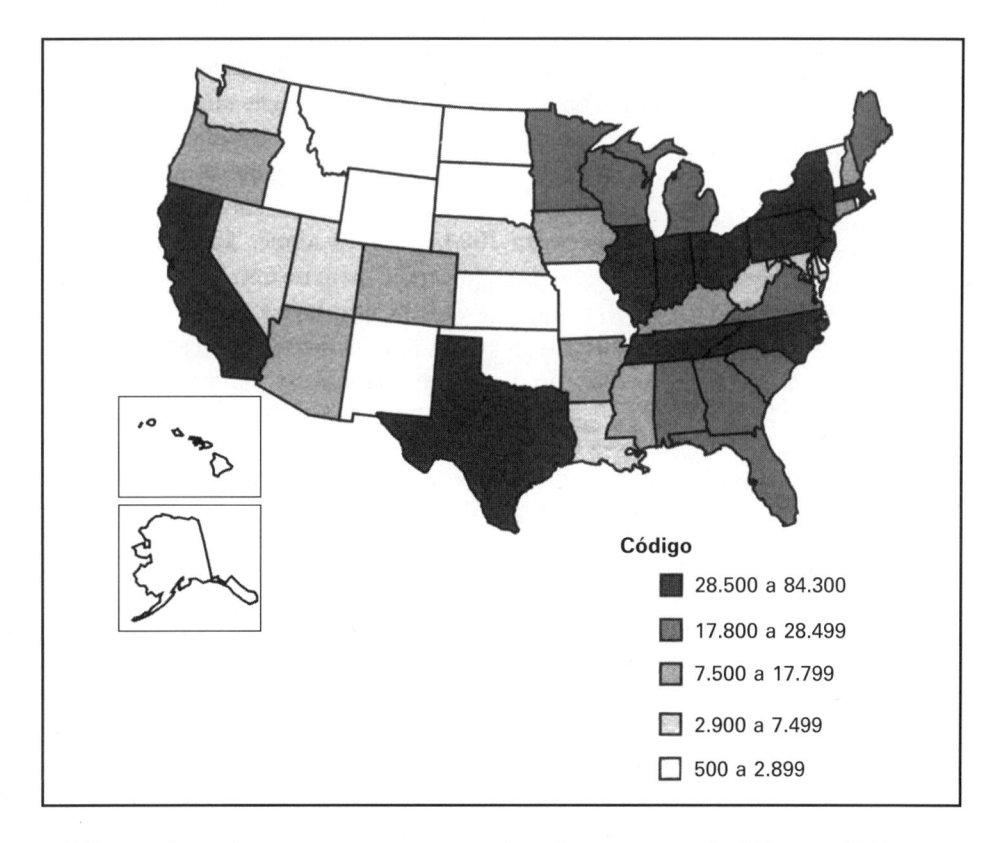

FIGURA 7.5 A perda de empregos por estado sob a proposta da China na OMC (1999/2010).
Fonte: Scott, Robert. *China and the States*. Documento de Trabalho. *Economic Policy Institute* (2003).

manufatureiro (Ohio), ao contrário dos que dependem principalmente da agricultura (Iowa), ou de setores diferentes da economia (Louisiana). O Havaí, um estado voltado para o turismo e muito dependente de gastos do governo federal, poderá até mesmo tirar proveito do Século da China, se, e quando, se materializar um fluxo de turistas chineses para os EUA, e/ou na eventualidade de um aumento dos gastos militares em decorrência de indícios de um eventual avanço chinês sobre o Estreito de Taiwan.

Os estados com número significativo de empregos na área do vestuário serão aqueles mais duramente atingidos pelo impacto chinês. O Instituto de Produtores do Setor Têxtil (Textile Manufacturers Institute) estimou perdas de empregos que vão desde 85 mil na Carolina do Norte até 25 mil na Geórgia, e um total de 630 mil empregos nos EUA. Particularmente sombrias são as perspectivas dos trabalhadores desse setor em estados como Carolina do Norte e Carolina do Sul, onde já passa de 15% o desemprego total no setor geral da manufatura. Para esses trabalhadores, a perspectiva é sombria em perspectiva de recolocação não apenas no setor, mas igualmente na manufatura como um todo, sendo pois escassas as possibilidades de conseguirem novo emprego, e especialmente de conseguirem salários equivalentes aos que recebiam anteriormente.

Por pior que venha a ser impacto do avanço chinês no mundo desenvolvido, nas nações em desenvolvimento tudo será ainda pior, especialmente naqueles países que apostaram na indústria do vestuário como fonte de receitas decorrentes das exportações. Como observou a *Business Week*, um trabalhador chinês do setor de vestuário recebe, em média, US$ 73 por mês, em comparação com os salários de US$ 300 em Honduras. Os salários na Indonésia (US$ 75 por mês) e na República Dominicana (US$ 102) são mais comparáveis, mas as projeções para os dois são de enormes perdas de empregos. A República Dominicana, por exemplo, deve perder um terço dos 119 mil empregos agora existentes na indústria do vestuário.[25] Tudo isso porque os chineses já estão empregando avançadas técnicas de produção e têm condições de tirar proveito da aglomeração das indústrias de suporte e do produto final em locais próximos. Mesmo que o impacto venha a ser mitigado pelas recentes iniciativas comerciais dos EUA na região, é difícil imaginar que as nações da América Central e do Caribe consigam manter a competitividade no setor do vestuário por muito tempo.

O SEU EMPREGO ESTÁ AMEAÇADO?

Quando criança, certamente houve alguma ocasião em que seus pais, esgotados todos os argumentos para forçá-lo a terminar a refeição que não lhe parecia nada atraente, recorreram à triste história de que na Índia ou na China havia milhões de crianças que adorariam poder comer aquilo que você insistia em rejeitar. Nos dias de hoje, talvez seu chefe já tenha recorrido ao argumento de que é melhor fazer o que ele manda, pois existem milhões de chineses ou indianos famintos pelo seu emprego. Não deixa de ser verdade, e o que interessa é saber até que ponto isso constitui uma ameaça concreta.

Iniciemos com uma visão mais geral. Para quem trabalha na manufatura, o índice de risco para o emprego já é superior a 50%. O setor vem eliminando empregos há vários anos e hoje tem menos funcionários do que há uma geração, apesar do considerável aumento da base populacional. As tendências responsáveis pela limitação dos empregos no setor – produtividade, avanços tecnológicos e concorrência estrangeira – continuam todas em aceleração. Resultado: o setor de manufatura dos EUA eliminou nos últimos três anos 13% da sua força de trabalho, e já se prevêem reduções de empregos também nas áreas de mão-de-obra intensiva e montagem simples. Erica Groshen e Simon Potter, do Federal Reserve Bank em Nova York, encontraram uma significativa redução dos empregos nas indústrias em que a China exporta em massa para os EUA: vestuário (–9,14% na mais recente recessão), equipamentos eletroeletrônicos (–12,04%), couro e produtos de couro (–12,5%), e mobiliário (–8,16%). Todos os indicativos apontam para uma aceleração da redução dos empregos nesses segmentos nos próximos anos. Por exemplo, para quem trabalha na área de tecelagem do setor têxtil na Carolina do Norte, as perspectivas de conservar seu emprego além de 2008 (quando expirarem as provisões da Organização Mundial do Comércio admitindo medidas protecionistas em função da maré das importações) não são nada promissoras.

O impacto da China significa uma redução de empregos não somente profunda, mas também extensiva. Kletzer relata que o percentual de empregos em funções administrativas eliminados pelo setor manufatureiro cresceu de 29,9% no período 1979/1989 para 35,3% entre 1990 e 1999. Isso só tende a aumentar, com a Índia, a China e outras nações em desenvolvimento oferecendo pessoal qualificado ganhando salários que são uma fração daqueles pagos nos EUA, e com o desenvolvimento tecnológico e logístico facilitando a terceirização. Os proponentes da terceirização no exterior gostam de destacar que o fenômeno representa uma porção diminuta da migração de empregos, mas o que raramente destacam é que ela se junta a outras formas de migração, como a do deslocamento comercial, e que esse conjunto representa parcela significativa da perda total de empregos em uma determinada economia. Os proponentes da terceirização no exterior deixam igualmente de reconhecer que esses canais (terceirização no exterior, deslocamento comercial, etc.) também apresentam grandes perdas de funções administrativas. É exatamente a transferência dos empregos administrativos especializados – principalmente na área de conhecimento intensivo, como pesquisa e desenvolvimento – que está abalando a crença no benefício geral da migração de empregos.

Os políticos e suas políticas

Neste ponto do debate, é a terceirização, e não o deslocamento comercial, embora seja este bem mais significativo, que passa a ocupar o centro das atenções como causa maior da perda de empregos para a concorrência estrangeira. Essa importância ficou bem ilustrada quando o chefe do Conselho de Assessores Econômicos do presidente Bush manifestou, ainda que com atraso, solidariedade para os norte-americanos que perdem seus empregos para a terceirização, e quando um indicado pelo presidente para cargo relacionado com a regulamentação da manufatura teve seu nome retirado ao se revelar que a empresa do qual procedia tinha terceirizado produção para a China. A grande maioria dos entrevistados no estudo da DiamondCluster manifestou preocupação com a possibilidade de agitação política decorrente da terceirização, mas os empregadores aparentemente não temem a reação de seus funcionários: 80% dos consultados numa pesquisa da Gartner disseram que a oposição dos trabalhadores não modificaria seus projetos de terceirização no exterior.

Iniciativas políticas destinadas a encaminhar a questão da migração dos empregos variam desde projetos punitivos (por exemplo, limitar a participação de agências do governo no apoio a empresas com projetos de terceirização ou aumentar radicalmente os impostos sobre as empresas terceirizadoras) até os de incentivo (como a alocação de fundos para o retreinamento, ampliando a gama de empregos beneficiados pelo TAA) e de caráter administrativo (como a possibilidade de reduzir o número de vistos de entrada no país para trabalhadores estrangeiros com qualificações especiais). A maioria destas iniciativas certamente enfrenta rígida oposição por parte dos grupos empresariais que já se tornaram dependentes da produção no exterior e da terceirização. Outro elenco de idéias pretende oferecer proteção aos afetados. Isto inclui propostas de Kletzer e Robert Litan (do Brookings Institute) para exigir seguros contra a perda de receita salarial, e de Glenn Hubbard (antigo presidente do Conselho de Assessores Econômicos do governo Bush) para estabelecer "contas de reemprego".[26] Sejam quais forem as iniciativas políticas, o melhor que os trabalhadores podem ir fazendo em seu próprio benefício é tratar de entender a natureza e o impacto das mudanças em andamento.

Explorando o cenário dos novos empregos

Por falar em entendimento: será mesmo a melhor das alternativas manter distância, a qualquer custo, dos setores de mão-de-obra intensiva da economia? Não necessariamente. Conforme Bardhan e Kroll, os empregos com maiores possibilidades de resistir à terceirização são justamente aqueles que exigem contato direto com um cliente ou imposições de relacionamento social, que não envolvem remuneração que em outros cenários poderiam ser muito inferiores, que têm elevadas barreiras de configuração e/ou que não podem ser facilmente comunicados via aparato tecnológico. Alguns desses setores de trabalho já deram provas de sua capacidade de adaptação, como os serviços pessoais (0,0% de eliminação conforme os dados de Groshen e Potter) e serviços jurídicos (aumento de 2,24%). Funções como as de garçom ou bombeiro exigem a presença física do trabalhador e são, por isso mesmo, relativamente imunes à eliminação. Em contraste, há serviços pessoais que, embora aparentemente sejam nichos seguros contra a terceirização, que podem ser realizados por trabalhadores "importados". Até mesmo o setor da construção, um dos últimos redutos dos sindicatos nos EUA, está ameaçado: novas técnicas de construção (como a montagem modular) significam que parte do emprego é realizável no exterior. Embora os serviços de saúde estejam aumentando (+2,09% conforme os dados de Groshen e Potter), o mercado para enfermeiros torna-se rapidamente global. Serviços médicos como transcrição de prontuários estão sendo terceirizados e a mobilidade dos pacientes aumenta apesar dos problemas de regulamentação e seguro saúde envolvidos na questão. Algo semelhante ocorre com os pilotos da aviação comercial: ao se preparar para enfrentar uma greve, a Cathay Pacific, com sede em Hong Kong, recorreu a tripulações e aviões da China continental a fim de não precisar interromper seus serviços, e ainda por cima reduziu seus custos. Embora as regulamentações e os acordos sindicais sejam uma forte barreira a que essa prática da Cathay se espalhe por muitos outros países, não se trata de uma perspectiva irreal para quando houver uma desregulamentação mais intensa do setor da aviação comercial.

Em contraste, os empregos na cadeia de suprimentos, como embarque de mercadorias, serviços logísticos e distribuição, ganharão força com a crescente movimentação de produtos e serviços entre os países participantes do intercâmbio comercial mundial. Empregos na área de educação e treinamento, para instrutores e professores, estarão em alta quando aumentar a necessidade de treinar funcionários chineses (mesmo que seja na hipótese surrealista de ensinar a chineses e indianos a melhor maneira de tomar o emprego dos instrutores...) e manter em alto nível os novos conhecimentos. O setor do turismo é outro com possibilidades de lucros quando de um eventual fluxo de viajantes chineses. Ao fim e ao cabo, surgirão oportunidades de colocação também no mercado de trabalho chinês: um jornal de Xangai informou recentemente que 1.200 gerentes e engenheiros japoneses se candidataram a empregos nessa cidade. [27]

Uma trajetória de ascensão (ou queda)

No seu *Occupational Outlook* 2004-2005 (Análise de Empregos 2004-2005), o Departamento de Trabalho dos EUA, no ponto em que analisa a previsão de crescimento de empregos entre 2002 e 2012, relaciona 30 funções para as quais o panorama seria dos melhores. Delas, cinco se encontram na área da saúde (enfermeiras e auxiliares para cuidar de pessoas nas residências) e quatro no setor de ensino (professor-assistente é uma delas). A seguir figuram três categorias de serviços de alimentação (como os garçons). Empregos de agente de segurança, zelador e reparador vêm a seguir, e depois os de balconista e motorista de caminhão – não exatamente aqueles que se teria em mente para o século XXI. Apenas três dos empregos que figuram nessa lista de melhores perspectivas são administrativos (entre eles o de analista de gerenciamento), e apenas dois exigem conhecimento tecnológico intensivo (entre eles o engenheiro de computação).

A verdade é que o desafio mais dramático em relação ao emprego no século da China talvez esteja no fato de a escolaridade não constituir mais uma apólice de seguro contra o deslocamento comercial e outras formas de migração de emprego que outrora representou. Como Ron Hira, do IEEE, destacou em seu relato à Comissão de Pequenas Empresas da Câmara dos Deputados, nos 30 anos em que o Departamento do Trabalho coletou semelhantes estatísticas, o índice de desemprego para engenheiros eletroeletrônicos nunca havia sido superior ao índice geral de desemprego. Nunca havia sido, mas agora isto é passado. Grande parte da vantagem tecnológica dos EUA repousa hoje num influxo de talentos do exterior que no futuro talvez venham a buscar outros rumos, e o sistema de educação dos EUA, apesar dos grandes esforços empreendidos, não é exatamente um exemplo de preparação adequada para as novas fronteiras que se abrem na tecnologia. Conforme o Centro Nacional de Estatísticas de Educação (National Center for Educational Statistics), os estudantes americanos de 13 anos de idade ficaram em 31º lugar num teste de matemática aplicado aos estudantes da mesma faixa etária em 35 nações e províncias – ficando à frente apenas da população francófona da província canadense de Ontário, da Jordânia, de dois estados do Brasil, e de Moçambique. A China obteve o melhor índice, Taiwan ficou em terceiro lugar. Verdade, os EUA têm algumas das melhores universidades do mundo, mas seria um imenso erro de avaliação considerar a atual liderança em capacidade de inovação como situação garantida e insuperável. O arrogante comentário do diretor dos estudos de carreira do Instituto Tecnológico de Massachusetts (o famoso MIT) no sentido de que "os empregos que estão sendo terceirizados não são aqueles que nossos alunos buscam"[28] corre o risco de se transformar, no futuro, num exemplo típico de declaração que nunca deveria ter sido feita.

Um exemplo é a área dos *chips* e componentes eletrônicos. Entrevistada pela revista Fortune, Lin Stiles, da empresa de seleção de executivos Linford Stiles and Associates, afirmou que para as empresas de alta tecnologia, "... o projeto de produtos e o *marketing* precisam permanecer em território norte-americano... e não estão sendo terceirizados para o exterior".[29] Ela não deveria ter tanta certeza assim a respeito disso. Cientistas israelenses já realizam desenvolvimento de processadores para a Intel e ninguém garante que não venham a fazer o mesmo para outras empresas e/ou países no futuro. A China, por sua vez, oferece significativos incentivos fiscais às empresas que se dispuserem a instalar fábricas de processadores em seu território. A Hewlett-Packard já faz projetos de servidores de computador em Cingapura e Taiwan, e não há motivo para crer que, no futuro, não venha a fazer o mesmo em fábricas da China continental. E, em relação às questões de *marketing*, por que estará o setor "condenado" a permanecer nos EUA, quando muitos mercados no exterior (como a própria China) apresentam crescimento bem mais acelerado? Na era das cadeias de suprimento globalizadas, o "cérebro" organizacional será sempre atendido por pessoal capaz de entender outras culturas e ambientes. A diversidade norte-americana é de grande ajuda neste aspecto, mas o mesmo não ocorre com uma formação na área de economia e negócios que se pretende cada vez mais isenta de especificidades sobre qualquer outro país.

A crescente complexidade do cenário globalizado do trabalho indica que não se deve dar como garantida a validade de muitos dos velhos dogmas ainda imperantes. Conforme John Silvia, economista chefe da Wachovia Securities, "... em conseqüência da globalização do mercado de trabalho, a relação entre crescimento econômico e empregabilidade é hoje muito diferente das realidades do passado. Em outras palavras, os modelos antigos estão falidos para sempre".[30] A China desempenhará papel central na funcionalidade dos novos modelos, e é melhor que estejamos preparados para acompanhá-la.

A televisão de Sichuan 8

Para o consumidor, a invasão chinesa dos mercados globais parece, à primeira vista, uma reprise do caminho percorrido anteriormente pelo Japão e, depois, pela Coréia do Sul, Taiwan e Hong Kong. O Japão e os "tigres" (Coréia do Sul, Taiwan, Hong Kong e Cingapura) inicialmente inundaram o mercado global com produtos de baixo preço e má qualidade, sendo o diferencial o preço, muito abaixo do praticado por qualquer produtor nacional ou concorrente estrangeiro. À medida que a qualidade e a confiabilidade aumentaram, os preços foram mantidos, ou tiveram aumentos moderados, o que representou a consolidação de uma proposta de valor à qual os consumidores globais não poderiam mesmo manter-se indiferentes. As exportações foram gradualmente se expandindo, com categorias mais ampliadas de produtos, visando principalmente a um mercado mais seletivo (por exemplo, em vez de um rádio mais simples, transistorizado, um rádio e toca-fitas estéreo). As margens mais generosas nesses segmentos de maior poder aquisitivo proporcionaram um melhor retorno mesmo com a manutenção da vantagem do preço sobre os concorrentes estabelecidos. Neste processo, o segmento de baixa renda foi legado a novas empresas, ainda encasteladas nos produtos exclusivamente de baixo custo.

A China mostra inúmeras dessas mesmas características em seu avanço no mercado, e ao mesmo tempo introduz novidades dignas de registro. Enquanto o Japão e a Coréia do Sul abandonaram os segmentos de produtos mais baratos em troca das margens maiores proporcionadas pelos produtos de maior desenvolvimento tecnológico, a China começou a avançar rumo ao topo da pirâmide sem abandonar os produtos de baixo custo. Os móveis chineses, por exemplo, agora cobrem todas as categorias – dos móveis "comuns", passando pelos de "qualidade" e até chegar aos "melhores do setor" no segmento de móveis domésticos dos EUA. O mesmo acontece com os televisores em cores, em que os fabricantes chineses continuam a dominar o segmento dos receptores convencionais enquanto aperfeiçoam seus produtos e às vezes dão saltos qualitativos que os levam ao avançado mercado (de margens bens maiores) das TVs de plasma. A variedade de ofertas é especialmente atraente para os importadores e varejistas norte-americanos de grande escala, sempre em busca de um fornecedor de grande porte, capaz de atender às suas necessidades diversificadas e em constante mutação.

Além de oferecer uma gama mais ampla de produtos já no estágio inicial de sua entrada no mercado, a China tem se mostrado mais rápida do que os mencionados antecessores em seu avanço nos mercados globais. Ela conseguiu tudo isto alavancando, em primeiro lugar, uma proporção muito alta de investimentos estrangeiros e participando na função de apoio das exportações de multinacionais com tecnologia avançada, marcas de renome, canais de distribuição estabelecidos e profundo conhecimento do mercado global. Mediante a cuidadosa observação e aprendizado e o continuado suprimento das multinacionais, os chineses desenvolveram sólidas capacidades como "fabricantes de equipamentos originais" (FEOs), com isso passando por cima da dispendiosa necessidade de construir a marca do produto, redes de distribuição e serviços, e começando logo a vender, lucrativamente, marcas de terceiros – fossem eles um produtor tradicional, uma grife de varejo ou uma marca nova de produtor com experiência no mercado.

A incursão chinesa nos maiores mercados ocorre no momento em que o setor de varejo dos EUA passa a ser dominado por gigantescas redes de hipermercados e lojas de departamentos, sendo a China tanto uma das causas quanto uma beneficiária dessa transição. Conforme a Comissão de Comércio Internacional (CCI), as cinco maiores redes de varejo vendem atualmente entre 65% e 70% do total de aparelhos convencionais de televisão dos EUA – bem mais do que os 40% de dez anos atrás. Essas redes (Wal-Mart, Target, Best Buy e Circuit City) concorrem em matéria de preços e por isso estão sempre prontas para colocar suas estantes à disposição de marcas relativamente desconhecidas. Para tanto as redes exigem, em primeiro lugar, baixo custo, mas também querem confiabilidade, pronta entrega e grande capacidade de produção – uma combinação de exigências que invariavelmente leva à China. Tendências semelhantes são observadas no Japão, onde varejistas como as lojas de "tudo por 100 ienes" figuram entre os maiores importadores de mercadorias chinesas. (a Europa – cujo mercado de varejo é ainda razoavelmente fragmentado – está ficando um tanto atrasada nesta corrida, mesmo que já se vislumbrem sinais de movimento). Contudo, embora os japoneses de modo geral costumem procurar primeiro produtos nacionais, para só depois passar a se preocupar com a questão do preço, os norte-americanos dão preferência ao produto nacional apenas quando ele é de qualidade superior.[1] Assim, o casamento do mercado norte-americano com a máquina chinesa de produção parece algo destinado a durar realmente até que a morte os separe.

O declínio do prestígio da marca pode ser relacionado com a expansão das grandes redes de varejo e considerado igualmente um fator fundamental da penetração dos produtos chineses nos mercados globalizados. À medida que produtos de largo consumo como TVs e DVDs se transformam em *commodities*, vai se desfazendo o poder de atração da marca – com exceção daquelas reconhecidas como sendo de produtos de alta qualidade. O America's Research Group (Grupo de Pesquisas nos EUA, empresa privada que trabalha neste ramo) detectou que, no período 2000/2003, a percentagem de varejistas que consideravam a marca um dos fatores mais importantes na definição de suas compras reduziu-se de 48% para 32%.[2] Os fabricantes chineses têm sido extremamente favorecidos por esta mudança de inclinação. A coincidência entre o crescimento das grandes redes de varejo e o decréscimo da consciência de valor da marca ocorridos mais acentuadamente nos EUA do que na Europa explicam em parte a maré de exportações chinesas que inunda tantos setores da economia norte-americana.

O consumidor norte-americano vem demonstrando um apetite insaciável por produtos chineses – de bicicletas, casacos e enfeites de Natal até TVs e DVDs. Em 1992, a China tinha menos de 10% do mercado de produtos eletrônicos dos EUA; no final da década, essa fatia já era superior a 20%. A TCL está a caminho de se transformar no maior produtor mundial de receptores de televisão, com a Changhong, a Konka e outras seguindo seus passos. À medida que a China expande e qualifica suas linhas de produtos, seu inexorável avanço em mercados estrangeiros ganha força e velocidade. Eventuais resistências, se e quando aparecerem, estarão fundamentadas mais nas ramificações políticas e sociais da ascensão chinesa do que nas mudanças nos fundamentos econômicos que está provocando. Apesar de esporádicos esforços dos sindicatos norte-americanos e de grupos regionais (como o *Mad in USA*, que joga com a semelhança entre "feito nos" (*made in*) e "loucos pelos" (*mad*), ninguém ainda conseguiu estabelecer uma clara relação entre aquilo que o consumidor está fazendo e os efeitos que terá sobre os empregos dos norte-americanos. Se esta correlação chegar, porém, a ser feita, uma onda de rejeição não muito diferente daquela oposta às exportações japonesas na década de 1980 poderá emergir, com conseqüências de longo alcance para todos os protagonistas.

A FÁBRICA DO MUNDO ENCONTRA O CONSUMIDOR MUNDIAL

A onipresença dos artigos chineses – roupas, móveis e eletroeletrônicos, principalmente – nas estantes e gôndolas das grandes lojas de varejo do mundo inteiro ilustra uma boa idéia da rapidez com que as importações chinesas conquistam espaços, à custa da produção nacional e mesmo de importações de outros países. Essa amostragem é especialmente forte nos EUA, cujas importações de produtos chineses têm aumentado com extraordinária rapidez (ver a Figura 8.1). Não há nada que aponte para uma interrupção dessa tendência num futuro breve; muito pelo contrário, trata-se de um processo que só vai continuar crescendo em ritmo ainda mais acelerado, atingindo inclusive, em algumas instâncias, o que os regulamentos do intercâmbio comercial classificam de "retomada".

Os fabricantes chineses de dormitórios de madeira tinham todas as condições necessárias para tirar proveito das oportunidades surgidas no comércio interno dos EUA. Conforme a Comissão de Comércio Internacional (CCI), 97,3% dos artigos de móveis residenciais chineses chegados aos EUA foram encaminhados diretamente para as grandes redes varejistas (com relação aos produtores nacionais, esse índice é de 90%), a maior parte deles ostentando marcas dos próprios varejistas, uma concessão que os fabricantes americanos não faziam. Os importadores destacaram confiabilidade, qualidade consistente, pra-

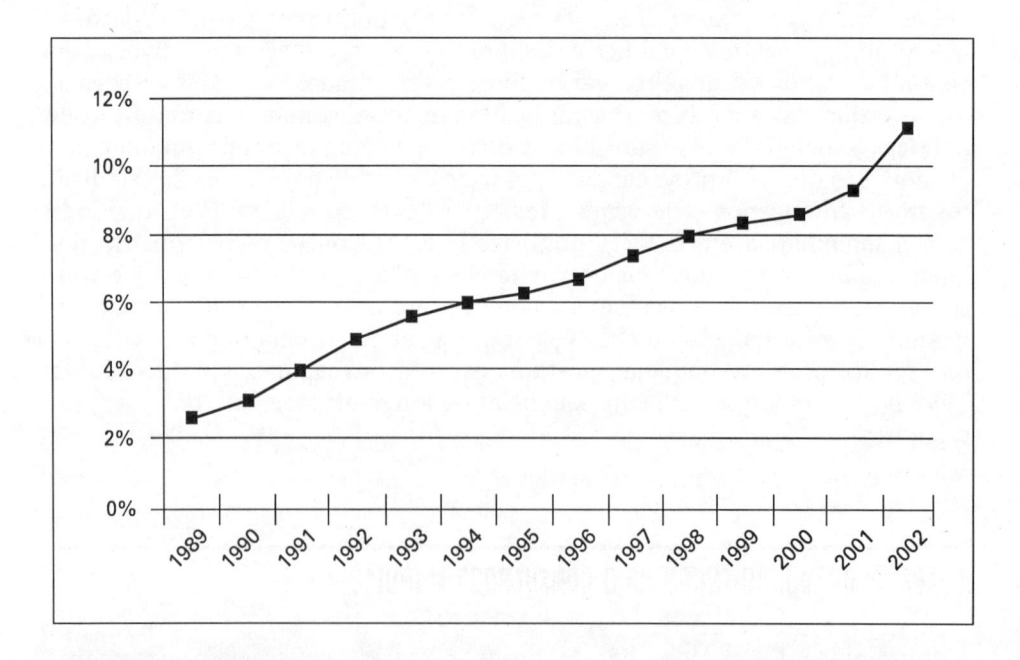

FIGURA 8.1 Importações de produtos chineses pelos EUA (% em relação ao total).
Fonte: Diretoria de Estatísticas de Intercâmbio Comercial, Estatísticas Financeiras Internacionais, Fundo Monetário Internacional – 2003.

zo reduzido de produção, entrega no prazo acordado, grande capacidade de produção, variedade de produtos e qualificações para a customização como fatores que diferenciam os produtos chineses, que outrora tinham apenas a vantagem do preço baixo. Cabe aqui salientar que a customização, outrora uma barreira às importações, já passou a ser mais uma das vantagens dos chineses em competitividade. Tanto o avanço tecnológico do maquinário quanto a habilidade dos marceneiros que intervêm na produção desses móveis são apontados, em diferentes partes do relatório da CCI, como vantagens dos chineses no setor, sendo porém a combinação dos dois fatores a origem da verdadeira vantagem dos chineses sobre a concorrência, que quase sempre apresenta apenas um desses itens. Já as vantagens em custos mais baixos de transporte e prazos menores de produção que seriam óbvias para os produtores nacionais não são mais tão acentuadas como em épocas relativamente recentes. Os dados da CCI mostram, por exemplo, prazo de entrega médio de 29,5 dias para os fabricantes nacionais, contra os 80 dias dos importados chineses; mas as importações procedentes de depósitos nos EUA são entregues, em média, em apenas 15 dias.

No mercado de aparelhos de televisão, os chineses passaram aceleradamente do *status* de concorrentes comuns para a condição de fornecedores dominantes no mercado, tomando fatias de mercado não apenas dos fabricantes nacionais (ironicamente, apenas um dos sete fabricantes "nacionais" relacionados pela CCI, a Five Rivers, empresa do estado do Tennessee, não é propriedade de estrangeiros, e ainda assim a Five Rivers monta receptores para a sul-coreana Samsung e para a holandesa Phillips), mas igualmente de concorrentes de outras origens. O Departamento do Comércio informa que o valor dos receptores de TV fabricados na Malásia vendidos nos EUA quase dobrou entre 1998 e 2002 (passando de US$ 1,04 bilhão para US$ 1,97 bilhão), mas que, nesse mesmo período, as importações de televisores chineses praticamente sextuplicaram (aumentando de US$ 685,27 milhões para US$ 4,28 bilhões).

A indústria de receptores de TV encontrava-se no ponto ideal para a entrada dos produtos importados da China. Havia tecnologia básica à disposição de quem quisesse utilizá-la, e vários fabricantes de televisões de países desenvolvidos (como a GE e a Motorola) haviam abandonado esse mercado de reduzida margem de ganhos anos antes. Empresas chinesas, como a Changhong Electric, de Sichuan, que haviam "afiado os dentes" na concorrência pelo mercado doméstico com empresas do porte da Matssushita e Toshiba, estavam preparadas para voltar suas atenções para o mercado global. Além de uma estrutura geral de custo reduzido, o rápido crescimento em seu mercado interno ajudou os fabricantes chineses a obter vantagens de escala, e com isso a diminuir os custos unitários, algo que os outros fabricantes não puderam igualar. Por solicitação de fabricantes que produzem nos EUA, a CCI recentemente fiscalizou a importação de receptores de TV a cores tanto da China quanto da Malásia. Em junho de 2003, o CCI confirmou a existência de indícios de concorrência desleal em prejuízo das fábricas norte-americanas na importação de determinados modelos desses aparelhos.

A NAÇÃO DA WAL-MART

Uma das principais causas da penetração notavelmente acelerada dos produtos chineses no mercado norte-americano pode ser encontrada no crescente domínio do setor de varejo pelas grandes redes de hipermercados e lojas de departamentos. Trata-se de compradores que dependem fundamentalmente do fator preço, exigindo por isso capacidade de produção em massa e rapidez na entrega para terem condições tanto de atender às variáveis na preferência quanto de cumprir as grandes promoções que fazem constantemente para aumentar suas vendas e lucros, e que, além disso, dispõem de cadeias globais de suprimentos que facilitam a logística das importações. Essas redes também contam com o volume de mercado e a escala necessários para viabilizar a venda de marcas desconhecidas do público, sob rótulo da própria rede ou de produtores estreantes. É o caso da Wal-Mart, a maior rede mundial de varejo (e também a maior empresa global), responsável por mais de 10% das importações norte-americanas da China. Estima-se que a Wal-Mart tenha comprado, em 2002, mais de US$ 12 bilhões em mercadorias na China, o que a torna não apenas o maior importador de produtos chineses dos EUA, mas igualmente uma empresa que importou, nesse ano, produtos chineses em valores totais maiores que os da França, Reino Unido, Canadá, Cingapura e Holanda (ver a Figura 8.2). Dados extra-oficiais indicam que, em 2003, as importações chinesas pela Wal-Mart superaram a marca dos US$ 15 bilhões.

A magnitude das importações de produtos chineses pela Wal-Mart mereceu toda essa atenção não apenas pela importância da empresa ou o volume de suas compras, mas igualmente porque fez lembrar a campanha *"Bring It Home to the USA"* (Leve para casa nos EUA) lançada pela mesma rede na década de 1980. Essa campanha foi detonada quando a mídia colocou em dúvida os países de origem de vários dos produtos incluídos na promoção, bem como as condições de fabricação. A rede posteriormente adotou a determinação de que "compramos produtos norte-americanos sempre que possível", mas só alguns anos depois foi especificar o real significado deste compromisso – sempre que um produto *Made in USA* fosse até 5% mais caro e de qualidade igual a um similar estrangeiro, a Wal-Mart, mesmo fazendo uma modesta remarcação, ficaria com o produto americano. Na década de 1990, o compromisso foi para a lata do lixo da história, pois os importados (especialmente os de origem chinesa) passaram a proporcionar margens imensas e a Wal-Mart assumiu de vez a rota para se transformar na maior compradora de produtos chi-

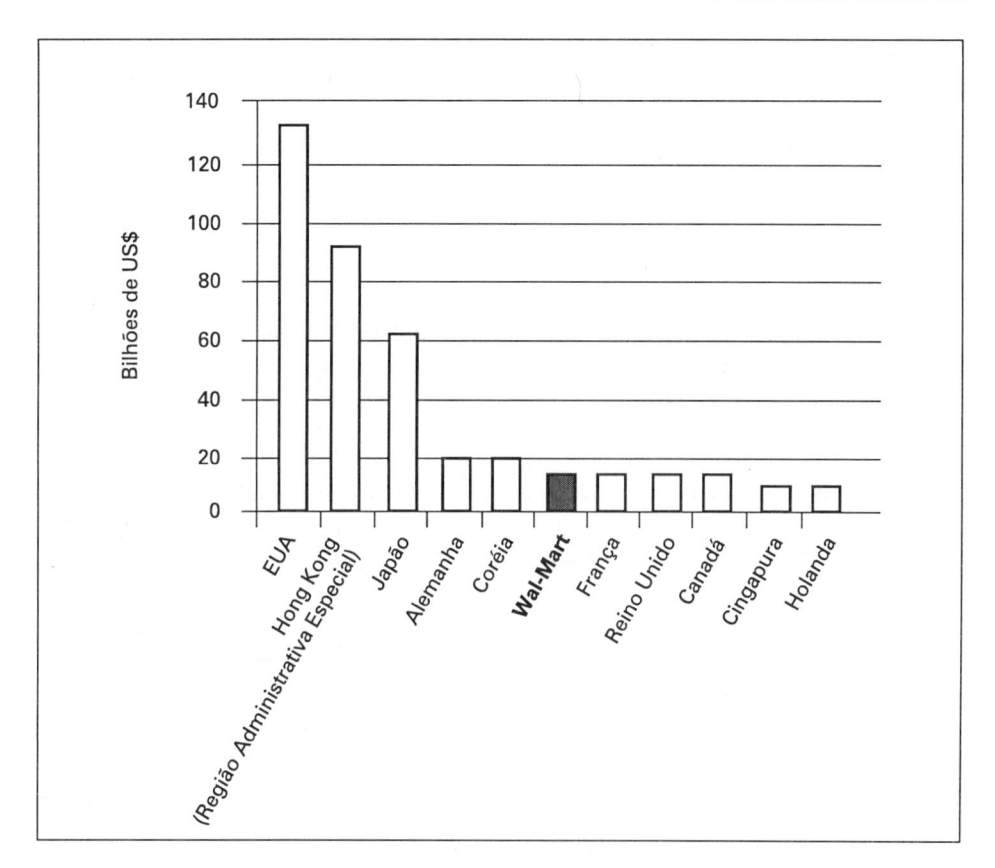

FIGURA 8.2 Importações da China (2002).
Fonte: UN COMTRADE, *Business Week* (October 6, 2003).

neses entre as grandes redes de varejo. O conglomerado tem sua maior operação de compras em Shenzen (uma cidade pós-reforma nas proximidades de Hong Kong), cujos representantes percorrem o país de ponta a ponta em busca das melhores oportunidades de compra.

A China se encaixa bem na estratégia da Wal-Mart de "preço baixo todos os dias", combinada com grandes promoções, que atraem multidões de consumidores às suas lojas para uma miríade de tipos de eventos singulares. Conforme a CCI, os compradores do dia-a-dia são responsáveis pela maioria das vendas de receptores de TV da rede, mas apenas pequena percentagem dos importados. A Wal-Mart costuma importar TVs em grandes números para promoções especiais e relatou à CCI que, sem entrar na questão do preço, nenhum produtor nacional teria condições de satisfazer a imensa escala de produtos necessária para essas promoções de vendas. Para a *blitz* do Dia de Ação de Graças de 2002, a Wal-Mart contratou com a Changhong Eletric, de Sichuan, o fornecimento de milhares de aparelhos de televisão, da marca Apex Digital.

O contínuo crescimento da fatia de mercado de grandes redes como a Wal-Mart e a importância da China para a concretização dos planos e projetos desses varejistas indicam a continuidade da pressão sobre fabricantes do mundo inteiro e da crescente presença de importados chineses nas estantes das lojas de varejo. Com o domínio chinês sobre os setores de vestuário e acessórios domésticos, brinquedos e eletrônicos, será cada vez menor o número de empresas não chinesas em condições de proporcionar a escala, condições do produto, prazo de entrega e os preços que os grandes varejistas impõem. Os chineses, por sua vez, precisam das grandes redes de varejo para dar vazão à sua crescente capacidade de produção – pelo menos até que eles consigam desenvolver sistemas próprios de distribuição e marcas procuradas pelos consumidores. Assim, é mais do que certo que os destinos tanto da Wal-Mart quanto da indústria chinesa continuem fortemente interligados durante muitos anos.

A DISPUTA NO CAMPO DE BATALHA

Um dos mais significativos argumentos dos importadores e promotores dos produtos chineses é o que sustenta que eles não fazem concorrência direta aos produtos *made in USA*, pelo fato de ainda estarem classificados como integrantes dos níveis mais baixos da escala de qualidade. Um recente estudo da CCI é significativo a este respeito: como parte de uma avaliação da concorrência chinesa na indústria de móveis residenciais em madeira, a CCI indagou quais os produtos chineses disputam mercado tanto com similares nacionais quanto com importados de outros países. Os resultados apresentados na Figura 8.3 indicam uma concorrência cruzada, com a maioria dos fabricantes nacionais e importadores opinando que os produtos chineses são sempre, ou muitas vezes, alternativas para os nacionais e de outros países. A CCI concluiu ainda que isso é verdadeiro no mercado de móveis como um todo.[3]

PRECIFICAÇÃO

Embora os produtos chineses tenham dado significativos saltos em qualidade, a maior de suas vantagens competitivas continua sendo o baixo custo. No estudo realizado pela CCI do mercado de receptores de TV, a Wal-Mart e a

CAPÍTULO 8 ■ A TELEVISÃO DE SICHUAN **183**

	Número informado de produtores dos EUA				Número informado de importadores dos EUA			
Pares de países e seus pares	S	F	A	N	NC	S	F	A	N	NC
EUA × China	29	6	2	2	—	37	11	8	4	7
EUA × outros países	22	6		1	3	30	12	7	3	7
China × outros países	19	7	3	2	4	33	12	4	3	6

Legenda:
S = Sempre; F = Freqüentemente; A = Às vezes; N = Nunca; NC = Não conhece

FIGURA 8.3 Permutabilidade dos dormitórios de madeira no mercado dos EUA.
Fonte: USITC – 3667, janeiro de 2004.

Sears esclareceram que era natural que os importados da China e da Malásia continuassem como os de preço mais baixo, pois suas marcas ainda não são garantia de qualidade. É um argumento contestado por fabricantes nacionais, segundo os quais o televisor já se tornou uma *commodity* e, portanto, as marcas ficaram relegadas a uma quase insignificância, sendo a Sony o único fabricante em condições de vender seus produtos a preços superiores aos da concorrência. Esses mesmos fabricantes nacionais indicaram que os importados da China e da Malásia permeiam todas as camadas do mercado de televisores, não ficando confinados às categorias do preço baixo e passando a disputar mercado com produtos de qualidade. A CCI acatou esta opinião, observando que muitos dos importados apresentam características semelhantes às dos modelos mais avançados disponíveis no mercado norte-americano.

Conforme os dados da CCI, os televisores da China e da Malásia ficaram abaixo dos concorrentes em todas as 38 comparações possíveis de preços, com margens que iam de 1,6% até 50,3%. Embora a erosão dos preços constitua um dos pontos mais presentes nessa indústria na última década, a CCI calculou que onde os televisores da Malásia e da China concorriam diretamente com produtos nacionais, a erosão se apresentou mais acentuada que os 4,3% da redução média no índice de preços ao consumidor para televisores entre 1995 e 2001; a Comissão concluiu então que essas importações tiveram "um significativo efeito de depreciação" desses produtos. A investigação da CCI sobre os dormitórios de madeira mostrou tendência semelhante, com os importados chineses valendo menos que os equivalentes nacionais em 107 de 108 comparações de preços. A margem de diferença variou de 4,9% a 77,2%. A Figura 8.4 mostra, contudo, que, mesmo continuando a ser o fator principal do aumento das importações da China, o preço não é o único desses fatores.

VOCÊ COMPRARIA UM PRODUTO CHINÊS?

Não haveria produtos chineses em tantas estantes e gôndolas das redes de varejo se não houvesse consumidores dispostos a adquiri-los. A Leo J. Shapiro and Associates, uma empresa de pesquisas e análise de mercado de Chicago, avaliou as atitudes dos norte-americanos em relação à China e aos produtos chineses em maio de 2002. Uma amostra nacional composta por 450 unidades residenciais foi pesquisada a respeito dos seus interesses na compra de importados chineses. Como mostra a Figura 8.5, o interesse é moderado, com mais da metade dos respondentes indicando interesse de alto a médio, e mais de 40% garantindo não ter o menor interesse. Essas proporções certamente estão se alterando à medida que os produtos chineses se tornam mais conhe-

	Número informado de produtores dos EUA				Número informado de importadores dos EUA				
Pares de países e seus pares	S	F	A	N	NC	S	F	A	N	NC
EUA x China	21	12	13	12	5	9	2	13	16	—
EUA x outros países	20	9	15	6	7	6	3	13	11	3
China x outros países	17	9	16	8	4	3	1	5	11	12

Legenda:
S = Sempre; F = Freqüentemente; A = Às vezes; N = Nunca; NC = Não conhece

FIGURA 8.4 Importância de diferenças que não o preço entre dormitórios *made in USA* importados da China e entre americanos e de outros países.
Fonte: USITC # 3667 – janeiro de 2004.

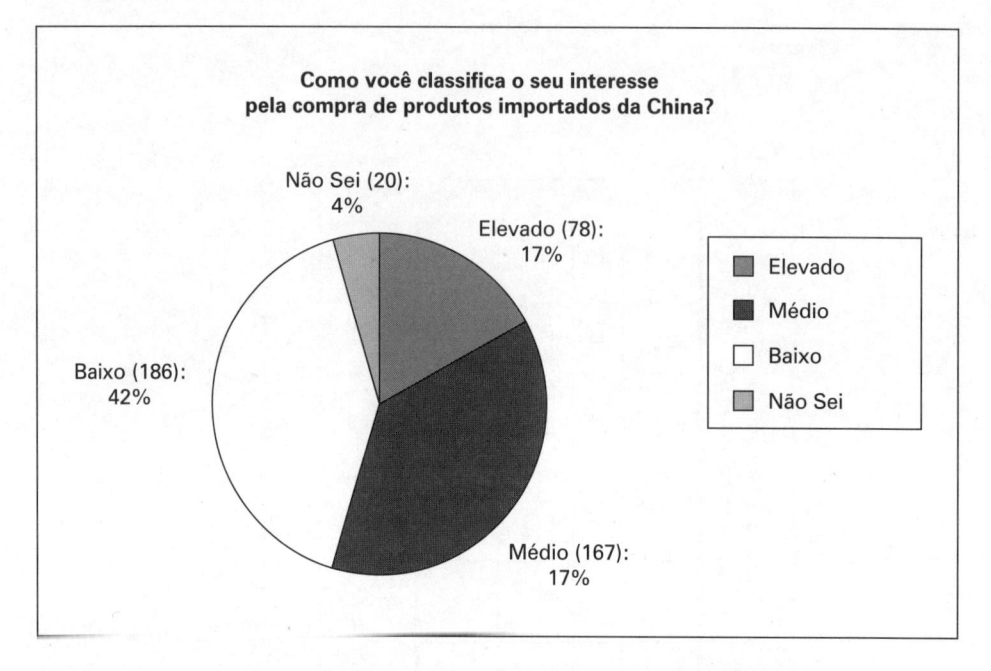

Como você classifica o seu interesse pela compra de produtos importados da China?

- Não Sei (20): 4%
- Elevado (78): 17%
- Baixo (186): 42%
- Médio (167): 17%

Legenda: Elevado, Médio, Baixo, Não Sei

FIGURA 8.5 Interesse de potenciais compradores por produtos chineses.
Fonte: Leo J. Shapiro & Associates.

cidos e a incerteza a respeito de sua qualidade diminui, embora outros fatores (como a animosidade) possam contribuir para a redução do entusiasmo.

A presença de um elevado interesse por eletrônicos e computadores, e não apenas em adornos e roupas (ver Figura 8.6), sugere que a China começa a adquirir reputação como provedora de um nível razoável de qualidade em produtos de alta tecnologia, Na verdade, quando as pessoas são questionadas sobre o motivo de seu interesse por importados chineses, o preço baixo continua sendo o fator principal, mas já agora seguido de perto pela percepção positiva em relação à qualidade e tradição tecnológica, bem como em experiência positiva anterior com produtos chineses (ver a Figura 8.7). Esta percepção dos produtos chineses como um conjunto de qualidade e preço acessível é digna de nota, pois não fica devendo muito à percepção de valor que muitos consumidores vinculam, no plano global, aos produtos norte-americanos. Isto indica que, mais para o futuro, os produtos chineses acabarão enfrentando, nos mercados globais, os produtos norte-americanos de igual para igual.

A Figura 8.8 resume os motivos pelos quais as pessoas não comprariam produtos chineses. O gráfico indica que a baixa qualidade continua sendo o maior problema, o que faz sentido a partir de uma observação do Ministério do Comércio

CAPÍTULO 8 ■ A TELEVISÃO DE SICHUAN **187**

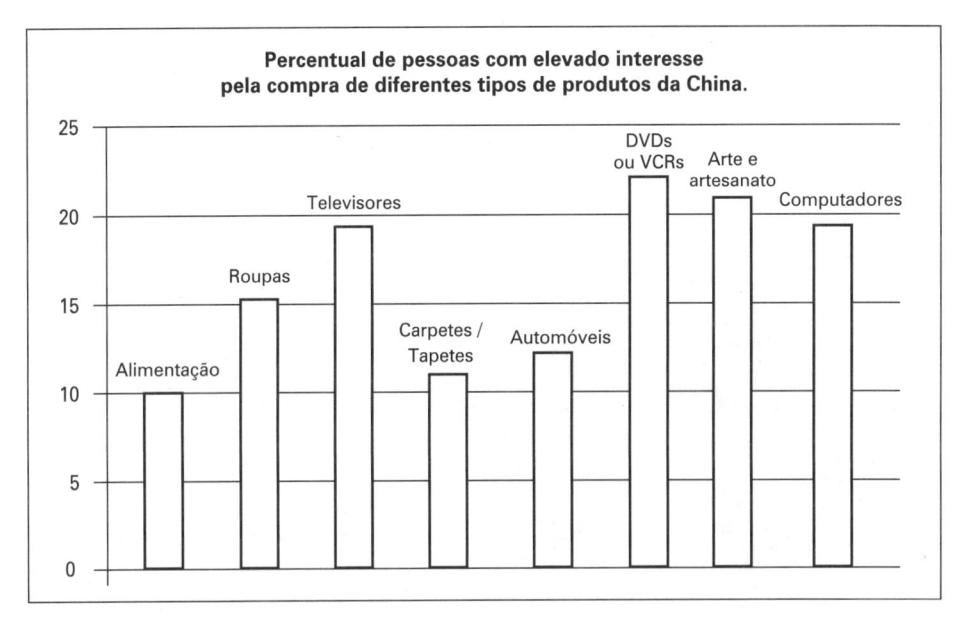

Percentual de pessoas com elevado interesse pela compra de diferentes tipos de produtos da China.

- Alimentação: ~10
- Roupas: ~15
- Televisores: ~19
- Carpetes / Tapetes: ~11
- Automóveis: ~12
- DVDs ou VCRs: ~22
- Arte e artesanato: ~21
- Computadores: ~19

FIGURA 8.6 Interesse por diferentes produtos chineses.
Fonte: Leo J. Shapiro & Associates.

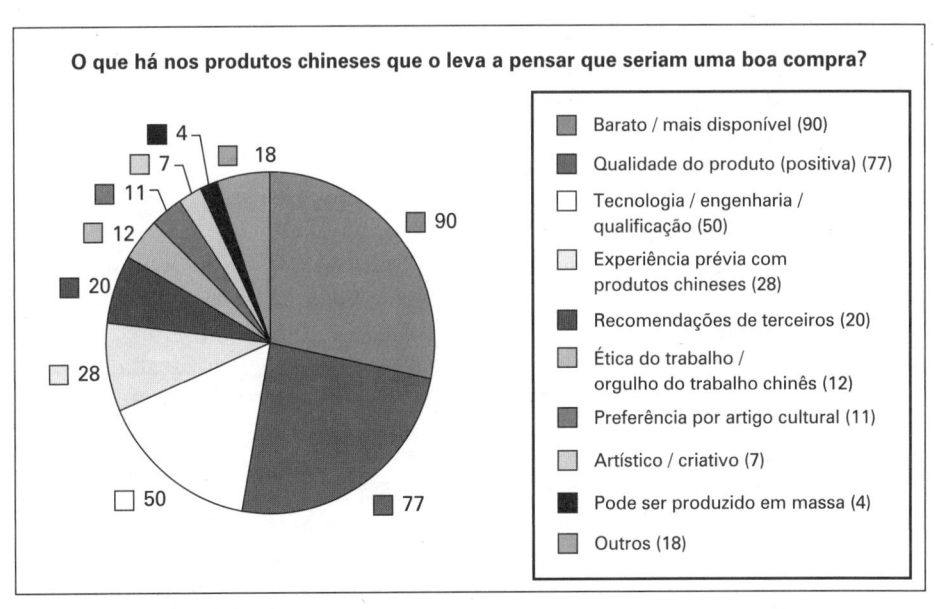

O que há nos produtos chineses que o leva a pensar que seriam uma boa compra?

- Barato / mais disponível (90)
- Qualidade do produto (positiva) (77)
- Tecnologia / engenharia / qualificação (50)
- Experiência prévia com produtos chineses (28)
- Recomendações de terceiros (20)
- Ética do trabalho / orgulho do trabalho chinês (12)
- Preferência por artigo cultural (11)
- Artístico / criativo (7)
- Pode ser produzido em massa (4)
- Outros (18)

FIGURA 8.7 Razões para comprar produtos chineses.
Fonte: Leo J. Shapiro e Associates.

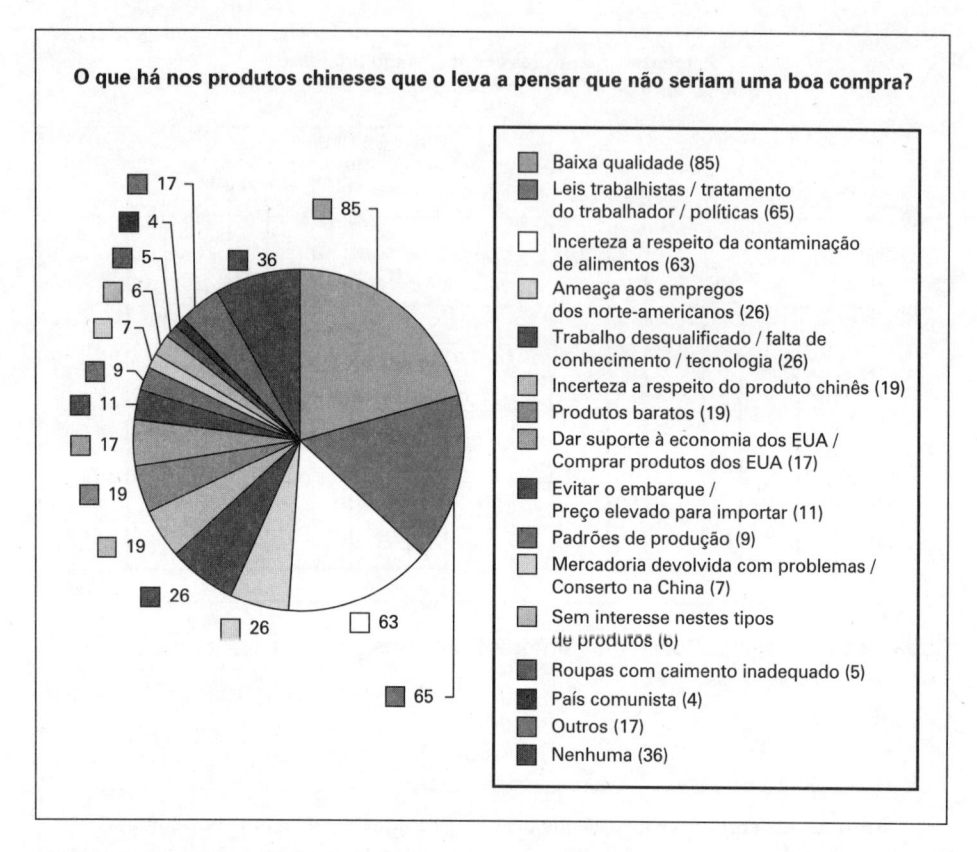

O que há nos produtos chineses que o leva a pensar que não seriam uma boa compra?

- Baixa qualidade (85)
- Leis trabalhistas / tratamento do trabalhador / políticas (65)
- Incerteza a respeito da contaminação de alimentos (63)
- Ameaça aos empregos dos norte-americanos (26)
- Trabalho desqualificado / falta de conhecimento / tecnologia (26)
- Incerteza a respeito do produto chinês (19)
- Produtos baratos (19)
- Dar suporte à economia dos EUA / Comprar produtos dos EUA (17)
- Evitar o embarque / Preço elevado para importar (11)
- Padrões de produção (9)
- Mercadoria devolvida com problemas / Conserto na China (7)
- Sem interesse nestes tipos de produtos (6)
- Roupas com caimento inadequado (5)
- País comunista (4)
- Outros (17)
- Nenhuma (36)

FIGURA 8.8 Razões para não comprar produtos chineses.
Fonte: Leo J. Shapiro e Associates.

chinês de que os padrões de qualidade de produção nos países desenvolvidos constituem o principal obstáculo ao aumento das exportações chinesas. Esta razão é seguida por questões não relacionadas com o produto em si, como a preocupação com o presumível mau tratamento dispensado aos trabalhadores chineses ou com a ameaça que os importados chineses representam para os empregos dos norte-americanos – ambas, questões que influem decisivamente na hora de não comprar. São, estes, indícios de que a decisão de comprar ou não comprar importados chineses envolve também considerações sociais e políticas. Os profissionais da área de *marketing* sabem que a hostilidade é um fator capaz de influir bastante nas decisões de compra.[4] Essa animosidade tem várias possíveis origens, desde as condições de trabalho presumivelmente impostas aos chineses até considerações geopolíticas (entre as quais a permanente ameaça ao futuro de Taiwan). Uma pesquisa de opinião conduzida pela

Zogby International com eleitores norte-americanos e divulgada em 30 de setembro de 2003, mostra a China em primeiro lugar entre os países não aliados dos Estados Unidos, à frente da Arábia Saudita e da França. Uma apuração anterior (divulgada em 13 de junho de 2003) havia indicado que mais de de 80% dos norte-americanos consideram a China uma séria ameaça à segurança nacional dos Estados Unidos.

Outras informações a respeito da imagem dos produtos chineses figuram em um estudo de autoria de Gary Insch publicado na *Management International Review*.[5] Insch questionou gerentes de compras e vendedores nos EUA e no México a respeito das suas percepções sobre a qualidade e projeto de produtos manufaturados em vários países. Os resultados (ver a Figura 8.9) destacam que, na amostragem do México, a China está classificada abaixo de todos os países pesquisados, tanto em projeto quando em qualidade da produção. Nos EUA, contudo, a China figura à frente do México e do Brasil e não fica muito longe da avaliação sobre a Malásia, país que já atraía consideráveis investimentos estrangeiros em manufatura bem antes do começo da febre de investimentos na China.

País	Amostra dos EUA (N=294)		Amostra do México (N=183)	
	Qualidade da produção Escore médio	Qualidade da produção Escore médio	Qualidade da produção Escore médio	Qualidade da produção Escore médio
Japão	13,46	13,28	14,19	13,90
Alemanha	13,14	12,85	14,08	13,67
EUA	12,87	13,17	13,27	13,57
Malásia	8,74	8,14	8,77	8,27
China	8,40	8,03	8,22	7,86
México	8,19	7,74	9,72	9,21
Brasil	8,06	7,78	9,18	8,85

FIGURA 8.9 Comparação das avaliações sobre projeto e qualidade da produção.
Fonte: Gary S. Insch. *The impact of country-of-origin effects on industrial buyers' perceptions of product quality. Management International Review*, 43. 3, 2003, 291-310.

A China e as marcas

A China é a maior beneficiária (e, ao mesmo tempo, uma das causas) da decadência do valor da marca no mercado do varejo. Conforme definição do *Financial Times*, com exceção das marcas características do superluxo e intrinsecamente identificadas como produção européia, todas as demais estão ou sendo produzidas na Ásia ou preparadas para tanto.[6] Ásia, cada vez mais, quer dizer China. A ironia é que os chineses dão muito valor à marca, um legado da hierarquia do confucionismo e do seu passado imperial, em que a posição social era exposta com destaque nas vestimentas dos burocratas. Os produtores chineses têm por objetivo de longo prazo abandonar o segmento de produtos de baixo preço e suas ínfimas margens de lucro, crescentes pressões sobre preços baixos e intensa concorrência por parte de produtores tanto nacionais quando estrangeiros – inclusive novas empresas que surgem no mercado quase que diariamente. Uma das principais rotas para sair deste impasse é a representada pela consolidação de marcas, como forma de capturar as altas margens existentes nos produtos diferenciados. O governo chinês também se empenha em apoiar esta tendência, mediante declaração pública de apoio do presidente do Congresso Nacional do Povo e o estabelecimento da Diretoria de Promoção da Marca Chinesa no Departamento Estatal de Qualidade e Tecnologia. A construção de marcas tem relação com a estratégia do governo para a consolidação de indústrias estratégicas destinadas à criação de empresas-líderes nacionais que tenham condições de criar seus próprios nichos no mercado global, o que é visto como uma das maneiras que garantiriam ao país as condições de restaurar suas glórias dos tempos imperiais.

Empresas chinesas como a Haier e Lenovo (anteriormente Legend) já estão construindo marcas no mercado interno e externo. Outras empresas encontraram um caminho mais rápido e barato, por meio da compra da marca registrada de empresas em dificuldades (por exemplo, a aquisição, pela TCL, da Schneider, fabricante alemã de instrumentos eletrônicos), da compra do controle de clientes com os quais tiveram parcerias como fabricantes de equipamentos originais (FEOs) – um exemplo, a aquisição, pela Techtronic, da empresa Royal, de Cleveland, nos EUA, e detentora das marcas Dirt Devil e Royal – ou, ainda, mediante alianças com produtores que sejam donos de marcas de renome (exemplo, uma *joint venture* da TCL com a francesa Thomson, detentora da marca RCA).

O *BUY AMERICAN* RETORNARÁ?

Dana Frank relata, no livro *Buy American*[7], a campanha intitulada "Compre Produtos Americanos" das décadas de 1970 e 1980, desde a destruição de um Toyota a pontapés em Detroit aos claros indícios de racismo presentes na campanha desencadeada pelas centrais sindicais, destacando uma bandeira norte-americana feita no Japão e o chapéu "feito por um americano, usado por um americano, pago por um americano", feito na China. Frank destaca que as campanhas de rotulagem dos sindicatos e outras que pretendiam proclamar "sou americano com muito orgulho" foram paulatinamente se exaurindo, não apenas pela crescente dificuldade de identificar a origem de todos os componentes de determinados produtos (como ocorre com os carros que a Honda fabrica no estado de Ohio), mas principalmente porque "a lógica inteira de salvar empregos ao comprar produtos americanos dependia do conceito de uma parceria entre os trabalhadores e as corporações. Ocorre que a parte corporativa dessa equipe – por exemplo, nas indústrias de automóveis e de vestuário – estava saindo para o exterior". É um texto que poderia ter sido escrito hoje. Com os investimentos estrangeiros nos EUA em nível maior do que em qualquer outra época desde os dias em que a moda era a malhação dos japoneses, as grandes redes de varejo ancoradas nas importações da China para manter sua vantagem em preços, e grandes fabricantes dependendo da terceirização chinesa para manter sua posição no mercado, uma coalizão de multinacionais e consumidores para enfrentar os importados japoneses é ainda menos provável. Afirma Tom Hopson, CEO da Five Rivers, uma empresa nacional fabricante de televisores, que formalizou uma queixa sobre a situação perante a Comissão de Comércio Internacional (CCI): "Foi com grande surpresa que vi os grandes varejistas do país nas audiências. Eles agiam como se nós estivéssemos instaurando um processo contra eles".[8] Da mesma forma, varejistas de móveis, cada vez mais dependentes dos importados chineses, ameaçaram excluir os fabricantes norte-americanos de calçados das feiras e exposições do setor, que denunciaram o crescimento desmesurado das importações chinesas. O mal-estar que grassa entre representantes de um mesmo setor de produção, como nos casos recém-citados, é uma evidência claríssima de que o impacto chinês tão cedo não abandonará os Estados Unidos.

A ascensão da China   9

A ascensão da China no começo do Século XXI não se resume apenas a uma maré de importações baratas, ao declínio de determinados segmentos do setor da manufatura em outros países ou à transferência de empregos para o exterior – por mais importantes que sejam estas tendências. Não constitui exagero algum afirmar que a ascensão da China é um divisor de águas que transformará para sempre o panorama mundial, podendo ser equiparada à emergência, um século atrás, dos Estados Unidos como potência econômica, política e militar. Se as tendências atuais forem mantidas, a China ultrapassará os EUA para se tornar a maior economia do mundo (em termos de paridade de poder de barganha) dentro de duas décadas – possivelmente antes disso. Cruzar essa linha de referência pouco significa em termos práticos, mas a verdade é que simbolizará a maioridade da China, transformada de quintal econômico em potência industrial. Mesmo antes de superar essa marca, a China já terá se transformado no principal produtor e exportador em setores industriais variando desde os dependentes de mão-de-obra intensiva até os movidos por tecnologia. O país será igualmente forte competidor, embora não ainda líder, em linhas de produção dependentes de tecnologia avançada e começará a desempenhar importante papel na parte de cima da pirâmide desse mercado. Carros de fabricação chinesa passarão a ser vistos nas estradas dos EUA e da Europa, ostentando não apenas marcas conhecidas mundialmente, como Ford e VW (que já vendem automóveis *made in China* na Austrália), mas igualmente novidades do tipo SAIC e Donfeng Motors. Os aviões fabricados na China penetrarão nos mercados regionais, e missões espaciais chinesas – mesmo não chegando ainda à liderança nesse setor – deixarão, pela continuidade, de ser notícia.

Estarão em jogo influência econômica, estatura global e superioridade militar. Dentro de mais uma década a China ter-se-á transformado num centro de irradiação de um mercado asiático do Leste e Sudeste que será concorrente direto e poderoso das economias da Europa e das Américas. A China será fiador e árbitro de questões diplomáticas globais não apenas na Ásia, mas no mundo inteiro. A crescente capacidade militar permitirá ao país contrabalançar a influência do Ocidente, hoje predominante, redesenhando o mapa político e de segurança e transformando o que vê como domínio atual de uma potência hegemônica em um jogo para dois ou três protagonistas. A China continuará fiel à sua tradição não expansionista, mas indubitavelmente fará uso da sua nova e crescente influência econômica como instrumento definidor de uma ampla agenda de política internacional.

O avanço não será linear. Embora eu não seja de maneira alguma apologista do presidente Mao Tse-Tung, aposto na sua metáfora dos saltos para o progresso – os caminhos tortuosos levam sempre para a frente. Nos próximos anos, a China precisará reformular seu setor bancário, desarmar uma crise potencial de segurança social e reagir com eficiência ao crescente descontentamento entre os trabalhadores desempregados e agricultores deslocados dos campos, bem como ao de tantos outros desfavorecidos. Sua liderança terá uma tarefa muito delicada, cuja realização ficará entre dois fogos, ao buscar promover ao mesmo tempo a abertura de um sistema político autocrático e a manutenção do controle indispensável para a preservação da lei e ordem e do governo de partido único. Os receios quanto a uma eventual maré de desemprego e seus potenciais efeitos sociais continuarão a ser os motores de sua máquina de exportações, mas os mesmos temores podem funcionar no sentido de evitar uma guerra comercial. Para concretizar e administrar esse verdadeiro malabarismo político, a China apostará todas as suas fichas na construção e sustentação de alianças globais e internas com setores beneficiados pelo livre comércio – por exemplo, produtores estrangeiros que dependem do mercado chinês tanto para colocar suas exportações quanto como fonte de insumos de produção e possibilidade de amplos espaços para novas instalações de montagem, bem como as grandes redes de varejo para cujo modelo de negócios já é, a esta altura, um componente mais do que indispensável.

O impacto da China é evidente no processo de determinação dos preços dos produtos, desde as pressões deflacionárias do setor de varejo até as pressões inflacionárias em matérias-primas e logística. No varejo, as importações chinesas estão arrochando as margens de todos os protagonistas – exceção feita aos maiores entre eles – e tirando do caminho aqueles que não têm possibilidades de contar com uma sofisticada cadeia de suprimentos. Isto já é mais do que visível em linhas de produção dominadas pela China (como de brinquedos), nas quais gigantes como a Wal-Mart estão arrochando tanto fabricantes de pequeno porte quando alguns que são grandes mas que têm em tais produtos sua fonte exclusiva de negócios. Ao mesmo tempo, a demanda chinesa exerce pressões de alta sobre os preços de matérias-primas como cobre, titânio, níquel, borracha, minério de ferro, aço, carvão, petróleo e até mesmo no papelão. O preço da sucata de aço – uma matéria-prima fundamental para muitos produtores dos EUA e que passou a ser importada em grande quantidade pelos chineses – foi às nuvens, tendo aumentado mais de um terço apenas no primeiro trimestre de 2004.

Impactos imediatos à parte, os efeitos secundários do impacto da China serão sentidos durante muitos anos, mesmo estando agora abaixo da linha de detecção do radar econômico, pois levam tempo para evoluir, são menos visíveis, ou mais difíceis de localizar por envolverem múltiplas variáveis das quais o impacto chinês é apenas mais uma. Um exemplo dessa situação é o impacto chinês sobre a poluição e o aquecimento global; outro é a integração da economia asiática, tendo na China seu ponto de irradiação. Outro, ainda, é a mudança fundamental em curso nos fluxos globais de imigração. O impacto chinês, por tudo isso, não é comparável ao de um nocaute numa luta de boxe – rápido, certeiro e definitivo –, sendo, como é, uma reestruturação gradual da economia, dos negócios e da política, reestruturação essa que continuará provocando efeitos devastadores nos próximos muitos anos e décadas.

ANALOGIAS INADEQUADAS

Para justificar a desimportância que, na sua opinião, o impacto econômico da ascensão da China pode ter sobre os EUA e outros países ricos, há economistas que recorrem quase sempre à analogia de que a transição norte-americana da condição de economia de industrial para economia de serviços é, essencialmente, uma repetição de sua transição, um século antes, da economia agrícola para a industrial. A analogia – usada, por exemplo, pelo ex-secretário do Trabalho Robert Reich em um artigo publicado no *Wall Street Journal*[1] – sustenta que a eliminação de muitos segmentos do setor manufatureiro representa a evolução natural de uma economia que ostenta liderança na curva da evolução e implica que as novas empresas e os novos empregos como resultados da transição serão mais abundantes, mais bem dotados e mais bem pagos do que aqueles eliminados ao longo do processo de reajustamento. Os empregos no setor manufatureiro serão em menor número, mas a produção industrial será desviada para outros produtos e tecnologias de maior valor. Nesse ínterim, da mesma forma que ocorreu com os investimentos desviados da agricultura para a manufatura, uma parte cada vez maior do capital e dos recursos humanos será reinstalada no setor de serviços.

Analogias são reconfortantes. Eliminam qualquer forma de insegurança em relação ao futuro e proporcionam a garantia da fórmula do "eu estive lá, já passei por isso". Infelizmente, analogias podem ser também enganosas, e esta que discutimos não constitui exceção. A mudança de uma economia agrícola para a economia industrial foi o resultado de fortes ganhos de produtividade ancorados em avanços tecnológicos em máquinas e fertilizantes; aquela mudança não foi acelerada pela concorrência no comércio internacional porque não havia então o mundo globalmente integrado de hoje. O setor agrícola era (e em grande parte ainda é) protegido, e a logística, menos desenvolvida e bem mais cara do que hoje. A redução dos empregos no setor agrícola não teve como resultado perdas de capacidade e competências de produção. Os produtores não abandonaram o país para plantar suas safras em outras nações, e os trabalhadores (de modo geral) foram transferidos para empregos (embora provavelmente alienantes) de mais altos salários. Embora a transição para os serviços seja sempre relacionada com ganhos de produtividade, ela está igualmente ocorrendo num mercado global relativamente aberto, em que o comércio desempenha um papel importante – embora de maneira alguma exclusivo.

Ainda que a produção industrial dos EUA continue sólida, não há garantia alguma de que esta situação possa ter sustentabilidade no futuro. As conseqüências dessa incerteza teriam largo alcance: "A experiência me ensinou que a manufatura é hoje tão imprescindível para nossa independência quanto para nossa segurança", escreveu Thomas Jefferson, em 1816, numa carta a Benjamin Austin. Tais palavras são válidas ainda hoje, e a segurança nacional, embora um ponto central, talvez não seja a única questão em jogo. Não menos importante é a possibilidade de que um abandono em larga escala das principais atividades do setor manufatureiro venha a colocar em risco (no longo prazo) a principal vantagem competitiva dos EUA, que tem como pilares seu *know-how* tecnológico e sua capacidade de inovar. A essa altura já em andamento em virtude de a China não o poder, ou não querer, pagar preço adequado em matéria de proteção e compensação pelos direitos de propriedade industrial, a erosão das qualificações e capacidades tecnológicas acabará apresentando dramáticas ramificações para a liderança econômica e tecnológica dos EUA.

A TARTARUGA E A LEBRE

Os progressos norte-americanos em maquinaria agrícola foram viabilizados, entre outras razões, pelo fato de o país ter continuado a ser um grande produtor agrícola. Isso criou demanda e proporcionou um campo de testes para novas invenções, muitas das quais foram posteriormente adaptadas pelo setor industrial. Hoje, o setor manufatureiro é o principal campo de provas e incentivador das inovações. Segundo dados do Institute of Electrical and Electronic

Engineers – IEEE, a manufatura é responsável por 62% da P&D desenvolvida nos EUA (sem falar no volume de suas exportações). Será este um feito passível de repetição quando o efeito aglomerador produzido pela multiplicidade de concorrentes nacionais e das respectivas indústrias de apoio tiver desaparecido? Não é questão sobre a qual se possa ter ainda qualquer tipo de certeza, como também não é certo que o setor de serviços possa assumir o peso dessa carga; afinal, não temos precedente de uma grande economia que dependa predominante do setor de serviços (a sobrevivência de Luxemburgo, Hong Kong e do Havaí como economias de serviços – não sem vários problemas – pode ser, pelo menos em parte, creditada às suas reduzidas dimensões, quando comparadas com os dos EUA). Sempre é útil destacar que o índice de acertos dos economistas que acenam com uma reprise de padrões do passado não é nenhuma obra-prima. A verdade é que jogamos, neste caso, com território inteiramente desconhecido.

Neste mesmo sentido, não deve jamais ser dada como garantida a possibilidade de manter em território nacional as categorias mais avançadas de pesquisa e manufatura quando se está patrocinando uma terceirização no exterior de outras atividades de produção. É ingenuidade presumir que a China, ou qualquer outra nação, se disponha a aceitar semelhante divisão de trabalho no futuro. Na verdade, todos os indícios são de que não o fará. A Figura 9.1 mostra que embora as exportações norte-americanas de alta tecnologia tenham aumentado, também crescem as exportações do mesmo setor entre os chineses; a tendência é no sentido não apenas de que isso continue, mas tam-

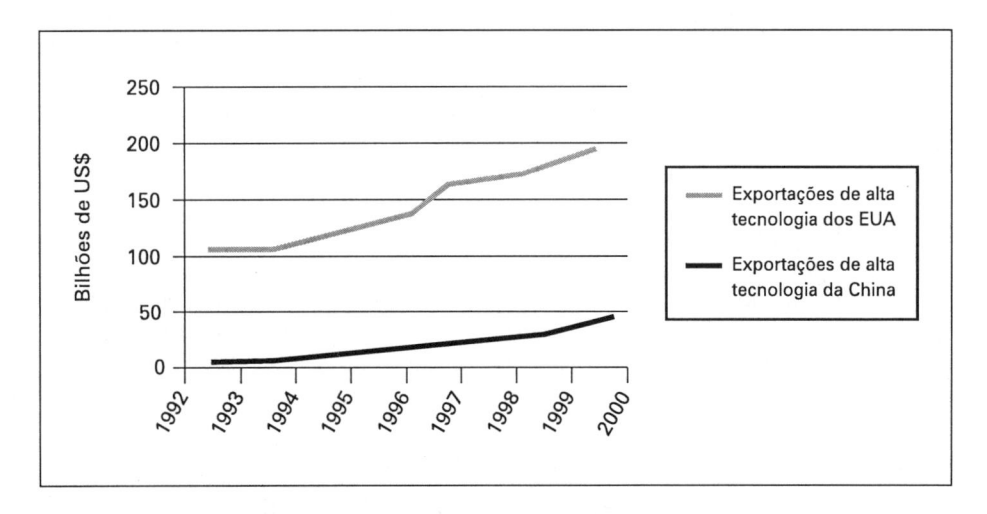

FIGURA 9.1 Exportações de alta tecnologia dos EUA e da China.
Fonte: Banco Mundial, Indicadores do Desenvolvimento Mundial, 2002.

bém de que se acelere. Na verdade, no primeiro trimestre de 2004, as exportações chinesas de alta tecnologia já eram 67% maiores do que as realizadas no mesmo período do ano anterior, conforme cifras do Ministério do Comércio da China. Mesmo não se deixando de lado o fato de serem as multinacionais estrangeiras instaladas na China as responsáveis por grande parte (de 75% a 80%, conforme algumas estimativas) de suas exportações de alta tecnologia, e de que grande parte da tecnologia utilizada pelas empresas chinesas não é exatamente de ponta, o nível da transferência de tecnologia para os empresários chineses – voluntárias ou não – registra hoje proporções sem precedentes. Seria imprudência total acreditar que a China não possa eventualmente igualar-se com o Ocidente como ela fez há um milênio, ou como os EUA fizeram há um século quando superaram o Velho Mundo para se transformar na potência dominante do cenário da economia mundial.

Os investimentos da China em P&D permanecem modestos enquanto proporção do seu produto interno bruto (PIB), embora o crescimento da economia chinesa indique que a mesma proporção compra hoje muito mais do que anteriormente. Para compensar, a China continua a dar preferência aos investimentos estrangeiros que envolvam transferência de tecnologia, enquanto faz que não enxerga as vantagens de que muitas de suas empresas desfrutam como resultado da aberta apropriação dos direitos de propriedade intelectual. No total, como registrado na Figura 9.2, os pagamentos da China por tecnologia são muito baixos, mas os números estão distorcidos e em declive pelas transferências tecnológicas dentro das firmas multinacionais e pelo fato de muitos produtores chineses sonegarem os devidos pagamentos pelos direitos sobre a tecnologia. A Figura 9.2 ilustra também que, embora as receitas norte-americanas com tecnologia tenham sido triplicadas entre as décadas de 1980 e 1990, seus gastos com tecnologia também aumentaram – um indicador concreto de que o país não tem o monopólio sobre novas tecnologias e outras inovações sempre referido por inúmeros comentaristas e observadores. O IEEE observa que a China fica atrás apenas dos EUA em matéria de publicação de artigos especializados sobre nanociência e nanotecnologia, e que, embora os chineses tenham se mostrado deficientes na introdução de inovações no mercado, trabalham duramente com o objetivo de melhorar todas as vantagens de que já dispõem. Se, e quando, a China poderá se transformar numa grande fonte mundial de inovação é algo que não se pode determinar, mas a única certeza é que errará feio todo aquele que se atrever a afirmar que isto é inviável. As empresas nacionais têm a ambição, a determinação e (cada vez mais) o capital, os recursos humanos e a escala de operações necessárias para atingir metas como essa.

O gravador de vídeo, o robô industrial e vários outros avanços tecnológicos deveriam servir como comprovação de que invenções e patentes não são garantias de produção comercial, retornos sobre o investimento ou domínio de mercado. Por isso mesmo, os EUA agem em direção a maiores e melhores

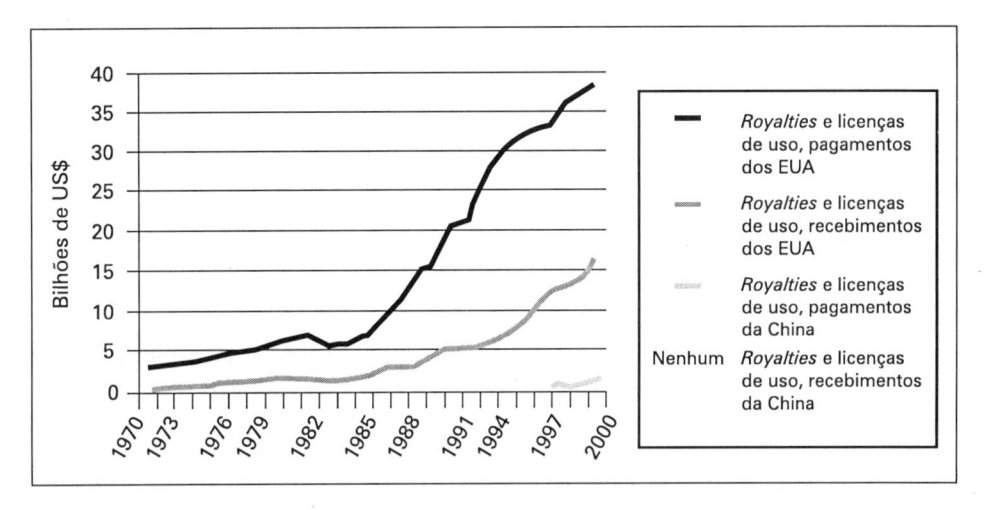

FIGURA 9.2 *Royalties* e licenças de uso, pagamentos e recebimentos – EUA e China.
Fonte: Banco Mundial, Indicadores do Desenvolvimento Mundial, 2002.

realizações ou simplesmente distribuem sua superioridade tecnológica quando adotam uma posição transparente, vendem barato demais, transferem facilmente demais e permitem a cópia escancarada sem compensação ou possibilidade de recorrer contra isso? A China atualmente recebe, copia e monta tecnologia, mas dá todos os indícios de que sonha com o mais valioso de todos os tipos de *know-how* – a capacidade de criar novo conhecimento e tecnologia. Nisto, a China em nada se diferencia do Japão e dos tigres asiáticos, exceto pelo seu registro histórico de inata inovação e pelo fato de estar montando uma formidável estrutura para aproveitar tais inovações. Claro que os britânicos não acreditaram que os norte-americanos tivessem condições de emparelhar com o *know-how* de que eram detentores há tantos séculos; não estaria na hora de os norte-americanos pensarem na possibilidade de virem a ser algum dia alcançados pela China?

A CHINA E A ORGANIZAÇÃO MUNDIAL DO COMÉRCIO

Muitos analistas do futuro impacto da China e das formas que assumirá usam a entrada do país asiático na Organização Mundial do Comércio com parâmetro do que se deve esperar. Essas análises mostram, em sua maioria, a aperfeiçoada transparência de um clima de regulamentação aberto e com suas disposições acatadas e também o fortalecimento da devida proteção dos direitos de propriedade intelectual expandindo as oportunidades para exportadores e investidores estrangeiros no mercado chinês e, por outro lado, estabelecendo, enfim, a justiça num campo tão competitivo como o das relações econômicas. Em contraste, os analistas céticos não crêem que o país venha a cumprir integralmente as disposições dos acordos que permitiram seu ingresso na OMC e, que, na verdade, irá se dedicar à descoberta de maneiras de impedir que se faça sentir o impacto dessas disposições sempre que entendidas como contrárias aos interesses nacionais chineses.

O histórico é até agora unilateral. Lado a lado com avanços consideráveis em algumas áreas, as violações – flagrantes ou sutis – são abundantes por parte dos chineses. Um relatório ao Congresso norte-americano de dezembro de 2003 sobre os compromissos assumidos pela China com a OMC asseverou que, embora o país tivesse cumprido muitos desses compromissos, principalmente nas áreas de redução de tarifas (por exemplo, sobre produtos químicos, o que teve como resultado um considerável impulso para as exportações norte-americanas no setor), "em um bom número de diferentes setores, entre os quais vários de importância para a economia dos EUA, a China não chegou a implementar na plenitude os compromissos assumidos com a OMC, o que anulou o proveito de ganhos obtidos em outras áreas." O relatório cita agricultura, serviços, direitos de propriedade intelectual e transparência como áreas com problemas, o que já havia sido observado em relatório semelhante apresentado em 2002 – áreas, portanto, que continuavam sendo motivo de grande preocupação para os EUA. O relatório conclui dizendo que "o histórico chinês unilateral e insuficiente de acatamento dos compromissos com a OMC já não pode ser atribuído a problemas de inexperiência".[3]

O relatório pinta um quadro de discriminação sistemática contra concorrentes estrangeiros. A China é acusada de insistir em subsidiar os produtos nacionais, que deles fazem uso para reduzir os preços tanto no mercado nacional quanto internacional de mercadorias que vão desde máquinas e petroquímicos até biomedicina. Em outras áreas (como semicondutores e fertilizantes), produtores nacionais ganham descontos do imposto sobre o valor agregado, mas não os estrangeiros. No dia 1º de janeiro de 2004, a China reduziu os descontos sobre as exportações dos manufaturados nacionais(de 17% para 13%), mantendo-os porém para linhas de produtos como os componentes automotivos. Muitos produtores nacionais acabam pagando bem menos do que isso, uma vez que o valor declarado, que serve como base de cálculo do desconto, pode ser manipulado; outros não pagam nada, tirando proveito de um ambiente funcional caótico ou de protecionismos regionais determinados em face de temores de que qualquer problema com as empresas se transforme em problemas sociais decorrentes do desemprego que qualquer aumento de impostos e/ou preços possa provocar.

As empresas nacionais são igualmente beneficiadas por impostos de consumo e em matéria de direitos de distribuição. Os compromissos com a OMC referentes aos serviços do comércio atacadista e às comissões de vendas pagas por empresas estrangeiras foram cumpridos com referência a produtos nacionais, mas não aos importados. Uma variedade de barreiras não fiscais (como taxa sobre consultoria administrativa) mantém os concorrentes estrangeiros marginalizados, enquanto as exportações de matérias-primas e produtos básicos que são a base da competitividade dos artigos nacionais são reduzidas. A China está igualmente formulando padrões excludentes em áreas nas quais já existem padrões internacionais, ainda que não seja o primeiro país a seguir este caminho. Empresas estrangeiras pretendentes a um ingresso no setor chinês do varejo enfrentam uma incontável relação de licenças a serem aprovadas, nenhuma delas aplicável a empresas locais, e não podem ter a maior parte do controle de *joint ventures*, exceto quando comprovarem que compram sob outras marcas, grandes quantidades de produtos chineses.

A transferência de tecnologia continua a ser usada como pré-condição para a aprovação de investimentos na China, ou para a concessão de incentivos. A China manobrou para não ser obrigada a cumprir uma cláusula proibindo explicitamente todas as formas de condicionamentos ao negociar seu ingresso na OMC, uma concessão cheia de riscos por parte dos negociadores estrangeiros, embora a ligação seja aparentemente contestada em determinadas partes do acordo final. O setor dos serviços – em que os EUA mantêm uma considerável vantagem competitiva – continua igualmente a enfrentar inúmeros problemas. Em resumo, este quadro deixa dúvidas muito sérias quanto às perspectivas de um aumento das exportações norte-americanas para a China a um ritmo suficiente para contrabalançar o previsto crescimento das importações de produtos chineses pelos EUA.

CENÁRIOS PARA O FUTURO

Prognosticar o futuro é tarefa complicada em qualquer circunstância, mais ainda quando o alvo das projeções é um país sobre o qual certa vez alguém teorizou: "A única coisa certa sobre a China é a incerteza". O tema do impacto chinês sobre o resto do mundo é complexo e pleno de implicações políticas e emocionais. É multifacetado, envolve múltiplos grupos sociais em inúmeros países, com interesses diferenciados, e cujas ações nem sempre podem ser previstas. Panoramas do futuro do intercâmbio comercial EUA/China são, pois, de traçado quase inviável, mesmo que seja possível definir um alcance: este vai desde uma aterrissagem confortável até um confronto de conseqüências imprevisíveis para a economia mundial. Na primeira situação, o superávit comercial chinês diminui gradualmente à medida que os custos de materiais e de mão-de-obra de sua produção aumentam e o país não consegue acompanhar fortes ganhos norte-americanos em produtividade e avanço tecnológico; no cenário menos atraente, a China, crescentemente agressiva em matéria econômica e desesperada para criar empregos em seu território, entra em choque com um acentuado sentimento protecionista nos EUA e em outros mercados internacionais, um processo em que a economia global experimenta abalos de efeitos hoje imprevisíveis.

A Figura 9.3 apresenta alternativas de situações no comércio EUA/China em 2008, calculadas pela Associação Nacional de Manufaturas (National Association of Manufacturers – NAM). Os dados mostram que se as importações chinesas tiverem um aumento anual de 10%, uma projeção exageradamente modesta, os EUA precisarão incrementar as suas exportações ao ritmo mínimo anual de 25% só para abater o déficit comercial em proporções ínfimas. Não se trata de uma situação impossível: a China já é o mercado de mais acelerado crescimento para as exportações norte-americanas, e o crescimento de tais exportações em 2003 ficou bem acima do percentual anteriormente citado. A questão é saber se esse ritmo é sustentável, dadas a concorrência global e a continuada preferência por empresas nacionais. Além isso, mesmo se as exportações norte-americanas puderem manter esse ritmo acelerado de crescimento, o aumento das importações procedentes da China deveria ficar abaixo de 10% ao ano para possibilitar um declínio do déficit comercial norte-americano: trata-se, portanto, de outra projeção aparentemente irrealizável.

Crescimento das importações	Crescimento das exportações 12%	Crescimento das exportações 25%	Crescimento das exportações 33%
20%	– $ 330	– $ 290	– $ 252
15%	– $ 246	– $ 205	– $ 167
10%	– $ 178	– $ 138	– $ 100
7%	– $ 144	– $ 104	– $ 66

FIGURA 9.3 Mudanças projetadas no déficit comercial dos EUA com a China em 2008 (em bilhões de US$): Cenários alternativos.
Fonte: National Association of Manufacturers, 2003.

As projeções da NAM quanto a um crescimento anual de 20% podem estar subavaliadas, mesmo num cenário que inclua um reposicionamento das cotações das respectivas moedas.

Aterrissagem suave

O cenário de uma aterrissagem suave tem como base a visão predominante nos círculos econômicos em que a China é tida como um elo a mais na evolução natural do intercâmbio comercial internacional. Com o tempo, segundo esta visão, os salários dos chineses aumentarão até o ponto em que o país deixará de ser o mais competitivo em setores de mão-de-obra intensiva, legando esta condição ao Vietnã, Bangladesh e outros. A China canalizará mais recursos para o seu atrasado setor de serviços, aliviando assim a intensa pressão para atrair maior capacidade de manufatura. Esse cenário otimista supõe também uma mudança gradual na taxa de câmbio (há sinais de que o governo chinês pensa nessa hipótese, pelo menos a fim de conter uma crescente inflação), juntamente com medidas de abertura de mercados chineses e uma desativação gradual dos subsídios e outras barreiras que acabam sempre prejudicando o concorrente estrangeiro. Uma repressão verdadeira da pirataria, motivada tanto por pressões internacionais quanto pelo interesse chinês em proteger inovações próprias, conseguirá restabelecer a fatia de mercado das multinacionais norte-americanas e de outros países. Neste cenário, a China fará igualmente um esforço realmente sério para importar produtos norte-americanos que – dado o considerável poder ainda mantido pelo governo – poderá levar a um crescimento rápido e sustentado das exportações norte-americanas, focadas em itens de alto valor como aviões comerciais. O déficit comercial diminuirá, amenizando as pressões protecionistas numa economia norte-americana reestruturada que poderá criar mais empregos.

Existem vários obstáculos de difícil superação neste cenário da aterrissagem suave. Ele supõe, por exemplo, que produtores norte-americanos dos setores de alta e média tecnologia possam rapidamente ascender aos níveis de produção tecnológica de alto quilate. O problema é que as empresas norte-americanas não serão as únicas buscando essa ascensão como maneira de fugir à concorrência ferrenha dos pequenos produtores. Com outros concorrentes – entre os quais os chineses – lutando por um lugar ao sol no mercado de artigos de alto quilate e maior valor, a vida no topo da pirâmide poderá ficar bastante desconfortável. O cenário da aterrissagem suave também supõe que o governo chinês estará disposto e capacitado a investir contra interesses nacionais que protegem a pirataria e a manipulação de mercados, algo que esse mesmo governo tem demonstrado há muito tempo não estar entre as suas prioridades, e que a situação da empregabilidade na China irá estabilizar-se num ponto em que pressão pelas exportações possa ser suavizada. É igualmente digno de nota que o cenário da aterrissagem suave, por definição, está previsto para concretização no longo prazo. Quando puder ser consumado, a China já se terá tornado extremamente mais eficiente no direcionamento de capital e recursos humanos, e, em conseqüência, estará transformada em concorrente ainda mais formidável do que é no presente.

Aterrissagem conturbada

A perspectiva de uma aterrissagem conturbada – isto é, de um confronto generalizado – identifica no horizonte das relações EUA/China uma crise que culmina em confronto de implicações econômicas, políticas e de segurança nacional. Sob a pressão das continuadas perdas de empregos no setor de manufatura, o governo e/ou o Congresso norte-americano adotam a imposição de sobretaxas ou outras medidas protecionistas – dessa vez indo além das quotas aprovadas pela OMC para importações de sutiãs, robes e tecidos trabalhados, estendendo-se a produtos como componentes automotivos, adornos e outros bens com comunidades industriais capacitadas a arregimentar o apoio político indispensável para tais movimentações. Os sindicatos continuarão a atacar as violações dos direitos humanos pelos chineses, e ao mesmo tempo clamarão por práticas de comércio justo e por reciprocidade, em lugar de puro e simples protecionismo. Eles podem pedir emprestada uma página de Tech Cox, que, num discurso pronunciado em 1787 na Associação de Incentivo às Manufaturas e Artes Práticas da Pensilvânia, proclamou: "Devemos examinar com o maior cuidado a conduta de outros países a fim de obter acesso aos métodos pelos quais desenvolvem a manufatura e colocar cada um deles em prática, sempre que se apliquem à nossa situação, e desde que tenhamos condições para tanto".[4]

A China continuará a defender sua indústria, acrescentando fortes medidas *antidumping* ao seu conjunto resistente de subsídios e outras reservas de mercado, e continuando a agir em favor dos produtores nacionais em querelas comerciais (a China, segundo a convicção generalizada, transfere informações de arquivos estrangeiros às partes nacionais envolvidas em alguma queixa, com isso proporcionando-lhes munição judicial e vantagem comercial). Ao mesmo tempo, montará uma agressiva defesa contra investigações no exterior sobre essas práticas *antidumping*. A China seguirá o exemplo dos EUA (que foi o primeiro país a recorrer à OMC em questões envolvendo os chineses) e apresentará suas denúncias ao organismo de comércio internacional. Quaisquer que venham a ser os méritos dos casos, é certo que nada renderão aos EUA em termos de solidariedade e apoio internacionais. A Ásia (que, como um todo, tem considerável superávit comercial em relação à China) e a Europa (que tem um déficit relativamente pequeno) não têm inclinação alguma a apoiar qualquer posição agressiva em relação a violações atribuídas aos chineses. A opinião pública mundial também não proporcionará a menor ajuda à causa dos EUA: apesar da surpresa que isso ainda constitui para os norte-americanos, a opinião da maioria é de que Washington representa a parte culpada pelas desigualdades comerciais. Numa pesquisa desenvolvida pela ONG Transparência Internacional, 58% dos participantes opinaram ser o governo dos EUA o mais inclinado a fazer uso de pressões políticas, como o condicionamento de ajuda internacional a concessões de vários tipos, isso com o objetivo de extrair vantagens indevidas nos mercados internacionais. O segundo maior "vilão" dessa lista, a França, recebeu apenas 26% das opiniões desfavoráveis. A China entrou em quinto lugar, com somente 16% dos consultados afirmando que o governo de Pequim emprega métodos desleais no intercâmbio comercial com outros países. Taiwan e Hong Kong tiveram, respectivamente, 5% e 1% dos "votos" nesse *ranking*.

À medida que se perceberem irremediavelmente isolados, os EUA tenderão a se ilhar, voltando-se para o comércio interno e abandonando as parcerias no intercâmbio internacional. A partir daí, a situação pode rapidamente se deteriorar. Pressionado pelos sindicatos e associações de pequenos produtores, o governo adotará medidas punitivas (por exemplo, tarifas retaliatórias) de proteção de suas indústrias que não estarão enquadradas na moldura desenhada pela OMC, com isso ameaçando o sistema global de comércio. A China então descarregará suas enormes reservas de dólares, provocando uma derrocada da cotação da moeda norte-americana e um pânico financeiro global.

Trata-se de um cenário possível, mas improvável. O relatório do Congresso sobre os procedimentos da China em relação aos compromissos assumidos com a OMC observa: "A China tem procurado desviar a atenção de sua implementação inadequada das mudanças sistêmicas dela exigidas administrando seu intercâmbio de maneira a gerar aumentos temporários de supostas importações dos seus parceiros comerciais dotados de influência e estrutura para reagir, entre os quais os EUA". Na verdade, com a mídia e os políticos norte-americanos intensificando as críticas ao aumento do superávit comercial no final de 2003, os chineses prepararam uma comissão de compras nos EUA mas acabaram suspendendo sua viagem, em reação às tarifas impostas às importações (pelos EUA) de alguns artigos de vestuário. A fim de desarmar as tensões comerciais, a China está disposta a valorizar o iuan em proporção modesta – apenas aquela suficiente para aplacar os críticos que resolveram centrar suas baterias neste tema, mas dificilmente significativa em termos daquelas que não sejam as linhas de produção mais presentes na linha de tiro. Algumas empresas chinesas deverão seguir a trilha aberta pela Haier e começar a produzir nos EUA, mas, levando-se em conta as diferenças em valores de salários e insumos, essa expansão não chegará sequer perto da escala dos investimentos feitos pelos japoneses nos EUA, 20 anos atrás.

Um cenário bem mais catastrófico seria o de uma crise interna chinesa com conseqüências capazes de se espalhar pelo mundo. A China encara uma boa dose de sérios riscos: seu sistema financeiro se aproxima da insolvência e, se o governo não tiver condições de fortalecê-lo, poderá implodir. Uma redução da taxa do crescimento poderia elevar um índice já elevado de desemprego a cifras estratosféricas, no momento em que a rede de segurança social ainda está em fase de concepção. Desigualdades entre as regiões costeiras e o interior do país e entre os ricos e os pobres aumentam diariamente, o que incrementa os ressentimentos e vai assoreando cada vez mais a já frágil camada de legitimidade do regime comunista. Neste cenário, um detonador na forma de uma repentina e violenta valorização da moeda certamente desencadeará inquietação social e uma reação violenta. A redução na demanda interna levará então a China a descarregar sua imensa capacidade nos mercados mundiais, algo que, em virtude dos excessos de produção e esgotamento de mercado já existentes em muitas indústrias, terá efeitos devastadores. Os concorrentes estrangeiros serão forçados a vender com enormes prejuízos, os governos decretarão tarifas emergenciais, e os exportadores sairão à caça dos derradeiros mercados ainda receptivos. O ato final será uma depressão global em escala nunca mais registrada desde aquela da década de 1930.

LINHAS DE CONFRONTO

Um quarto de século atrás, a indústria automobilística norte-americana pressionou, com sucesso, o governo para que definisse quotas "voluntárias" às importações do Japão. Hoje, não é provável que um *lobby* semelhante àquele repita os bons resultados de sua ação. As indústrias mais atingidas pelo impacto chinês são bem mais fragmentadas, e incontáveis dos seus produtores e varejistas são tão dependentes de insumos chineses quanto os chineses dependem das exportações para os EUA. Na verdade, o *lobby* que se faz hoje é tão forte em favor da proteção do livre mercado (nisso se incluindo as importações da China e a terceirização da produção para o seu território) quanto pela imposição de limites ao fluxo das importações e das terceirizações no exterior. A recém-organizada Coalizão Pró-Crescimento Econômico e Empregos Americanos, pró-livre comércio, inclui não somente a previsível Câmara de Comércio e grupos de exportadores mas igualmente a Associação Nacional de Produtores Manufatureiros. Os principais objetivos da Coalizão são derrubar qualquer legislação que venha a limitar a terceirização por entidades norte-americanas e, igualmente, preservar o número atual de vistos de entrada disponíveis para trabalhadores estrangeiros altamente especializados. O Conselho de Negócios EUA-China, que inclui alguns dos maiores exportadores para a China, também tem agido com afinco para impedir a imposição de limites ao fluxo de mercadorias chinesas. Com tantos aliados trabalhando em seu favor dentro dos EUA, não chega a constituir motivo de espanto o fato de a China gastar menos com lobistas profissionais do que o empobrecido Malauí.[5]

As linhas de confronto desenhadas no debate da China podem provocar uma mudança permanente no panorama político dos EUA. Os pequenos produtores não capacitados à terceirização e que não dispõem de alcance para participar do comércio global entram assim em confronto com os *big brothers* do setor, que dependem da China para componentes e linhas de montagem. Os sindicatos passam a enfrentar empresários mais determinados e prontos a fazer uso da ameaça de simplesmente deixar o país e terceirizar suas operações no exterior, e continuarão a perder espaços enquanto não reformularem o antigo e ineficaz discurso sobre as violações dos direitos humanos na China. Os eleitores individualmente estarão de maneira permanente às voltas com um novo tipo de conflito interno – aquele que envolve sua situação como empregados, consumidores e acionistas e que os situa nos dois pólos do debate: enquanto consumidores, eles tiram proveito dos produtos chineses de baixo preço; enquanto acionistas, ganham com a lucratividade representada pelas terceirizações na China; enquanto empregados, cresce a sua preocupação com os empregos e a capacidade de conseguir outras colocações em setores industriais em declínio, apesar do relativo alívio proporcionado pelas perspectivas de renovado crescimento numa economia em reestruturação.

Nações e Estados

Nos EUA, os estados mais dependentes do mercado chinês são os mais inclinados a não admitir limites aos importados chineses, especialmente se não estiverem sujeitos a perder empregos em demasia como conseqüência direta desse intercâmbio. Um exemplo típico é o estado de Washington, na costa do Pacífico, para o qual a China já representa mais de 11% das exportações totais (ver a Figura 9.4), enquanto a projeção de perdas de empregos resultantes da concorrência (em torno de 7 mil, segundo o Instituto de Política Econômica) é uma das menores nos EUA. Os estados do Sul, que sofrem com a eliminação de empregos em tecelagens e fábricas de implementos de roupas, logicamente encaram o intercâmbio com a China com olhar muito mais crítico, da mesma forma que os estados do Meio-Oeste. A China não representa atualmente um grande mercado para as exportações do Meio-Oeste (exceto em agricultura), mas as perdas de empregos decorrentes das importações da China no setor de manufatura – que tem uma representação desproporcional na região – são substanciais. Assim, o fator chinês pode acabar criando cismas ainda maiores entre as duas costas do país – Atlântico e Pacífico – e o interior, costurando-os no emergente mapa político daí resultante. Fenômenos similares são observa-

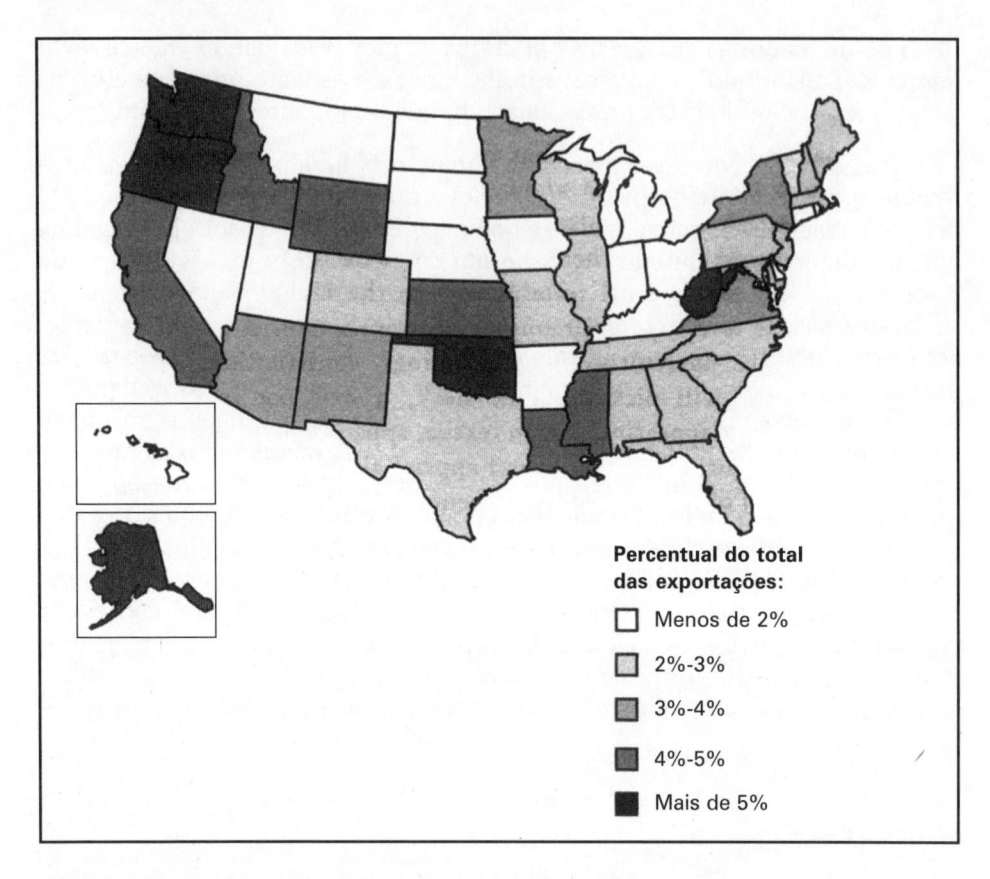

FIGURA 9.4 Exportações dos EUA para a China, por estado (2002).
Fonte: Departamento de Censos dos EUA – Divisão de Comércio Exterior.

Percentual do total das exportações:
- Menos de 2%
- 2%-3%
- 3%-4%
- 4%-5%
- Mais de 5%

dos em outros países, em que as regiões dependentes de indústrias de mão-de-obra intensiva ou nível tecnológico intermediário acabam ficando em lados opostos da mesa no debate com aquelas dependentes de agricultura ou serviços, que acreditam que poderão tirar proveito do intercâmbio comercial com a China.

Linhas de batalha globais

Fora dos Estados Unidos, um impacto fundamental da ascensão chinesa será a derrubada dos ganhos de muitos países em desenvolvimento para os quais se torna cada vez mais difícil concorrer com os chineses em exportações e atração de investimentos estrangeiros. Nações cuja base econômica está nas indústrias de mão-de-obra intensiva (como Egito, Bangladesh, Sri Lanka e muitos países da América Central e do Caribe), especialmente a do vestuário, serão mais brutalmente atingidas, particularmente pelo fato de não contarem com alternativas para essas indústrias exportadoras. O resultado disso tudo pode vir a ser uma divisão mais acentuada Norte-Sul, uma conseqüência plena de ironia política, em vista do antigo patrocínio chinês das causas do Terceiro Mundo. Pressionadas pela concorrência chinesa no seu mercado mais lucrativo, as nações latino-americanas, lideradas pelo México (que vê alguns dos benefícios duramente conquistados por meio do Nafta desaparecerem), pressionarão os EUA para que imponham limites aos importados chineses. Essas nações invocarão, para tanto, sua tradicional aliança com a América do Norte e buscarão o apoio político de estados sulistas como a Carolina do Norte, que têm sido fornecedores tradicionais de insumos das fábricas de roupas da América Central.

Se o México e seus vizinhos do Sul continuarem a perder empregos industriais, a entrada ilegal de migrantes nos EUA certamente aumentará – mesmo sabendo os migrantes que, desta vez, haverá reduzidas perspectivas de atividades para os recém-chegados. Embora setores como a agricultura, embalagem de carnes, construção e restaurantes possam apresentar algum respiro, isso será insuficiente para compensar o desaparecimento de empregos nos setores de têxteis, roupas, carpetes e manufatura em geral. Só nos setores de têxteis e vestuário, os EUA verão a eliminação de praticamente a metade dos atuais 1 milhão de empregos, muitos deles ocupados pela primeira ou segunda gerações de descendentes de imigrantes. Mesmo os empregos no setor agrícola não ficam imunes ao crescimento das importações da China (a China já exporta milho), embora novos empregos venham também a ser criados – pelo menos empregos temporários – como resultado do crescimento das exportações agrícolas para a China.

EPÍLOGO

Apesar de todos os obstáculos, existentes e previsíveis, o século XXI verá a restauração das glórias da China como o Império do Meio. Na condição de centro de irradiação industrial, comercial e político, ela se estenderá muito além dos limites da Ásia do Leste – sua tradicional esfera de influência –, em primeiro lugar para a Ásia Central e o Sudeste Asiático, e dali para o mundo exterior, em que está predestinada a transformar-se em um dos dois ou três principais protagonistas que essa nova configuração deverá comportar. É apenas questão de tempo (por exemplo) até a China passar a participar intensamente das questões do Oriente Médio, cujas reservas de petróleo ela cobiça intensamente, ou a assumir a liderança nos esforços para tirar a África do pesadelo econômico que enfrenta. Em lugar de ser um farol a iluminar o caminho dos "bárbaros" que a cercam, a China – desta vez – passará a ser uma força de liderança no mundo cada vez mais competitivo e interdependente. Nessa condição, a China poderá reescrever algumas das próprias regras que outros países esperam que ela agora obedeça – seja em matéria de proteção dos direitos de propriedade intelectual, seja em matéria de intercâmbio comercial –, desafiando nações, empresas e indivíduos a reajustar seus modelos de negócios e expectativas. A movimentação em massa dos fatores de produção que a China vem desencadeando poderá não apenas virar de pernas para o ar nossas teorias econômicas e suposições políticas, como igualmente constituir um teste para bases fundamentais de nossa sociedade. A maneira de administrar esse desafio que surge no horizonte bem próximo será decisiva para definir boa parte do mundo que legaremos aos nossos filhos.

Notas

Capítulo 1

1. Os números divulgados pela China em relação ao déficit comercial com os Estados Unidos são bem menores, em torno de US$ 70 bilhões para as trocas comerciais do ano de 2002.
2. Como é dito mais adiante, as exportações de vestuário devem crescer muito nos próximos anos, graças ao fim do acordo de exportações de têxteis e a outros fatores.
3. Depoimento de N. R. Lardy diante da Comissão de Relações Internacionais da Câmara Federal dos Estados Unidos em Washington, em 21 de outubro de 2003.
4. Conforme informações de Daniel Webster a Caleb Cushing, enviado à China em missão que resultou no Tratado de Wanghia, assinado em 3 de julho de 1844. *Annals of American History*.

Capítulo 2

1. K. Mazurewich, "Wirh New Wealrh, China's Tycoons Buy Lost Treasures, *The Wall Street Journal,* 14 January 2004: A1.

Capítulo 3

1. Os números sobre investimento estrangeiro na China estão inflados pela inclusão de empresas da China continental que, a fim de receber incentivos e superar restrições governamentais, registram-se em Hong Kong apenas para reinvestir no continente. O mesmo ocorre com freqüência com investimentos estrangeiros em outros mercados, como mostra a presença de Luxemburgo no topo das tabelas de investimentos da Unctad.
2. Huang, Yasheng, and Khanna, Tarun (2003), "Can India Overtake China?" *Foreign Policy,* July/August 2003.
3. Huang, Yasheng, and Khanna, Tarun (2003), "Can India Overtake China?" *Foreign Policy,* July/August 2003.

Capítulo 4

1. Foreign Investment Administration, MOFTEC, 1998, "Tax Exemption Policies on Importation of Equipment by Enterprises with Foreign Investment," MOFTEC, Foreign Investment Administration. In *China in the World Economy,* OECD, 2002, Table 10-5.

2. United States Trade Representative, 2003 report to Congress on China WTO compliance, Washington D.C., December 11, 2003.
3. United States Trade Representative, 2003 report to Congress on China WTO compliance, Washington DC, December 11, 2003.
4. K. Kranhold, "Tough Bargain: China's Price for Market Entry: Give Us Your Technology, Too," *The Wall Street Journal,* 26 February 2004.
5. *China in the World Economy,* OECD, 2002.
6. P. J. Buckley, J. Clegg, and C. Wang, "The Impact of Inward FDI on the Performance of Chinese Manufacturing Firms," *Journal of International Business Studies,* vol. 33 no.4 (2002): 637-655.
7. Zixiang (Alex) Tan, "Telecomunications, Technology, and China's Modernization", estudo apresentado na conferência sobre relações China-Europa em ciência e tecnologia, Rensselaer Polytechnic Institute, Troy, New York, 4 a 6 de setembro de 2003. Será capítulo de um livro a ser editado por Denis Simon e publicado por M. E. Sharpe.
8. *China in the World Economy,* OECD, 2002.
9. National Science Foundation (NSF), "U.S.-China R&D Linkages: Direct Investment and Industrial Alliances in the 1990s," NSF #306 (February 2004). Baseado em dados do Bureau of Economic Analysis.
10. United Nations Conference on Trade and Development (UNCTAD), Partnerships and networking in science and technology for development, Geneva, 2002.
11. National Science Foundation (NSF), "US-China R&D Linkages: Direct Investment and Industrial Alliances in the 1990s," NSF #306 (February 2004). Baseado em Thomson Financial Joint Venture/Alliance database.
12. The World Bank, World Development Indicators, 2002, Table 5.11.
13. *China in the World Economy,* OECD, 2002: 789.
14. Futao Huang, "Policy and Practices of the Internationalization of Higher Education in China," *Journal of Studies in International Education,* vol. 7 no.3 (2003): 225-240.
15. C. Cao, "Brain Drain/Brain Gain/Brain Circulation and China's High-Level Human Resource Problem", estudo apresentado em conferência sobre a ascendente trajetória tecnológica da China no século 21, no Rensselaer Polytechnic Institute, Troy, New York, 4 a 6 de setembro de 2003. Será capítulo de um livro a ser editado por Denis Simon e publicado por M. E. Sharpe.
16. J. M. Johnson, "Human Resource Contributions to U.S. Science and Engineering from China," NSF #311 (January 2001).
17. National Science Foundation, Division of Science Resources Statistics, *Survey of Earned Doctorates,* 2002.
18. J. M. Johnson and M.C. Regets, "International Mobility of Scientists and Engineers to the United States-Brain Drain or Brain Circulation?" NSF #316 (June 1998).
19. C. Cao, "Brain Drain/Brain Gain/Brain Circulation and Problem," estudo apresentado em conferência sobre a ascendente trajetória tecnológica da China no século 21, no Rensselaer Polytechnic Institute, Troy, New York, 4 a 6 de setembro de 2003. Será capítulo de um livro a ser editado por Denis Simon e publicado por M. E. Sharpe.
20. H. Choi, *An International Scientific Community-Asian Scholars in the United States.* (New York: Praeger, 1995).
21. J. Sigurdson, "China-Europe Relations in Science and Technology", estudo apresentado em conferência sobre a ascendente trajetória tecnológica da China no século 21, no Rensselaer Polytechnic Institute, Troy, New York, 4 a 6 de setembro de 2003. Será capítulo de um livro a ser editado por Denis Simon e publicado por M. E. Sharpe.
22. D. F. Simon, "China's High.Tech Thrust: Beijing's Evolving Approaches to the Process of Innovation," *China Economic Review,* vol. 1 no.1 (1989): 73-92.

NOTAS 213

23. MOST 1999. Cited in OECD. 2002: 202.
24. *China in the World Economy,* OECD, 2002: 206.
25. Yifei Sun and Hongyang Wang, "Technological Innovation in Rural Enterprises of Jiangsu, China", estudo apresentado em conferência sobre a ascendente trajetória tecnológica da China no século 21, no Rensselaer Polytechnic Institute, Troy, New York, 4 a 6 de setembro de 2003. Será capítulo de um livro a ser editado por Denis Simon e publicado por M. E. Sharpe.

Capítulo 5

1. Development Research Center, China's State Council, relatado in *The China Business Review,* 6 December 2003; United States Trade Representative, 2003 report to Congress on China's WTO compliance, Washington, D.C., 11 December, 2003.
2. International Intellectual Property Alliance (IIPA), public comment on the identification of countries under Section 182 of the Trade Act of 1974 to the Office of the United States Trade Representative. Washington, D.C., February 13,2004.
3. Daniel C. K. Chow, "Counterfeiting in the People's Republic of China," *Washington University Law Quarterly,* vol. 78 no.1 (2000): 1-57.
4. Kitty McKinsey, "Watching for Chinese Knock-Offs," *Electronic Business,* 1 January 2003: 2-6; International Intellectual Property Alliance, 2003 Special 301 Report, People's Republic of China.
5. *Business Week,* 5 June 2002.
6. United States Trade Representative, 2003 report to Congress on China's WTO compliance, Washington, D.C., 11 December, 2003.
7. International Intellectual Property Alliance, 2003 *Special 301 Report,* People's Republic of China.
8. *Time,* 11 June 2001: 35.
9. International Intellectual Property Alliance, 2003 *Special 301 Report,* People's Republic of China.
10. United States Trade Representative, 2003 report to Congress on China WTO compliance, Washington, D.C. December 11, 2003.
11. Kitty McKinsey, "Watching for Chinese Knock-Offs," *Electronic Business,* 1 January 2003: 3.
12. "Busting Software Pirates," *Time Europe,* November 18, 2002, citado in International Intellectual Property Alliance (IIPA), Public Comment on the Identification of Countries under Section 182 of the Trade Act of 1974 to the Office of the United States Trade Representative, Washington, D.C., February 13,2004.
13. R. Buckman, "Blockbuster to Close All Stores in Hong Kong by Mid-2005," *The Wall Street journal,* February 2, 2004: B3.
14. G. A. Fowler, "Universal's China Business Plan Tries to Neutralize Music Piracy," *The Wall Street Journal,* February 27, 2004: B5.

Capítulo 6

1. Ira Kalish, "The World's Factory: China Enters the 21st Century," *Deloitte Research,* 2003.
2. "A Survey of Business in China," *The Economist,* March 20, 2004.
3. U.S. Department of Commerce, Special report to the Congressional Textile Caucus on the administration's efforts on textile issues, December 2003.

4. F. Zhai and S. ii, "Quantitative Analysis and Evaluation of Entry to WTO on China's Economy," *China Development Review* 3 no.2 (2001), Development Research Center of the State Council, People's Republic of China.
5. Y. Yang, "China's Integration into the World Economy: Implications for Developing Countries," International Monetary Fund Working Paper, WP/03/245, 2003.
6. Christopher Rhoads, "China Threat Fashions a Period of Upheaval for Italy's Textile Firms," *The Asian Wall Street journal,* 17 December 2002: A 1.
7. Dan Morse, "Furnirure Makers Seek Trade Duties," *The Wall Street Journal,* 3 November 2002: A2.
8. "Furniture Makers Seek Trade Sanctions, CNN Money, 1 November 2003.
9. "Furniture Makers Seek Trade Sanctions, CNN Money, 1 November 2003.
10. D. Morse, "In North Carolina, Furniture Makers Try to Stay Alive," *The Wall Street journal,* February 20, 2004: A1; A. Higgins, "As China Surges, It Also Proves a Buttress to American Strength." *The Wall Street journal,* January 30, 2004: A 1.
11. "The Sucking Sound from the East," *The Economist,* 26 July 2003: 36.
12. R. Watkins, "Mexico Versus China: Factors Affecting Export and Investment Competition," *Industry Trade and Technology Review,* July 2002.
13. Division of Trade Statistics, International Monetary Fund, citado en W.M. Cox and J. Koo, "China: Awakening Giant," Federal Reserve Bank of Dallas, September 2003.
14. W. Michael Cox and Jahyeong Koo, "China: Awakening Giant," Federal Reserve Bank of Dallas, September 2003.
15. Juan Forero, "As China Gallops, Mexico Sees Factory Jobs Slip Away," *The Wall Street journal,* 3 September 2003: A3.
16. R. Watkins, "Mexico Versus China: Factors Affecting Export and Investment Competition," *Industry Trade and Technology Review,* July 2002.
17. Barbara Kastelein, "Mexico Balks at Growing China 'Invasion,'" *Plastics News,* vol. 15 no.4 (24 March 2003).
18. F. Salim, Presentation at the Institute for International Research in San Diego, CA, March 19, 2002, based on a GE study. Cited in R. Watkins, "Mexico Versus China: Facrors Affecting Export and Investment Competition," *Industry Trade and Technologv Review.* July 2002.
19. Ira Kalish, "The World's Facrory: China Enrers the 21st Century," *Deloitte Research,* 2003.
20. Joseph B. White, "Unglamorous Axle Maker Is As Good As Gold," *The Wall Street Journal,* 10 November 2003: B1.
21. S. Diesenhouse, "To Save Factories, Owners Diversify," *The New York Times,* 30 November 2002: 5.
22. Melissa Fowler, "Manufacturer Uses Chinese-Made Products to Grow, *Dayton Business journal,* 4 August 2003.
23. D. Morse, "In North Carolina, Furniture Makers Try to Stay Alive," *The Wall Street Journal,* February 20, 2004: A1.
24. A informação sobre a Nipert foi fornecida por Chris Nippert, ex-executivo da empresa e filho do fundador.
25. E. Ramstad, "Flat-Panel, Plasma TV Sets Bring a Flood of New Brands," *The Wall Street-journal,* January 13, 2004: B1.

Capítulo 7

1. Kletzer, Lori, "Job Loss from Imports: Measuring the Costs." Washington DC: Institute for International Economics, 2001.

2. Ashok D. Bardhan and Cynthia Kroll, "The New Wave of Outsourcing." Fisher Center for Real Estate and Urban Economics, #1103 University of California, Berkeley, 2003.
3. "New Opponents of Free Trade," *The Wall Street Journal,* 10 October 2003.
4. Ashok D. Bardhan and Cynthia Kroll, "The New Wave of Outsourcing." Fisher Center for Real Estate and Urban Economics, #1103 University of California, Berkeley, 2003.
5. "Job Migration: Is It a Win-Win Game?" McKinsey Global Institute;McKinsey & Company, 2003. Os números incluem uma grande parte de software e outros serviços de alta tecnologia, assim um país pequeno como Israel, por exemplo, é o destino de US$ 3 bilhões em trabalho *offshore.*
6. Honeck, J., "International Trade and Job Loss in Ohio," Policy Matters Ohio, Febtuary 2004.
7. Ashok D. Bardhan and Cynthia Kroll, "The New Wave of Outsourcing," Fisher Center for Real Estate and Urban Economics, #1103 University of California, Berkeley, 2003.
8. Hilsenrath, J.E., "Behind Outsourcing Debate: Surprisingly Few Hard Numbers," *The Wall StreetJournal,* April 12, 2004, A1.
9. Ron Hira em depoimento em nome do IEEE à comissão de pequenas empresas na Câmara Federal dos EUA em 18 de junho de 2003.
10. "Job Migration: Is It a Win-Win Game?" McKinsey Global Institute, McKinsey & Company, 2003.
11. O Federal Reserve Bank of Chicago informa que apenas 13% das vendas das empresas norte-americanas com sede na China são enviadas aos Estados Unidos e que os contratos com essas filiais em solo chinês não estão incluídos na conta. Consulte Midwest manufacturing and trade with China, Chicago Fed Letter, The Federal Reserve Bank of Chicago, Essays on Issues # 196, November 2003. Considere que o crescimento das vendas de todas as filiais sediadas na China vai redundar em mais importações pelos Estados Unidos.
12. Há razões para crer que esse número é maior, por causa da dificuldade de mensurar o offsshore virtual e a atmosfera política negativa que envolve a prática.
13. Forrester Research; "Job Migration: Is It a Win-Win Game?" McKinsey Global Institute, McKinsey & Company, 2003.
14. Scott, Robert E., "Fast Track to Lost Jobs." The Economic Policy Institute. October 2001.
15. Kletzer, Lori, "Job Loss from Imports: Measuring the Costs." Washington DC: Institute for International Economics. Veja também "Trade Balance: Tipping Scales to Add Workers." *The Wall Street Journal,* 30 August, 2001: A1.
16. "Job Migration: Is It a Win-Win Game?" McKinsey Global Institute, McKinsey & Company, 2003.
17. OECD, 1999 Employment Report, chapter 2.
18. Bulkeley, Willliam M., "IBM Documents Give Rare Look at 'Offshoring,'" *The Wall Street Journal,* 19 January, 2004: A1.
19. Budman, Matthew, "Looking Ahead to Our Place in the Next Economy," *Across the Board,* 16.
20. Colvin, Jeffrey, "Value Driven," *Fortune.* 27 October 2003. Jon E. Hilsenrath and Rebecca Buckman, "Factory Employment Is Falling Worldwide," *The Wall Street Journal,* 20 October, 2003: A2.
21. Groshen, Erica L. and Potter, Simon, "Has Structural Change Contributed to a Jobless Recovery?" *Current Issues in Economics and Finance,* vol. 9 no.8 (2004). Veja também Federal Reserve Bank of New York, August 2003. Entrevista com Erica Groshen em Janeiro, 2004.
22. "U.S. Job Losses 'Not China's Fault,'" *The Standard* (Hong Kong), 6 December 2003: A4.
23. "U.S. Blames Job Loss on China," *CNN.com,* 8 January, 2004.
24. Bjorhus, Jennifer, "The Tradeoff of Trade with China: Jobs," *Twin Cities.com,* Pioneer Press, 27 April, 2003.

25. "Where Free Trade Hurts," *Business Week,* 15 December, 2003.
26. Kletzer, Lori, and Litan, Robert, "A Prescription to Relieve Workers' Anxiety," *Policy Brief* 01-2, IIE, February 2001.
27. Denlinger, Paul, *China Business Strategy,* 4 September, 2003.
28. "Offshore, Onshore," *The Wall Street Journal.* February 26, 2004: B4.
29. Fisher, A., "Where the Jobs Are Now and How to Get Them," *Fortune.com,* March 16, 2004.
30. Gongloff. M., "Is the Job Market Broken?" *CNNmoney.* February 9, 2004

Capítulo 8

1. Zeynep Gurhan-Canli and Durairaj Maheswaran, "Cultural Variations in Country of Otigin Effects, *Journal of Marketing Research,* July 2000: 309.
2. Tracie Rozhon, "Decking the Stores with No-Name Brands, *International Herald Tribune,* 11 December 2003: 14.
3. International Trade Commission, "Wooden Bedroom Furniture from China." Investigation No. 731-TA-1058 (Preliminary), Publication 3667, Washington, D.C. January 2004.
4. Jill Gabtielle Klein, Richard Ettenson, and Marlene D. Mortis, "The Animosity Model of Foreign Product Purchase: An Empirical Test in the People's Republic of China," *Journal of Marketing,* vol. 62 no.1: 89.
5. Gary S. Insch, "The Impact of Country-of-Origin Effects on Industrial Buyers' Perceptions of Product Quality," *Management International Review,* vol. 43 no.3 (2003): 291-310.
6. "The Last Sector Where Made in Europe Matters," *Financial Times,* 4 December, 2003: 16.
7. Dana Frank, *Buy American: The Untold Story of Economic Nationalism* (Boston: Beacon Press, 1999), 131-213.
8. Michael Forsythe, "Wal-Mart's China Goods Fuel U.S. Suppliers' Anger," *International Herald Tribune,* 8 July, 2003.

Capítulo 9

1. Reich, Robert B., "Nice Work If You Can Get It," *The Wall Street journal,* 26 December 2003.
2. Jefferson, Thomas, "On the Present Need to Promote Manufacturers," Memoirs, Correspondence, and Private Papers of Thomas Jefferson, 1829, *Annals of American History,* vol. IV, 276-279.
3. United States Trade Representative, 2003 report to Congress on China's WTO compliance, Washington, D.C., 11 December 2003.
4. Cox, Tench, "Prospects for American Manufacturers," A View of the United States of America, etc., etc., Philadelphia, 1794, *Annals of American History,* 35-36.
5. Basken, P. and Forsythe, M., "China's Powerful Friends in High Places," *The Japan Times,* Sec. 12, 2003: 19.

Índice

A

Acordo Centro-Americano de Livre Comércio, 132
aeronáutica, indústria, mercado chinês, 20-21
American Axle, 144-145
Andersen, Jonathan, 163
Ásia. *Ver também* China: Grande China. Hong Kong, Japão; Coréia do Norte, Cingapura, Coréia do Sul, Taiwan
   balança comercial com a China, 27
   China como centro econômico de irradiação, 24-25, 34-35, 41-42
   classe empresarial chinesa, 78-79
   crise financeira, 75
   impacto da ascensão da China, 140
   perda de investimentos estrangeiros para a China, 34-35
   questões de pirataria digital, 117
Austin, Benjamin, 196-197
automotiva, indústria
   como fator do déficit comercial dos EUA, 32-33
   importações norte-americanas de componentes e montagens, 20-21, 32-33, 35-37
   japonesa, 64, 66
   mercado chinês, 20-21, 141-142
   mercado de luxo, 66
   transferência de tecnologia, 20-21, 88-89

B

balança comercial
   cenários futuros EUA/China, 201-202, 206
   chinesa, 24-25, 28-29, 177
   déficit comercial global dos EUA, 28-29
   EUA *versus* China, 24-25, 32-33, 177
   Japão *versus* China, 28-29, 33-34
   Japão *versus* EUA, 32-33
   visões econômicas, 27
balança comercial. *Ver* balança do intercâmbio
Banco Mundial, 81-82
Bangladesh, 162, 202-203, 208
Bardhan, Ashok D., 149-150, 170-171
Blockbuster, 124
Boam, Thomas, 108, 110, 118, 124-125, 134-136, 145-147
Boeing, China como mercado da, 20-21, 26
brinquedos, fabricação de brinquedos na, 35-36
Buckley, Peter, 91-92
burocracia, função história na China, 46-49
Buy American, debate, 40-41, 181-182, 190-191

C

câmbio internacional, taxas de realinhamento, 31-33
   Ver também moedas
Carson, Joseph, 133
CATIC (China Aerotech), 95
chaebols, 75
Changbon Electric, 177-182
Cheung Kong, programa escolar, 99-100
Chiang Kai-shek, 72-73
China Aerospace, 95
China Netcom, 141-142
China. *Ver também* Grande China
   aspirações modernas, 55-56, 60
   atitude em relação à tecnologia, 81-95
   atividade empresarial, 68-70, 78-79
   balança comercial, 27
   cenários futuros China-EUA, 201-206
   como mercado interno, 20-21, 39
   como nação comunista, 34-35, 53-54, 86-87, 96
   companhias surgidas no país, 141-142
   corrupção nas práticas de governo, 113-114
   crescente impacto nos mercados mundiais, 32-33, 127-132, 134-135, 147, 193
   crescimento econômico, 19-20, 24-25
   cumprimento das normas da OMC, 199-202
   democracia e, 58-59
   dependência das exportações, 36-37

estudantes em escolas dos EUA, 22-23, 98
exportações de produtos de alta tecnologia, 197-198
futuro econômico, 141-142
história das invenções, 81-82, 87-88
impacto da história hoje, 49-51
importância das transferências de empregos, 162-163
ineficácia na proteção dos direitos de propriedade intelectual, 105-125
iniciativas de reformas modernizadoras, 53-56, 86-88
intercâmbio global de bens e serviços, 24-25, 32-33
invenções notáveis, 83
marcos históricos fundamentais, 45
multinacionais estrangeiras, 30-32
período imperial, 45-46, 50-51, 83-84, 96
população, 20-21
primeiras reações ao poder e influência do Ocidente, 50-52
principais industriais, 35-37
projeto espacial, 55-57
qualidade exclusiva de ascensão econômica, 61-63
questão do tamanho, 67
recursos humanos, 21-22, 95, 99-100, 162
relações com a Coréia do Norte, 58-59, 75
sistema de ensino, 21-22, 96-97
superávit comercial com os EUA, 24-25, 32-33
versus Índia, 76-80
versus Japão, 67-68
Choi, H., 99-100
CIF (custo, seguro e frete), 24-25
Cingapura
  como modelo econômico, 73-74
  como parte da Grande China, 24-25, 57-58
  histórico, 73-74
Clode, Jack, 119
Coalizão Internacional contra as Falsificações (IACC), 111-112, 122-123
comércio eqüitativo, 27
commoditização, 36-37. *Ver também* marcas
comunismo, a China como nação comunista, 34-35, 53-54, 86-87, 96
Confúcio e o confucionismo, 45-47, 112-113
Cong Cao, 98
consumidores
  confiabilidade das importações chinesas, 39
  Conselho de Comércio EUA-China.
  Ver EUA-China, Conselho comercial
  pesquisa sobre interesse por produtos chineses, 184-185, 189-190
  trajetória global dos produtos até o mercado, 175-191
contrabando, 113-114
contrabando. *Ver* Pirataria

Coréia do Norte, relacionamento com a China, 58-59, 75
Coréia do Sul
  como modelo econômico, 73-75
  exportações para a China, 24-25
  histórico, 73-75
  perda de investimentos estrangeiros para a China, 34-35
  sistema de ensino, 21-22
Coréia. *Ver* Coréia do Norte; Coréia do Sul
corporações multinacionais
  centros tecnológicos chineses, 21-22
  exportações chinesas pelas filiais de, 30-32
  função no aperfeiçoamento da educação superior chinesa, 97
Cox, Tench, 203-204
criação de marcas, 35-36, 59-60, 144-145, 189-191. *Ver também commoditização*
crime, e direitos internacionais de propriedade, 108, 111-112

D

déficits comerciais. *Ver* balança comercial
deflação, 194
democracia
  Cingapura como, 73-74
  Índia como, 77
  liderança política chinesa, visão da, 58-59
  Taiwan como, 72-73
Deng Xiaoping, 50-51, 55-56, 86-87
deslocamento de empregos relacionados com o comércio, definição, 151
diferença salarial, 158-160
direitos de propriedade industrial
  analogias históricas, 29, 105-106
  como questão global, 119-122
  custos e benefícios das violações, 108
  exemplo da moto, 106-107, 119
  expectativas chinesas, 121-124
  fracasso chinês em sua proteção, 21-22, 29, 105
dólar de Hong Kong, 32-33
dólar dos EUA, 27, 31-32
Dongfeng Motors, 194
Dyer, Dave, 133

E

economia global
  aspirações chinesas, 58-60
  China na, 19-20, 24-25
  crescente impacto chinês, 31-32
  direitos de propriedade intelectual, 29
eletrônica, indústria, perspectiva de mercado na China, 141-142
emprego. *Ver também* migração de empregos

ÍNDICE **219**

categorias mais seguras de empregos, 168-172
causas da eliminação de empregos, 153-155
conceito da reforma estrutural, 160-163
perdas de empregos nos EUA por regiões, 207-208
realocando trabalhadores, 155-158, 163
empregos administrativos (*white-collar*),
    em risco, 38
empresas com investimentos internacionais
    como participantes do crescimento das exportações chinesas, 30-32, 88-89, 95
    opções para permanecer competitivo em relação à China, 36-37
    trabalho intensivo x capital intensivo x tecnologia intensiva, 90-91
empresas estrangeiras de produção, opções para continuar competitivas com relação à China, 36-37
ensino, sistema de
    na China, 21-22, 96-97
    reformando, 96-100
Estados Unidos
    aspectos políticos do comércio com a China, 206-208
    categorias máximas das importações da China, 26
    cenários futuros EUA-Chna, 201-206
    como importador crônico, 28-29
    confiança dos consumidores nos importados chineses, 39
    déficit comercial com a China, 24-25, 32-33
    déficit comercial com o Japão, 32-33, 34-35
    déficit global de comércio, 28-29
    Departamento de Censos, Divisão de Comércio Exterior, 26
    dólar, 27, 31-32
    economia de livre mercado, 28-29
    estimativas sobre importações e exportações, 197-198
    estudantes chineses nos, 22-23, 98
    exportações de alta tecnologia, 197-198
    fabricação de brinquedos, 35-36
    participação chinesa nas importações dos, 177
    perdas de empregos por região, 167-169, 207-208
    questões econômicas emergentes, 41-43
    razões para a dependência das importações chinesas, 27-32
    risco de perder os empregos mais bem pagos para a China
    transferindo a produção para a China, 32-33
    visões econômicas do déficit comercial, 27
estudantes chineses
    estudando no exterior, 97-100
    freqüentando escolas nos EUA, 22-23, 98
EUA-China, Conselho Comercial, 24-26, 29, 30-31, 206
Européia, União

balança comercial, 27, 33-34
impacto da ascensão chinesa, 134-136
exportações
    alta tecnologia, 197-198
    calculando com base FAS (livre ao lado do navio), 24-25
    dependência chinesa, 36-37
    por multinacionais estrangeiras na China, 30-32

F

fabricantes de equipamentos originais, 101-102, 141-142
fabricantes de projetos originais, 101-102
falsificação
    como parcela do PIB chinês, 110
    como questão global, 119-122
    definida, 106-107
    em conjunto com pirataria, 106-107
    exemplo das motos, 106-107, 119
FAS (livre ao lado do navio), 24-25
filmes, pirataria, 115-119
filmes. *Ver* cinema, pirataria
Five Rivers, 179-180, 191
FMI (Fundo Monetário Internacional), 75
fontes internas, 153-154
Frank, Dana, 190-191
Fundo Monetário Internacional (FMI), 75
Furniture Brands, 145-146

G

General Electric
    papel na transferência de tecnologia para a China, 90-91
    transferência da produção para a China, 145-146
General Motors, na China, 20-21, 93-94
geopolítica, ordem
    aspirações chinesas, 42-43, 46-47
    impacto chinês sobre outras nações, 134-135, 140
global, terceirização. *Ver também* migração de empregos
    como paradigma da transição, 162
    como questão política, 169-171
    definida como, 151
    papel na sobrevivência da corporação, 145-146, 153-154
    versus exportação, 151
Grande China. *Ver também* China
    aspirações políticas, 57-58
    estudantes freqüentando escolas nos EUA, 22-23
    futuro econômico, 143-144
    intercâmbio de bens e serviços com os EUA, 24-25, 32-33

potencial econômico, 24-25
sistemas de ensino, 22-23
Grande Salto à Frente, 53-54, 85
Groshen, Erica, 133-162, 168-171
Guangzhou Automotive, 88-89
Guardas Vermelhos, 53-54

H

Haier, 78-79, 141-142, 167-168
Hasbro, 35-36
Henredon Furniture, 133, 144-146
Hira, Ron, 156-157
Hong Kong
    antecedentes, 71-73
    como parte da Grande China, 24-25, 57-58
    dólar, 32-33
    mudança da manufatura para as finanças, 71-72
    posição como entreposto, 24-25
    sistema de ensino, 22-23
    um modelo econômico, 71-73
Hopsom, Tom, 191
Huawei Technologies, 78-79, 141-142
Hutchison Whampoa, 24-25, 71-72, 78-79

I

IACC (Coalizão Internacional contra a Falsificação), 111-112, 122-123
IBM, na China, 93-94
IEEE (Instituto de Engenheiros Eletricistas), 196-199
Iene, japonês, 31-33
IIPA (Aliança Internacional da Propriedade Intelectual), 105-106, 122-123
Império do Meio, 48-49, 60
importações
    cálculo com base em CIF, 24-25
    de alta categoria da China pelos EUA, 26
    de componentes e montagens, 20-21, 32-37
    impacto sobre o mercado de varejo dos EUA, 39
    impacto sobre os empregos nos EUA, 154-155
    parcela chinesa nas importações dos EUA, 177
Índia versus China, 73-74, 79-80
indústrias de trabalho intensivo
    brinquedos, 35-36
    impacto da concorrência chinesa, 38, 143-144
    papel da China, 19-22
    têxteis, vestuário e calçados, 19-20, 27, 35-36, 38, 129-132, 167-169
indústrias do conhecimento
    na Índia, 78-79
    papel da China, 20-21

indústrias. Ver também produtos
    automotiva, 20-21, 32-37, 64, 66, 88-89, 141-142
    conhecimento, 20-21
    de trabalho intensivo, 19-22, 27, 35-36, 38
    impacto das indústrias chinesas sobre os empregos, 164-165
    impacto das indústrias chinesas sobre os mercados, 129-135
    mobiliário, 132-135, 145-146, 178-179, 181-182, 184-185
    receptores de televisão, 177, 179-180, 184-187
    têxteis, vestuário e calçados, 19-20, 27, 35-36, 38, 129-132, 167-169
inflação, 194
Infosys, 78-79
inovação, 68-70, 99-100, 196-200
Instituto de Engenheiros Eletricistas (IEEE), 196-199
Instituto Internacional de Economia, 29
Intel, 90-91
Iuan, chinês, 31-33

J

Japao
    ascensão econômica, 62-64
    balança comercial com a China, 28-29, 33-34
    estagnação econômica, 65, 69-70
    impacto do crescimento chinês, 135-137
    indústria automotiva, 64, 66
    intercâmbio comercial com os EUA, 32-33, 66
    questões cambiais, 31-33
    relações com a China, 51-52
    sistema de ensino, 21-22
    versus China, 67-68
Jefferson, Thomas, 196-197
joint ventures, 88-89, 95, 146-147

K

Kelon, 141-142
Kletzer, Lori, 149-150, 163-165, 169-171
Konka, 177
Kroll, Cynthia, 149-150, 170-171

L

Lardy, Nicholas, 29
legalismo, 46-47
Lei de Práticas Comerciais no Exterior, 112-113
Lenovo, 78-79, 141-142, 190-191
Litan, Robert, 170-171
livre comércio, 27
Lont Yontu, 163

M

Malásia, 78-79, 152
Malden Industries, 144-145
manchus, como ocupantes estrangeiros, 48-51
Mandato dos Céus, princípio do, 53-54, 60
manufatura, mudança dos EUA para os serviços, 195-197. *Ver também* indústrias; produtos
Mao Tse-tung e o maoísmo, 46-47, 50-54, 85
mão-de-obra barata. *Ver* indústrias de trabalho intensivo.
material humano. *Ver* recursos humanos
Mattel, 35-36
Maytag, 145-146
Mencius, 53-54
mercado calçadista. *Ver* indústrias têxteis, vestuário e calçados
mercado do vestuário. *Ver* indústrias têxteis, vestuário e calçados
Mercado em alta
   exemplo da indústria do mobiliário, 133, 144-145
   indústria automobilística, 66
México, impacto da ascensão da China sobre o, 137-139, 208-210
Meyer, Christopher, 160-161
migração de empregos. *Ver também* terceirização, global
   analogias históricas, 162
   deslocamento relacionado ao intercâmbio comercial, 151
   fatores econômicos, 157-161
   impacto sobre os EUA, e empregos estrangeiros, 163, 168-169
   índice de crescimento, 149-150, 154-155
   perdas e ganhos dos EUA, 155-158
   tipos, 151
   vantagem de custo chinesa, 157-161
   visão geral, 149, 151-155
moedas
   dólar norte-americano, 27, 31-32
   iene japonês, 31-33
   iuan chinês, 31-33
   realinhamento de cotações, 31-33
mongóis, como ocupantes estrangeiros, 48-51
motos, questões de propriedade intelectual sobre, 106-108
móveis, indústria de
   impacto chinês sobre o mercado, 132-133, 178-179, 181-182, 184-185
   papel da terceirização, 145-146

N

nações desenvolvidas
   aspectos políticos do comércio chinês, 208-210
   impacto chinês sobre os empregos nas, 168-169
   indústrias têxteis, vestuário e calçados, 131
   perda de investimentos estrangeiros para a China, 33-34, 38
   questões de falsificação e pirataria, 119-122
Nippert, 146-147
no exterior, definida, 151. *Ver também* terceirização global

O

Ópio, Guerra do, 84
Organização das Nações Unidas, 58-59
Organização Mundial do Comércio
   China na, 19-20, 28-29, 58-59, 89-90, 199-201
   soluções para as importações, 169-170
OMC. *Ver* Organização Mundial do Comércio
Organização para a Cooperação e o Desenvolvimento Econômicos (OCED), 81-82, 91-92, 95, 112-113, 158-159

P

parcerias em pesquisa. *Ver joint ventures*
parcerias. *Ver joint ventures*
perdas de empregos
   categorias de empregos mais garantidas, 168-172
   EUA, por região, 167-169, 207-208
   realocando trabalhadores, 155-158, 163
   variedade de razões para, 153-155
Persson, Olle, 99-100
pesquisa & desenvolvimento, centros de, na China, 21-22, 88-89, 93-95, 198-199
pirataria
   capacidade chinesa em discos ópticos. 117
   combinada com falsificação, 106-107
   como parcela do PIB chinês, 110
   como questão global, 119-122
   estimativas de perdas do comércio, 115-116
   exemplo da indústria do cinema, 117-118
   questões sobre produtos digitalizados, 115-116
pirataria de produtos digitalizados, 115-118
Plaza, Acordo co, 32-33, 143-144
Porter, Simon, 133, 168-171
precificação
   pressão deflacionária, 194
   pressão inflacionária, 194
   versus qualidade, 152, 184-185
produtores de marcas originais, 102-103
produtos falsificados, 113-114, 121-122
produtos falsificados, 113-114, 119-122
produtos. *Ver também* indústrias
   commoditização, 36-37
   componentes e peças para, 20-21, 31-32, 35-37

falsificação, 113-114, 119-122
marcas, 35-36, 59-60
motos, 106-107, 119
pirataria, 115-118
receptores de televisão, 177-180, 184-185, 187
rumos do mercado mundial, 175-191
protecionismo, 41-43

Q

Quam, David, 111-112

R

realocação de trabalhadores, 155-158, 163
recursos humanos
  base de desenvolvimento, 95, 101-102
  na China, 21-22, 95-100, 162
Reich, Robert, 195
República Popular da China. Ver China
reversa, engenharia, 106-107
Revolução Cultural, 53-54, 85, 96
Rio das Pérolas, 141-142
Roach, Stephen, 162

S

SAIC, 89-90, 194
Scott, Robert, 164-166
serviços, setor de
  como ponto fraco da economia chinesa, 19-20, 22-23, 59-60
  empregos nos EUA em risco, 38, 152-153
  expansão chinesa no, 177
  impacto chinês nos empregos do, 170-171
  migração global de empregos no, 153-154
  papel da Grande China, 143-144
Sigurdson, Jon, 99-100
Sinopec, 95
Snow, John, 31-32
software, questões de propriedade intelectual, 117
Sohn, Sung Won, 162
Sony, 152
SRC Holdings, 144-145
subornos, 112-113, 135-136
Sun Yat-sen, 50-51
suprimentos, cadeia de, global, 35-36

T

Taiwan
  como modelo econômico, 72-73
  como parte da Grande China, 24-25, 57-58
  histórico, 72-73

Tashijian, Edward M., 132
taxas de câmbio. Ver câmbio
TCL, 141-142, 177, 190-191
Techtronic, 190-191
tecnologia, transferência de
  centros chineses de pesquisa & desenvolvimento, 21-22, 88-89, 93-95, 198-199
  e crescente alcance dos produtos chineses, 30-31
  indústria automotiva, 20-21, 88-89
  papel da União Soviética, 85
  preferências e incentivos chineses à, 89-91
  questões de difusão, 99-103
  reconhecimento pelos chineses, 51-52
  sistema de descontos, 90-91, 200-201
televisão, receptores de, 177-180, 184-185, 187
televisores, 177-180, 184-185, 187
terceirização global. Ver Global, terceirização
terrorismo, e direitos internacionais de propriedade, 108
têxteis, vestuário e calçados, indústrias, 19-20, 27, 35-38, 129-132, 167-169
Thomson, 141-142, 190-191
Tiananmem, praça de (Paz Celestial), massacre de, 53-54
Tigres. Ver Grande China; Hong Kong, Cingapura, Coréia do Sul, Taiwan, 69-70

U

União Soviética, como fonte das primeiras transferências de tecnologia para a República Popular da China, 85

V

varejistas
  dependência das importações chinesas, 39
  grandes redes, 179-182
vestuário (apparel), mercado. Ver indústrias têxteis, vestuário e calçados
Vietnã, 79-80, 162, 202-203
Volkswagen, na China, 20-21
vôos espaciais, chineses, 55-57

W

Wal-Mart, 39, 179-182
Webster, Daniel, 33-34
Wipro, 78-79

Z

Zubic, Dan, 146-147

Conheça os lançamentos e promoções da Bookman

Faça agora seu cadastro com a Bookman Editora informando suas áreas de interesse para receber na sua casa ou no seu computador as novidades da Bookman.

Nome: _____

Escolaridade: _____

Data de nascimento: _____

Endereço residencial: _____

Bairro: _____ Cidade: _____ Estado: _____

CEP: _____ Telefone: _____ Fax: _____

Empresa: _____

CNPJ/CPF: _____ e-mail: _____

Costuma comprar livros através de:
- ☐ Livrarias
- ☐ Feiras e eventos
- ☐ Mala-direta
- ☐ Internet

Sua área de interesse é:
- ☐ Estratégia
- ☐ Marketing
- ☐ Finanças
- ☐ Operações
- ☐ Gestão de empresas/empreendedorismo
- ☐ Gestão da informação e do conhecimento
- ☐ Gestão de pessoas/organizações
- ☐ Logística

www.bookman.com.br

Bookman

Carta Resposta
1733/2003-DR/RS/
AC/BOM FIM
Artmed Editora SA
CORREIOS

CARTÃO RESPOSTA
NÃO É NECESSÁRIO SELAR

O SELO SERÁ PAGO POR
BOOKMAN EDITORA S.A.

AC BOM FIM
90041-970 – PORTO ALEGRE – RS

Bookman